How to Make Maschinen Krieger etc.
Kow Yokoyama

요코야마 코우 Ma.K. 모델링북
Ma.K. Modeling Book

KOW-P sculpted by Hideaki Hirata
1/6 scale JKHM6S sculpted by Takahiro Matsuhira (MATTUK)
photo by Takanori Katsura (Inoue photo studio)

요코야마 코우 Ma.K. 모델링북
Ma.K. Modeling Book

일러두기

『요코야마 코우 Ma.K. 모델링북』은 2006년에 일본의 대일본회화(大日本絵画) 출판사에서 1권이 발매되었고, 2014년에 하비재팬(ホビージャパン) 출판사에서 2권이 발매되었습니다. 이 책은 그중 2권에 해당하며, 한국판은 책 제목에 「2」라는 권차를 붙이지 않았음을 미리 알려드리는 바입니다. 본문 중에 나오는 『모델링북 2』는 본서를 지칭한다는 점을 유념해주시기 바랍니다.

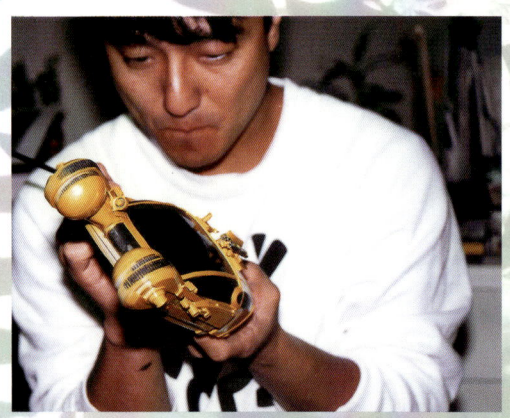

들어가며…

「이거 '자네'의 법칙이'자네'?」

[※주 : 자네(Janet)와 일본어 ~쟈네(じゃねー : ~이잖아)를 이용하여 만든 일종의 말장난]

이 글을 읽고 있는 여러분. 최근에 한해가 가는 것이 아주 빠르다고 느끼지 않나요? 만약 그렇다면 그건 여러분이 자타공인 아저씨가 되었다는 증거입니다.

50세의 아저씨에게 있어서 1년은 자기 인생의 겨우 1/50에 지나지 않습니다. 하지만, 다섯 살 배기에게 있어서는 1년이란 세상에 나온 시간의 1/5이라고 느끼게 됩니다. 그야 점점 더 1년이 짧아지긴 하겠네. 이것이 바로 「자네(※주 : Pierre Janet, 프랑스의 심리학자)의 법칙」이란 거지요.

그런 이유로 『요코야마 코우 Ma.K. 모델링북』(대일본회화刊. 이후 『모델링북 1』이라 하겠습니다)이 출간되고 사실은 벌써 8년이 지나고 말았습니다. 당시 중학생이었던 남중생 여중생이라면 어엿한 성인으로 자랐을 테지요. 이미 성인이었던 분들은 아저씨로, 또 아저씨였던 우리들은 그림 같은 할아버지가 되고 말았습니다. 우라시마 타로(※주 : 용궁에 다녀온 후 고향에 돌아오니 시간이 많이 흘렀다는 이야기의 주인공)에게 보물 상자를 빼앗아 오지 않아도 확실히 할아버지가 될 수 있으니 정말 '안심'이랄까요?

『모델링북 1』에서 '프라모델은 실패하지 않는 취미다'라는 것은 과할 정도로 여러분에게 이야기 했습니다. 8년도 더 지난 지금, 취미 세계에도 여러 가지가 많이 변했습니다. 상상도 하지 못했던 아이템이 키트화 되기도 하고 놀라울 정도로 편리한 공구나 재료가 나왔습니다. 풀 스크래치로 제작을 하거나, 고생 끝에 모처럼 개라지 키트(Garage Kit, GK)를 입수했음에도 불구하고 조립조차 하지 못하던 일도 없어졌고 말이죠.

'실패가 없는 인생 따위 지루하잖아'라며 일부러 실패를 하는 사람은 없을 것이라 생각합니다만, 뭐든 다 잘 풀리면 어딘지 모르게 재미없다 느끼기 시작할 시기일겁니다. 하지만 꿈같은 시간은 용궁에서 보낸 시간과 같습니다. 이제 지겹다고 이야기할 시간도 아까울 정도로, 남은 시간이 얼마 없지요. 기분 좋은 긴장감과 훌륭한 키트 및 도구와 함께 취미를 즐길 시간이 왔습니다.

모두가 영감님이 되어버린 지금, 어떻게 해야 취미를 즐길 수 있을지, 여러분들보단 인생을 조금 먼저 살고 조사한 제가 이 책에 정리해보았습니다. 지난 8년간 새로이 키트화 된 아이템의 모델링 가이드를 하지 않으면 안심하고 환갑을 맞이할 수 없을 테니 말이죠.

제가 공작을 하면서 촬영한 사진은 3만장을 넘었던지라, 이 사진들을 고르는 것이 작업의 시작이었고, 이것들을 편집하고 구성을 생각해서 설명을 붙여보았습니다. 어쩌면 이 책은 '작법서'라기보다는 '다큐멘터리 북'이라 하는 편이 좋았을지도 모르겠군요.

이 페이지에 실린 제 사진은 30년 전, 제가 젊었던 시절의 사진입니다. 30년이란 세월이 지나고 보니 예전에는 없었던 것이 많이 생겼고, 이제까지 어려웠던 것들도 가능하게 되었습니다. 그럴 때 마다 정말이지 '인생 오래 살고 볼 일이구나'라고 생각합니다.

자 그럼 모두들 적어도 『모델링북 3』가 나올 때까진 오래오래 사시길.

목차

들어가며… 「이거 '자네'의 법칙이 '자네'?」 ··· 002

또 하나의 마쉬넨 크리거 1/20 MK44 AMMOKNIGHTS, 1/20 MK44H WHITE KNIGHT ·············· 004
요코야마 코우 오리지널 모델 도감 1/35 MK52G, 1/35 LANCEROT, 1/48 MINOTAUR, 1/35 TAUBE ·············· 014
완성품의 '완성' 방법인 것이다
　1/16 KAUZ, 1/16 FLIEGE, 1/16 FIREBALL, 1/16 Gun Egg & SAFS, 1/16 RACCOON ··············· 020
금속선 교환과 납땜질의 법칙 1/20 KRÖTE series, 1/12 KRÖTE ·· 028
도구 이야기 제1장 기본 공작 관련 ··· 033
슈퍼 제리 혹은 기간트 플로 조립에 대한 이야기 1/20 SUPER JERRY ·············· 034
요코야마 코우 오리지널 모델 도감 1/20 KERBEROS, 1/20 GLADIATOR, 1/35 B-4500 ················· 038
우주의 법칙과 클리어 이야기 1/16 & 1/20 FIREBALL, 1/20 SEAPIG ·· 046
링거 맞아본 적 있수? 1/20 RACCOON ·· 050
'삼색 샌드위치'라고 아는 사람? 잼하고 마가린… 그리고 또 뭐였더라? 1/20 OSKAR ·············· 052
피규어는 살색이 중요하다는 것은 누구나가 다 알고 있다고!! 인 것이다 Woman Figure ·············· 054
색 이야기 '색'과 '모형'의 관계 ··· 062

요코야마 코우 오리지널 모델 도감 1/20 GOREM bis, 1/20 VENUSUIT ···································· 063
로비는 미국으로 돌아갔습니다 다른 로봇은 아직 여기 있습니다
　1/20 Robby The Robot, 1/12 Powered Suit, 1/20 Caterpillar Robot, The Berserker Robot ··············· 070
받아온 놈, 주워온 놈, 남아있는 놈 1/5 PAINT SOLDIER ·· 072
1960년대의 SF복각 키트로 오리지널 4 Legs Machine ·· 076
카멜의 캐노피는 커다란 캡슐토이에서 나왔습니다 1/20 CAMEL ·· 078
유용교실 거대 모델편 1/48 GIGANT MOTH ··· 082
중2 시절 원수를 중년이 되어 갚아주다 1/48 FOCKE-WULF Fw190 D-9 ······························· 086
이치쿠로처럼 책임을 지겠습니다 1/20 PROPAGANDA ··· 090
도구 이야기 제2장 초음파 커터 & 도색 관련 ·· 093
초음파 커터 등장 BOMB RABBIT ·· 094
예언서를 발견했다면 지금이야말로 정열을 발산하라! 1/20 SCOUT FLIER ····························· 096
데칼을 버려라, 마을로 나가자 돌아오고 나서 핸드 드로잉 추천법 1/20 KYKLOP, 1/20 SNAKE-EYE ··············· 100

가을에는 예술을 보러 가자. 미술관, 월요일은 휴관일
　1/20 SAND STALKER sdh.232M, 1/76 EGG EATER, 1/20 OSKAR ·· 104
아저씨 이외의 손님을 위한 오브제 Different material object ·· 110

50년 전 철도 프라모델 이야기 후기를 대신하여 ·· 112

photo by Akishige Hommatsu (STUDIO R)

또 하나의 마쉬넨 크리거

하세가와에서 나온 MK44 키트는 세토군(세토 마키)의 천재적인 설계 덕분에 '만드는 것이 즐겁다'라는 당연하지만 어려운 과제를 훌륭하게 달성한 명작 키트가 되었습니다. 덕분에 이미 4체 라던가 6체를 만들었다는 사람도 적잖이 있는 듯 하며, 인터넷에 작품 사진들이 올라오고 있습니다. 2체 세트로 판매되고 있으니 짝수가 될 터이지만, 1체를 친구나 여자 모델러에게 선물했다는 사람도 있으니 이런 분들은 홀수 팀이 되었겠군요. 아 맞다, 실생활에서 그룹을 만들 때의 요령을 알려드리지요. 그것은 바로 짝수로 그룹을 만드는 것입니다. 예를 들어 3명 그룹인 경우 2명이 대화를 시작한 순간, 남은 한명은 소외감을 느끼게 됩니다. 아주 사소한 것입니다만, 이런 것이 계속되면 결국에 그룹에 균열이 생깁니다. 나츠메 소세키의 '마음'같은 것은 극단적 이지만, 남녀 3명그룹은 더욱 어렵겠지요. 4명이라면 대립해도 2대2가 되니 균형이 잘 잡힌다 합니다. 그래서 결혼하고 아이가 생기면 아버지의 입장이 불리해지는 것일지도…. 뭐, '믿거나 말거나' 지만 말이죠.

MK44의 키트를 저는 9체 완성 시켰습니다. 물론 완성 견본을 만들 때는 이미 조립이 된 것을 받았습니다만, 이번에는 조립 자체가 재미있어서 정신을 차리고 보니 9체중에 5체를 조립했습니다. 오리지널, 코토부키야, 이하라 겐조 군의 개러지 키트 그리고 하세가와 키트를 합치면 10 수 체의 MK44를 완성했습니다. 즉 상당히 마음에 드는 기체라는 것이죠.

이러한 MK44입니다만, '마쉬넨'과 어디가 다른지 모르는 사람도 있으리라 생각하니 컨텐츠의 탄생 경위부터 이야기 해보겠습니다. 1985년에 아스키출판의 컴퓨터 잡지인 「LOGiN」에서 「로봇 배틀V」라는 제목의 게임에 프로그래밍으로 도전해보자는 기획이 게재되었습니다. 지면의 숫자와 문자의 나열을 보고 흥분하는 사람 이외의 독자들을 위한 비쥬얼이 필요하다는 이야기가 나왔습니다. 2족 보행, 4족 보행, 캐터필러 주행, 호버 주행 등의 형태별 로봇 일러스트를 그렸습니다. 이것을 고바야시 마코토 군이 작은 사이즈로 입체화 한 호도 있는 등 매우 흥행한 기획이었습니다. 공모를 해온 프로그램 들이 서로 싸워서 이긴 사람에게는 투고한 프로그램을 이미지화 한 일러스트를 선물했다고 생각합니다. 당시 담당이었던 가가와 료라는 싱어송 라이터와 동성동명이었던 편집자(다나카 펀치)분이 기획 종료 후에 '로봇 배틀에 대한 모든 것은 요코야마 씨에게 맡길 테니 마음대로 해보세요'라고 이야기가 나왔습니다. 그림으로 그렸던 로봇을 입체로 만든 것을 아사히 소노라마에서 나온 SF잡지 「우주선(宇宙船)」에 게재하거나, 이를 바탕으로 한 만화를 그려서 로봇 배틀을 계속 이어왔습니다. 지금 보면 표현이 아직 미숙하지만, 그리고 모델그래픽스에 게재된 「마쉬넨 크리거 브레히만」의 MK42를 바탕으로 조형한 MK44를 「우주선」에 게재했습니다. 하지만 'MK44'라는 이름은 아직 없었습니다. 이때는 '로봇 배틀에 나오는 장갑전투복'이라 불렀습니다. 1988년에 창간된 「코믹 노이지」에서 「마쉬넨 크리거 브레히만」이 부활한 MK44가 주인공 기체로 등장했습니다. 여기서 「MK44」라는 이름이 붙은 것입니다.

「SF3D」는 현재는 「마쉬넨 크리거 (Maschinen Krieger, Ma.K.)」라 이름을 바꿔서 국내외에 전개하고 있습니다. '기계화된 병사'라는 독일어입니다. 일전에 일본에 방문한 독일 팬은 이 제목이 마음에 들어서 'Ma.K.'의 키트를 만들기 시작했다고 하더군요. 뉘른베르크(뉘른베르크 토이쇼)에서 '모델 오브 이어'를 연속으로 상을 받은 이유 중 하나도 이 '제목'덕분이 아닐까 싶습니다. 뭐, 이런 이유도 있어서, 「로봇 배틀V」는 또 하나의 마쉬넨 크리거의 세계라고 하는 것이 알기 쉽다…라기 보단, 그냥 양쪽 모두 제가 조형한 메카닉이니 하세가와에서 MK44의 시리즈 명을 '마쉬넨 크리거 로봇 배틀V'라고 부르게 된 것입니다.

다음으로 MK44의 키트 역사를 돌아봅니다. 홍콩의 모형잡지를 만들던 인물이 MK42의 오리지널 모델을 개러지 키트로 만들고 싶다며 가지고 돌아갔습니다. 하지만, 열의만 앞선 결과, 키트로 만들지 못하고 제 각각 분해가 된 후 점토까지 덕지덕지 붙인 채 반납했습니다. 원상태로 돌릴 수 없는 없는 상태였기에 안쪽에서 점토를 긁어내면서 고딕한 곡선도 늘려서 MK44로 재생을 시킨 것이란 걸 지금 기억해냈습니다. 이것이 MK44 탄생의 진실입니다. 이를 잡지 「우주선」에 게재했습니다. 1989년에는 이를 원형으로 한 개러지 키트가 코토부키야에서 발매되었죠. 「원더 페스티벌(이하 '원페')」에서 명맥을 유지하면서 사반세기가 지난 지금, 하세가와의 프라모델로 전 세계로 퍼져 나가기 시작한 것입니다. 만약 그 때, 홍콩인의 '폭거'가 없었다면 의외로 MK44는 존재하지 않았을지도 모르겠다고 생각하니 다른 의미로 소름이 돋는군요.

이것뿐만 아니라 여러 가지 문제는 그 잿더미에서 새로운 무언가를 부활시키기 위해 일어나는 것 인지도 모

MK44 AMMOKNIGHTS

MK44 암모나이츠 2014년 제작

HASEGAWA 1/20 scale plastic kit
modeled by Kow Yokoyama

뭐랄까, 「잊어도 좋아요-사랑의 끝-(忘れていいの-愛の幕切れ-)」를 부르고 있는 타니무라 신지와 오가와 토모코를 둘러싸고 있는 NHK44 교향악단이란 느낌의 사진. 그러고 보니, 『심슨 가족』의 아빠 캐릭터인 호머 심슨이랑 닮았다는 얘기가 오르내리던 MK44지만, 왠지 모르게 타니무라 신지와도 닮았단 느낌이 든다.

르겠군요.

하세가와에서 만든 MK44는 오리지널을 그대로 재현한 것이 아니라 양산품만이 가지고 있는 멋을 추구한 새로운 형태를 만들어 냈습니다. 본체의 셸을 열 수 있는 기믹이나 안쪽 부분은 방드 데시네(※주 : bande dessinée, 프랑스·벨기에 지역의 만화. 본서에서는 이하 'BD'로 표기함)풍으로 그린 일러스트나 조형한 작품을 바탕으로 구조 및 디테일을 세토군과 '이것도 아니고… 저것도 아니고…' 라며 같이 생각했습니다. 이 부분이 가장 즐거운 이유는, 바로 안쪽 디테일이 아머드 슈트의 생명이기 때문일 것입니다. 겨울철이 되면 맛있어지는 게와 똑같이요. 박스를 열고 부품이 잔뜩 들어있어서 놀란 사람도 많을 것이라 생각합니다만 내부까지 재현하려면 외장만을 표현할 때 보다 2배 이상의 부품이 필요합니다. 앞으로 내부 재현 SF키트를 제작하려는 메이커 여러분들. 안하는 편이 좋을 겁니다. 왜냐하면 이번에 내가 하고 싶었던 연출적 내부 구조만 해도 이만큼이 나오니까, 구조적 내부 구조까지 재현해버리면 그야 뭐 난리도 아닐 겁니다.

이 MK44는 조립을 하면서 프라모델을 만드는 재미를 다시 느낄 수 있는 키트로 만들어졌습니다. 웨이브의

신 설계 'SAFS시리즈'를 처음으로 만들었을 때도 마찬가지로 재미있었습니다만, 한 가지 걸리는 부분이 있습니다. 바로 '서브마린 게이트' 혹은 '언더 게이트'라고 하는 기술입니다. 접착면 이외의 부분을 깔끔하게 만들어주는 신기술인 모양입니다만, 젊은 모델러 분들과는 달리 우리 같은 아저씨 모델러는 언더 게이트 처리를 깜박하고 가조립을 하는 바람에 몇 번이고 고생했었죠. 이러한 경험 때문에 MK44에는 언더 게이트가 거의 없습니다. 언더그라운드의 신디게이트 같은 이름이기도 하고, 언더 게이트가 없는 모형이 좋은 것 같지 않나요?

좋은 프라모델은 만들면서 즐길 수 있는 것이며, 이러한 부분은 설계하는 사람의 재능에 달려있는 법! 매년 최우수 키트에게 수여되는 '모델 데스 야레스(Modelle des Jahres, 모델 오브 이어)'를 하세가와의 마쉬넨 시리즈가 연속해서 수상을 한 이유는, 세토군의 힘이 컸다고 생각할 수밖에 없습니다. 그냥 만들어도 재미있는 것인데 여기에 우주 타입을 넣었더니 단기간에 9체나 완성했습니다. 이렇게 잔뜩 만들었으니 공작이나 도색의 힌트를 확실하게 해설할까 합니다. 정말로 재미있으니 여러분도 잔뜩 만들어보자구요.

왼쪽 위의 사진은 하비재팬에 연재한 〈MAX〉와 타나베군이 만든 MK44다. 언제나처럼 촬영 전에 구도를 결정하고, 그것을 키트의 박스아트의 콘티로 삼았습니다. 이름이 MK44뿐이라면 인상이 살짝 약합니다. 타미야의 롬멜 주코프 커맨더 작전을 진행하기로 했다. 모르는 사람은 베테랑 AFV 모델러에게 물어보도록 하자 ※주 : 타미야에서 야크트판터 구축전차를 발매할 때 전혀 관계없는 '롬멜 전차'라는 별칭을 붙이고 Su-100 대전차 자주포를 발매 할 때 역시 전혀 관계 없는 '주코프 전차'라는 별칭을 붙였던 적이 있다. 여기에서는 Mk44에도 애칭을 만들고 싶다는 의미임. 탄약을 뜻하는 AMMO와 기사를 뜻하는 KNIGHT를 합성한 조어 '암모나이트'! 이것이 2개 세트니까 암모나이츠!! 이번만큼은 천재적인 네이밍 센스를 발휘한 적이 없다며 자화자찬을 했을 만큼 멋들어진 이름이 완성되었습니다!

타이틀 로고는 80년대 미국 SF영화풍. 『나이트 라이더(전격 Z작전)』나 『트론』같은 감각이죠. 하세가와 키트의 상자는 가로로 쌓은 상태에서 옆면을 보더라도 기존의 "Ma.K." 시리즈와의 차이를 알 수 있습니다.

위쪽이 오리지널 모델. 몇 번을 새로 칠해서 이런 색으로 완성되었다. 오리지널을 25년 전에 토막을 낸 후에 원형으로 만든 것이 왼쪽의 레진 키트, 전부 다해서 21개의 부품으로 이뤄진 남자다운 키트다.

photo by Akishige Hommatsu (STUDIO R), Takanori Katsura (Inoue photo studio)

맛나게 먹기 위한 몇 가지 공작 포인트

MK44의 2체 세트는 언제나 이야기하듯이 복수 동시 진행으로 조립하면 효율이 좋다. 내가 5체나 동시에 제작했는데, 이거 저거 전부 5번 반복하니 기분이 나빠졌다. 맛있게 먹기 위해서는 아몬드 초코와 마찬가지로 3개 동시 작업이 한계인 듯. 5번씩 반복하며 만들면서 5번 정도 반복하여 깨달은 것이므로 참고하시길.

MK44 공작에 사용하는 주요 도구

● 펀치(자작 철필)

● 전동 핸디 드릴

● 핸드 리머
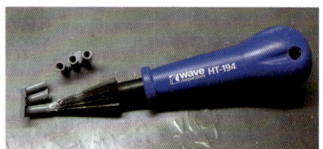

● 드릴 날
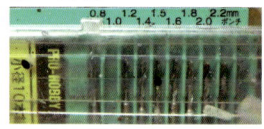

일단은 돋보기안경의 이야기

 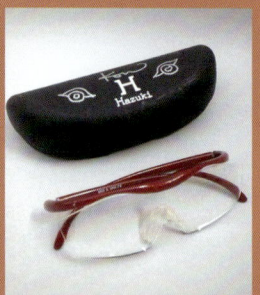

『모델링북 1』이 나오고 8년이 흘러, 이 책을 읽고 있는 여러분 중에도 노안이 시작된 사람이 있지 않을까요? 뜨끔한 당신! 40살 넘어서 모형을 앞으로도 계속하고 싶다면, 아니 모형은 안 만들어도 편하게 살고 싶다면 안과나 안경점에 가서 돋보기안경을 맞추도록 합시다. 건강보조식품 먹고 해결하려는 쓸데없는 저항은 하지 말자고요! 물에 빠졌을 때 살아 남기 위한 신조인 '괜히 발버둥치지 말고, 가만히 떠서 기다리라'와 같은 거죠. '안경 쓰고 봐라' 뭐 그런 겁니다. 돋보기안경이라는 명칭이 싫다면 '확대경'이나 '헤드 루페'나 '리딩 글래스' 뭐든 상관없죠. 하여튼 잘 보이는 상태에서 작업하지 않으면 모처럼의 프라모델 제작이 재미없어지는 법! 거기다 안경을 쓰면 맨눈으로 도색을 할 때와 비교해서 놀라울 정도로 잘 칠해지니 속는 셈 치고 사용해보시라.

제 경우에는 평소 작업은 도수가 약한 렌즈가 들어간 안경을 쓰고 정말로 필요할 때는 여기에 헤드 루페를 더해줍니다. 나는 안경에 클립으로 끼워주는 사각형의 가벼운 녀석을 장착하지요. 근시 & 노안인 사람은 안경 위에 장착 가능한 하즈키 루페를 사용해도 OK, 이걸로 앞으로의 모델링 라이프도 안심이다.

조립 장인의 더욱 편리한 조립법

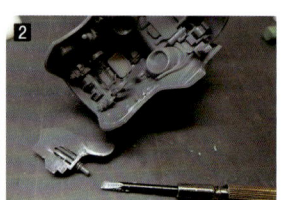

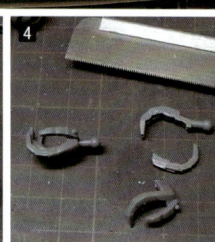

①키트 상자의 4측면에 런너를 세워놓으면 쉽게 찾을 수 있다. A부터 B, C, D까지라면 전부 세워놓을 수 있다. 왜냐면 '상자 폭보다 큰 부품은 들어있지 않다'라는 너무나도 당연한 이유 때문. ②보디 내부에 붙는 A14와 A15는 가장 안쪽까지 끼워 넣은 위치에다 접착하지 않으면, 닫혔을 때에 틈이 생겨서 문자 그대로 '닫히지 않는' 상태가 된다. 내 경우 강제로 잡아떼고 다시 붙였다. 또한 테스트 샷이기에 성형색이 다른 것도 있다. ③허벅지는 런너에 붙어있는 채로 조립한다. 각각의 가지에서 한쪽에 구멍을 내주면 되니까 헷갈리지 않는다고. ④시모무라 알렉에서 나온 「하이퍼 커트 소우」로 손가락(자기 손가락 말고)을 잘라낸다. 각도를 바꿔서 손의 느낌을 살려주자. 로봇물은 이 부분 이외에 '표정을 연출'할 부분이 적다.

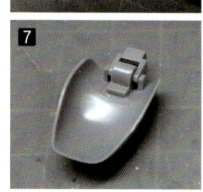

⑤⑥D14는 끝 부분을 둥글게 만들어서 부드럽게 삽입할 수 있도록 만들어 줍시다. 또한 뿌리부분을 확실히 접착해 줍시다. 괜히 이 부분이 떨어지면 모 국회의원(※주 : 출장비를 횡령한 노노무라 의원이 기자회견에서 대성통곡)처럼 오열을 하고 말겠지요. ⑦허리 아머의 힌지는 접착제가 가동축에 흘러들어 가지 않도록 조심해서 접착합시다. 흘려 넣을 수 있는 무수지 접착제보단 일반 프라모델용 접착제를 추천합니다. 수지가 들어간 고점도 타입 말이죠.

스모크 디스차저(연막탄 발사기)를 디테일업

 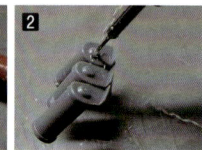
 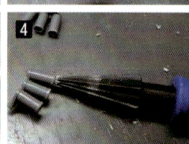
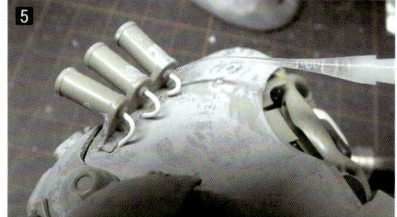

①스모크 디스차저의 뒤쪽으로 비닐 코드를 심어줍니다. 드릴 끝이 미끄러지지 않도록 철필로 중심을 찍어줍니다. ②직경 0.8mm의 비닐 코드를 사용하므로 0.9mm 드릴로 구멍을 뚫어줍니다. ③발사 후의 모습을 표현할 때는 끝 부분에 구멍을 내줍시다. 뚫어주고 싶은 만큼 구멍을 내 줍니다. 나머지도 마찬가지. 철필로 중심점을 찍어준 다음, 드릴로 구멍을 뚫고, 디자인 나이프로 가운데를 맞추면서 구멍을 넓혀준다. ④그리고 핸드리머로 구멍을 크게 만들어 줍니다. ⑤디스차저는 장착 가이드가 없으니 용기를 내서 접착합니다. 장소나 각도가 약간 틀어지더라도 각자의 개성이 표현된다고 생각하면 문제될 것 없습니다. 접착 후 각 마운트의 바로 밑에 코드를 끼울 구멍을 뚫고 순간접착제로 고정합니다.

리벳을 잘 깎는 법

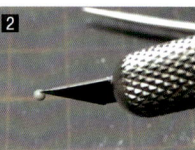 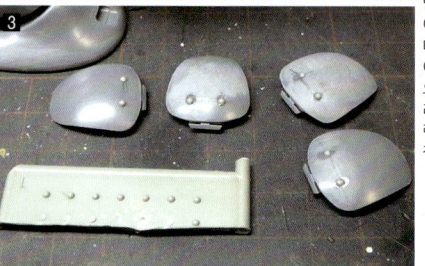

①둥근 리벳은 런너에서 잘라내기 전에 언더게이트를 깎아줍시다. 여기 언더게이트는 못 본 척 해줍시다. ②디자인 나이프로 앞면을 찔러서 움겨주면 접착이 편리. 이쑤시개에 침을 바르는 것도 좋지만, 부품을 삼키거나 핥지는 마시길. ③플레이트에 몰드된 리벳은 불필요한 받침 부분을 초음파 커터로 잘라냅니다. 이렇게 해두지 않으면 나이프로 깎아낼 때 날이 끝까지 닿지 않으니 말이죠. 뭐, 이런 부품은 일반 모형메이커에서 부품으로 만들어주지 않으니 시행착오 중이라 생각합시다. 리벳 접착은 건조가 느린 고점도 타입의 접착제를 사용하면 접착 후 위치 수정이 가능합니다.

조립 후 세척해주자

①허리 옆 아머의 접속축이 부러졌기에 직경 0.8mm의 황동선으로 보강합니다. 난폭한 사람은 처음부터 보강해주는 편이 좋을지도. ②여러분들도 조립을 다 끝낸 상태에서 가지고 놀죠? 팔을 180도 돌리면 나리타 토오루 씨가 디자인 한 뭐시기 성인(星人) 같죠? 삐로삐로삐로삐로라고 말할 것 같은. 눈을 칠해주고 싶은 충동을 눌러주는 것이 정말 힘들었다. ③이전에는 봉지에서 부품을 꺼내자마자 바로 씻어줬지만, 접착제를 붙인 곳은 그럭저럭 이형제가 떨어져 나갔고, 어느 정도 조립한 단계에서 중성세제로 씻어줍니다. 런너까지 씻으면 물도 세제도 아까우니 이 단계에서 씻어줍니다. 굳이 말하자면 '하고(뭘?)'나서 샤워하기군요.

황동선 이야기

황동선(真鍮線-신츄우센)은 일본어 발음이 같은 '真中線'이라고 쓴 적이 있기 때문에 한자가 비슷한 '真中瞳(마나카 히토미)'라는 여배우가 떠오른다. 발음이 비슷한 츄우양도 살짝 떠오르기도 하고. 모형생활에는 빼놓을 수 없는 황동선과 황동판이지만, 옛날에 황동은 '가난한 자의 금'이라 했는데 알고 계셨는지? 뭐, 5엔 동전의 재료라서…는 아니고, 색이 금처럼 예뻐서였다. 프라모델 컬러의 금색도 황동가루로 만들어 졌을 정도이니…. 그런데 '코퍼(copper)'는 이름 그대로 30년 정도 사용했던 레벨 컬러의 코퍼는 별로 쓸 일이 없어서 그랬는지 부식된 10엔 동전 같은 색깔이었지만, 엔진이나 캐터필러를 칠할 때 딱 좋아서 오히려 최고였다.

황동선의 색은 예뻐서 좋지만, 안테나나 손잡이 같은 것이 금색으로 번쩍이는 건 아무래도 좀 부자연스럽다. 그래서 산화제로 검게 염색(산화)시켜주었다. 작업 여하에 따라서는 퍼렇게 산화된 색도 표현해줄 수 있는데, 제트 엔진의 노즐이나 바이크의 챔버를 황동으로 되어있으니 신이 난다. 왜냐하면 진짜로 '산화'되어 있으니까(※주 : 여기에 사용하는 흑염제는 황동 산화제로 산화시간에 따라 색이 변함).

사진의 황동선은 그 옛날 '사쿠라야 하비관'에서 산 것이다(※주 : 2010년 2월에 폐점). 우와~ 진짜 옛날 생각나네….

(가칭)MK44개(改)와 풀 디테일 엔진을 만들어보자

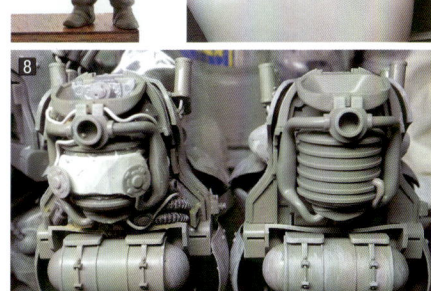

①먼저 완성시킨 2체 이후에 5체를 조립했는데 1체는 월면용 MK44의 페이스를 붙인 우악스런 녀석으로 만들어 봤다. 이후 MK44가 단품 판매 될 때에는 이 바주카가 들어갈 예정이다. ②중요한 보물이라도 되는 듯 플라스틱 스푼이 잔뜩 들어있는 상자. ③그중에서 순간접착 퍼티용 스푼을 골라, 볼록한 형태를 만들어줬습니다.

④이 파일럿도 MK44가 일반 단품판매 되었을 때에 들어있던 것. 이 팔을 이용해서 해치를 열고 MK44에 타는 파일럿을 만듭니다. ⑤가스버너로 늘인 런너로 엄지손가락을 만든다. 관절의 빈틈 등은 런너를 초음파 커터로 녹인 것으로 대충 메워줍니다. 플라스틱용 접착제가 붙는 것이 편리하고 좋다. 가스버너는 이 시점에서 '괴물'화 되어 있다. 남은 에폭시퍼티가 붙었기 때문에. 뭐 내가 붙인 거지만. ⑥틈을 메워주고 나면 몰드는 에폭시 퍼티로 만들어준다. 요즘에는 아저씨 모델러의 마음가짐으로 반죽을 할 때는 작업용 얇은 고무장갑을 낍니다. 맨손으로 만지면 민감한 사람은 알레르기가 일어날 수도 있고, 몇 번이고 손을 다시 씻지 않아도 됩니다. ⑦남은 에폭시 퍼티는 엔진을 보여줄 때, 틈새가 생기는 부분에 붙여주며 디테일을 만들어 줬다. 그래도 남는 경우에는 조형 중에 어딘가에 붙여주자. ⑧비닐 코드나 다른 부품을 가지고와서 디테일을 추가. ⑨밋밋하고 단조로운 면에는 변화를 주고 싶은 법. 전동 공구로 데미지 표현을 넣어주자.

고정무장형의 아이디어 일러스트. 왼쪽 손 고정무장형은 이번 세트에만 들어가는 한정 사양이라고 한다. 나중에 생각한 것이지만, 이 타입은 탄창을 왼쪽 허리에 붙이면 괜찮을 듯.

MK44제작 중에 아오야마의 빌리켄 갤러리에서 원화전시를 하는 그림도 그렸습니다. 입체만 만들다 보면 그림을 그리고 싶고, 그림만 그리다보면 입체가 만들고 싶어진다. 이런 루프를 30년 동안 계속~ 반복했다. 여러분 덕분에 그 그림은 첫날 전부 다 팔아치웠다~. 그 후에 추가로 가지고간 그림도 내놓자마자 다 팔아치웠다~. 오른쪽 아래 사진은 그림과 똑같은 란슬롯으로 「원더 페스티벌(이하 '원페')」한정의 1/48키트를 만들어 놓은 것이다. 이 사이즈도 보기가 좋네.

빨간 MK44는 겐조군 원형의 레진키트를 내가 칠한 것이다. 오리지널이나 하세가와의 레진키트와는 다른 품이 좋다. 나는 가지고 있는 미니카와 같은 형태라면 메이커가 달라도 사지 않는다. 실은 무의식 적으로 단순한 '재현'이 아닌 '표현'을 사는 게 아닐까? 생각해보면 우리도 참 까다로운 취미 생활을 하고 있는 게 아닌지.

'도색 구슬봉'으로 토닥토닥 두들겨서 예측할 수 없는 도색을 해보자. '갬블 도색'이라 이름 붙여볼까

래커 퍼티로 주조질감 표현을 하고 밑바탕을 칠하고 난 후, 세안 스폰지로 만든 도색 구슬봉으로 도료를 도장 찍듯이 두드리며 칠해준다. 이거 재미있다니까~.

적절히 가감이 들어간 주조 표면을 만든다

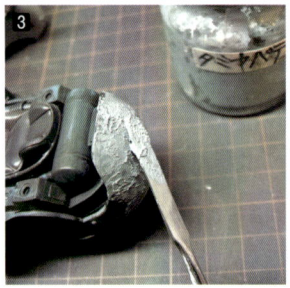

①랩터와 비교한다. 주조 표면을 손쉽게 표현할 수 있도록 도장 찍듯 칠해주자. ②일단은 래커 계열의 다크 그레이, 다음으로 파란색을 섞어서 바탕색을 칠해줍니다. ③래커 퍼티를 이용한 주조 표현은 농도에 따라 바르는 방법을 바꿔줍니다. 점도가 높은 것은 스파츌라(Spatula, 주걱, 약 숟가락 등)를 사용. 작은 면적에만 도료가 붙는 불편한 점을 이용해서 거친 터치를 넣어줍니다. 타미야의 튜브에 들어간 퍼티를 병에다 꺼내놓고 라벨을 붙여주면 이렇게 좋은 느낌이 납니다. ④점도를 묽게 만든 퍼티는 두꺼운 붓으로 찬찬히 발라서 강약의 효과를 줍니다.

세안용 거품 스폰지로 만든 도색 구슬봉으로 스탬프 도색

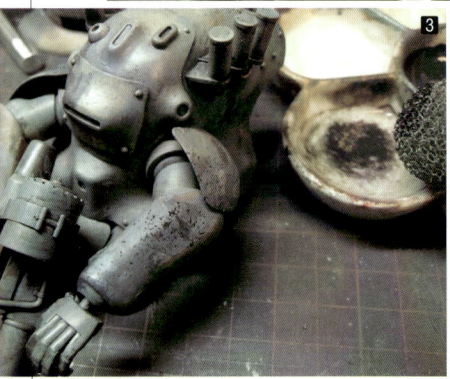

①세안용 거품 스폰지에 핫도그 꼬치를 끼워서 '도색 구슬봉'을 만들었다. 말할 것도 없이 먹고 난 다음의 꼬치는 잘 씻어주자. 처음에는 너무 커서 좁은 곳까지는 닿지 않았다. ②에나멜 선으로 뿌리 부분을 살짝 묶어서 작게 만든다. 복싱 선수들이 사용하는 글러브를 봉에 끼워놓은 연습용 도구 같아 보인다. ③'칙칙'하고 소리를 내면서 톡톡 두들기듯이 칠하면 예측 불가능하기에 상당히 즐겁습니다. 물론 상태를 봐가면서 칠을 해줘요. 의외로 묽은 도료로 칠해도 좋다. ThreeA사에서도 공장에서 톡톡 두들기며 칠하기 때문에 한 개 한 개 다른 완성품을 공급할 수 있다고 한다. ④이 시점에서 내장도 칠해주도록 하자.

슬리퍼 형태의 호버로 이동하는 설정이니 너무 다리를 많이 벌리지 않는 포즈를 잡아주자.

⑤바탕색 도색용으로 브라운 계열의 색을 조색한다. 도료접시의 사진을 참고하시라. ⑥도료는 희석시키고 붓으로 칠해줍니다. ⑦밝은 블루 그레이도 만들어 줍니다. ⑧블루 그레이를 덧칠해준 상태. 최종적으로 칠하는 색을 생각해서 바탕색을 칠해주면 최단 거리로 도색이 가능하다.

3Q 모형에 필요한 3가지의 'Q'

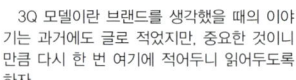

3Q 모델이란 브랜드를 생각했을 때의 이야기는 과거에도 글로 적었지만, 중요한 것이니만큼 다시 한 번 여기에 적어두니 읽어두도록 하자.

첫 번째 'Q'는 '퀘스트'

의외겠지만, 모형 취미라는 것도 『드래곤 퀘스트』와 비슷하게 모험이 아닌가 생각한다. 물론 망토와 검과 마법 지팡이를 가지고 물건을 사러가지는 않겠지만, 여러 가지 의문을 가지고 탐구해야 한다는 의미에서 그렇다. 요즘에는 모형을 사는데도 구입 '퀘스트'를 하지 않으면 안 되는 상황인 것 같은데, 인터넷에서 검색을 하고 사는 것 역시 사소하지만 '퀘스트'니까. 모형을 만들 때 어디가 멋있는지 생각하는 것 또한 '퀘스트'. 공작 과정을 자기 스스로 생각하는 것도 '퀘스트'이고 보면, 어떤 것으로 자극을 받아서 흥분하는지는 영화를 보거나, 멋있는 사진을 보거나, 신제품이 발매되는 것 등 여러 가지니, 매일 많은 '퀘스트'가 실시되고 있다 할 수 있지 않을지?

두 번째 'Q'는 '퀵'

모처럼 퀘스트에서 발견한 제작의욕이 감소해서 없어지기 전에 만들자! …라는 겁니다. 어렸을 때는 그런 걱정이 전혀 없었는데 말이죠. 아저씨나 영감님이 되면 변명만 늘고 의욕은 떨어지고. 이 글을 읽고 있는 변태 여러분은 아직 늦지 않았으니 걱정 마세요. 같은 작업을 할 때 재빠르게 효율 좋게 진행하는 인간의 뇌에서는 "참 잘했어요"라는 보상호르몬이 분비됩니다. 바로 도파민이죠. 또 재빠르게 만들고 싶어지죠. 집안 한 구석에 산처럼 쌓이있는 '프라탑'들도 점점 없어지니 마눌님들도 기뻐한다고. …아니, 그 이상으로 '퀘스트'를 수행하니 결국 '프라탑'은 현상을 유지하려나?

맨 마지막 'Q'는 '퀄리티'가 아닌 '퀀터티'

많이 만들 것. 이건 2번째의 퀵과 직결되지요. 만드는 것이 빠르면 자연스레 많이 만들고, 많이 만들면 솜씨도 좋아져서 더욱 빠르고 멋있게 만들 수 있고. 기술적으로도 많이 만드는 녀석한테는 아무래도 당해낼 수 없다. 점점 더 능숙해지는 것이다. 그렇게 되면 여기서 지금까지 감춰졌던 네 번째의 Q인 퀄리티도 자연스레 획득할 수 있다는, 어느 쪽으로 진행되든 신나는 3Q운동. "산큐" 원이 어감도 좋다. '산큐, 산큐'라고 계속 이야기하며 모형을 만들면 미국사람도 영국사람도 기뻐할 거라고. 아예 마쉬넨 말고 SF3Q라고 하는 편이 더 좋았을까?

(※주: 일본어로 3은 "산"으로 발음. 여기에 큐를 붙이니 영어의 Thank you와 비슷한 발음)

빨간색을 칠하고 나서 노란색을 칠합니다

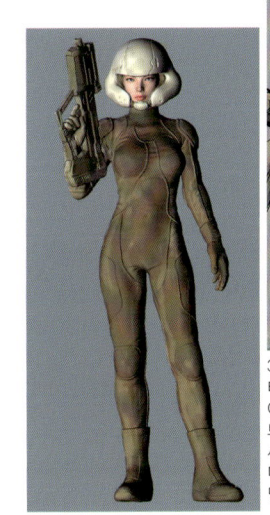

3D소프트인 Z브러시로 조형하고 있는 하야시 히로키 씨 한테 신작의 3D 테마를 JPEG로 받아서 색을 칠한 것. 온라인에서 언제나 이런 회의를 하고 있는 겁니다. 슈트에 넣을 튜브 라인은 내가 지시한 것이지만, 어째 라인이 지나가는 모양새가 꽤나 에로틱하다. 오른쪽은 BD풍으로 그린 메두사. 한 나 중위가 타는 4족형이다. 이것도 프라모델 키트로 나왔으면 좋겠네.

①②기본색이 다 칠해지고 나면 채도가 낮은 빨간색을 칠합니다. 다른 소대가 돼서 노란색을 덧칠하더라도 설정을 생각해서 칠했습니다. 붓으로 색을 얹듯이 칠해줍시다. ③노란색은 무광택제를 섞어줍니다. 얼마 전 까지는 '타바코 라이온'을 넣었지만, 지금은 모델 카스텐에서 이벤트 한정 판매를 하고 있는 탄산마그네슘 가루를 넣었습니다. '위험한 가루'하고 비슷하게 보이니 오해를 살 것 같은 봉지에 넣어서 들고 다니지 않는 편이 좋다. ④노란색도 조금씩 칠해준다. ⑤에나멜 도료로 웨더링을 하고 있다. 발매 전의 도색 견본용이니 하트나 번호는 손으로 그려서 더욱 사실적이다. 사실적이란 말은 사람 손을 거친 흔적이란 얘기죠.

⑥작고 투명한 부품은 에나멜 클리어 레드, 큰 쪽은 가이아 노츠의 클리어 오렌지에 클리어 블랙을 덧칠했다. ⑦⑧투명 부품의 장착은 흐림 방지를 위해 목공용 본드를 강력 추천. ⑨맨 마지막으로 슬리퍼 형 호버에 진흙이 묻은 부분을 표현하기 위해 샌드 계열 래커 도료를 옅게 칠했습니다.

그리고 5체나 칠했습니다

코드 스토퍼가 붓 거치대로

끈의 길이를 조절하기 위한 코드 스토퍼라는 것이 붙어있는 경우가 있지요. 여기에 붓을 끼워 넣으면 칠하는 도중에 책상에 놔두어도 도료가 묻지 않는 붓 거치대로 사용하기 딱 입니다. 축 위의 위치에 끼워두면 카운터 밸런스로서 사용하기에도 좋다고요.

①이번에는 5체를 한꺼번에 칠해줍시다. 진한 회색에 빨간색을 섞어 만든 바탕색을 과감하게 칠해줍니다. 5개의 경우 도색용 턴 테이블에 올려놓으면 돌리기 힘들다는 걸 깨달았다. ②Ma.K. 컬러인 다크 스노우에 크레오스의 다크 옐로우를 섞고서 밝은 쪽의 기본색을 칠하고, 도색 구슬봉으로 진한 회색을 스탬프 찍듯 칠해준다. 그리고 그 위에다 래커 퍼티를 칠하고 또 같은 공정을 반복하면 적당하게 갈라집니다. 점도가 다른 것을 이용하면 크랙이 들어간 표현도 가능합니다. 큰 비가 내리고 난 후에 마른 지면도 이렇게 표현할 수 있습니다.

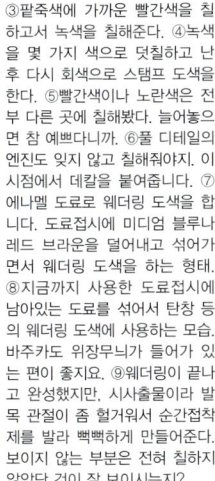
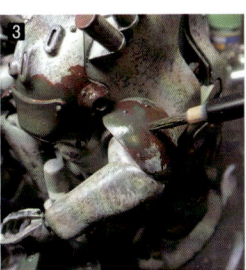
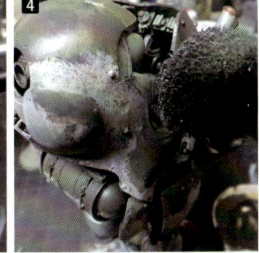

③팥죽색에 가까운 빨간색을 칠하고서 녹색을 칠해준다. ④녹색을 몇 가지 색으로 덧칠하고 난 후 다시 회색으로 스탬프 도색을 한다. ⑤빨간색이나 노란색은 전부 다른 곳에 칠해봤다. 늘어놓으면 참 예쁘다니까. ⑥풀 디테일의 엔진도 잊지 않고 칠해줘야지. 이 시점에서 데칼을 붙여줍니다. ⑦에나멜 도료로 웨더링 도색을 합니다. 도료접시에 미디엄 블루나 레드 브라운을 덜어내고 섞어가면서 웨더링 도색을 하는 형태. ⑧지금까지 사용한 도료접시에 남아있는 도료를 섞어서 탄창 등의 웨더링 도색에 사용하는 모습. 바주카도 위장무늬가 들어가 있는 편이 좋지요. ⑨웨더링이 끝나고 완성했지만, 시사출물이라 발목 관절이 좀 헐거워서 순간접착제를 발라 뻑뻑하게 만들어준다. 보이지 않는 부분은 전혀 칠하지 않았단 것이 잘 보이시는지?

MK44 AMMOKNIGHTS
"Card Soldiers"

MK44를 합계 7체를 만들었다!
처음 도색 패턴을 베이스로 해서 조금씩 다르게 칠해줬습니다.
트럼프의 마크가 정말로 잘 어울리는 것은
엘리스에 나오는 트럼프 병사의 이미지를 바탕으로 삼았기 때문입니다.

photo by Akishige Hommatsu (STUDIO R),
Takanori Katsura (Inoue photo studio)

로봇 배틀과 아가씨

「로봇 배틀V」의 BD를 지금까지 몇 권인가 그린 적이 있는데 한 권으로 모아놓은 책은 아직 없다. MK44 대히트에 분위기를 타서 로봇 배틀 단행본에 대비해서 표지의 프로토타입도 만들어봤다. 로고는 키트의 패키지용으로 이미 만든 것을 가지고 온 것이다. 4족형 메두사나 2족형 란슬롯을 조종하는 여주인공인 한나 중위다. 내가 만든 피규어보다 100배 멋진 하야시 씨가 만든 원형으로 좀 있으면 나온다구(※주 : 2015년 6월 발매). 사지 않고는 못 배기지. 자 그렇다면 로봇 배틀에는 왜 아가씨 들이 잔뜩 나오는 걸까요?
「SF3D」시대 때, 아마 제리 편에서 전라의 아가씨 피규어를 만들고 가지고 갔더니, 당시 편집 담당자였던 이치무라(히로시)군 한테 "이건 못 싣겠는데요?"라는 이야기를 들어먹었죠. 그 후로도 옷을 입은 여자 피규어를 만드는 일 없이 연재는 종료했습니다. 로봇 배틀은 그 직후에 만들어진 세계

관이니 아무래도 여성 중심으로 그리고 싶었지요. 엉큼한 아저씨의 실력을 발휘하지 않으면 아깝다고 생각해서 처음 나온 코믹스에서도 아가씨 중심으로 스토리를 만들었습니다.

복장도 캣슈트 같은 보디 아머를 착용하고 있습니다. 이런 표현에 어울리도록 MK44도 고딕 스타일의 형태를 많이 사용하고 있는 것입니다.

빨간 4족 메카는 인류가 맞서 싸우는 기계 측의 병기로 통칭 '판두(板頭)' 옐로우 서브머린제 1/35 글래디에이터와 코토부키야의 엘메다인의 머리 부분으로 만들었습니다.

전방의 해치를 위로 젖히면 파일럿의 얼굴이 보인다. 후면의 아머는 붙이거나 떼거나 하면서 자신이 좋아하는 디자인으로 만들어보자. 탈착 가능한 슬리퍼식 호버는 내부도 잘 만들어져 있다.

플라스틱은 색이 생명입니다

MK44의 성형색은 팔케와 같은 색이었지요. 담당자인 고쿠분씨가 발매 전에 성형색의 견본으로서 본체 상면의 1개 부품을 일부러 보내 주었는데 이것만 가지고는 아무것도 할 수 없다. 무언가 새로운 형태로 변환해보려고 시모무라 알렉의 커트 소우로 두 개로 잘라서 방향을 바꿔서 접착하니 이런 형태가 되고 말았다. "디테일 3년 추가"로 환갑이 넘었을 때 다른 메카로 만들어 놓겠습니다.

오른쪽 사진은 내가 초등학교 4학년 때 모은 메이지 제과 '곤 캐러멜'에 들어있던 여러 가지 신(神)이다 (아마도 전부 다 모았을 것이라 생각한다. 아니 그 보다 50년 전 것을 아직도 안 버리고 가지고 있는 건 상당한 변태 아니야 이거). 플라스틱 폐자재로 성형된 것 같은데 프로그(Frog)나 에어픽스(Airfix)의 프라모델의 색처럼 보인다. 이러한 플라스틱의 색이 옛날부터 너무도 좋았다. 디자인은 당시 방영되던 '오공의 대모험'에 나오는 마신과 같은 데츠카 프로의 그림을 쏙 빼닮았기에, 남몰래 메이지제과가 발주를 내는 것이 아닌가라고 당시부터 생각했다. 물건을 절대 못 버리는 게 바로 나란 인간.

월면용 MK44H형 화이트 나이트 출격

당초 발매일로부터 한 달 늦어진 덕분에 좀 있으면 발매되는(※주 : 2015년 2월 발매) 월면용 MK44 화이트 나이트도 『모델링북 2』에 게재 할 수 있었습니다. 화이트와 위장색 두기를 동시에 완성시켰습니다. 단품으로 판매하니까 걱정 마시라. 아, 반대로 그쪽이 더 걱정인 사람도 있을지도…?

일부러 붓 자국을 남겨 묵직한 느낌을 표현해보자

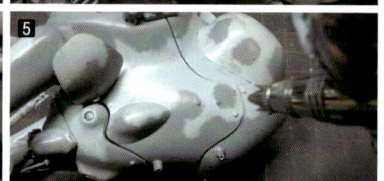

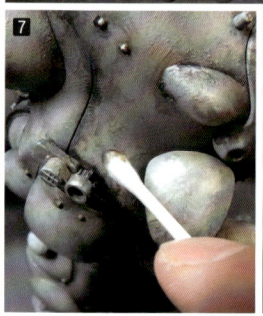
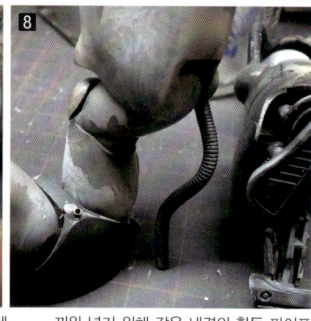

①제품판 MK44에 월면용 테스트샷 부품을 장착한 모습이다. 마치 하이브리드 모델 같다. 이 추가부품 만으로도 다른 제품으로 보일 정도로 형태가 변화했습니다. 화이트 나이트란 백기사로, 기업매수 시의 적대적 매수 방어책으로 우호적인 제 3자를 가리킨다 합니다. 흰색 외장과 전체적인 형태 그리고 손에 총을 들고 있는 점이 엘가임이 뚱뚱해진 것 같은 느낌이다. 메타보가임(※주 : 대사증후군을 뜻하는 메타볼릭+엘가임)의 조어. 말하자면 뚱뚱한 엘가임이라 불러도 괜찮아요. 이번에는 흰색과 위장색의 2기를 칠합니다. ②진한 회색으로 바탕을 칠하고 나서 2체 모두 흰색으로 바탕색을 칠합니다. 원래 색과 약간은 다르지만 크레오스 338번의 병에 들어있는 흰색이다. 만세를 부르는 자세는 붓이 잘 닿는다. 에어브러시로 칠하면 한 번에 다 끝나지만, 얇은 붓으로 붓 자국을 남기면서 중량감을 표현해주자. ③위장색 기체 쪽은 라이트 블루 계열의 바탕색을 덧칠한다. ④바로 크레오스 337번으로 반점을 붓으로 칠해준다. ⑤붓 칠로 자국을 남겨두면서 붓을 칠한 곳과 같은 곳에 에어브러시로 같은 색을 뿌려준다. 흰색 부분도 붓 자국을 지우고 싶은 부분만으로 흰색을 에어브러시로 뿌려주자. 붓과 에어브러시의 하이브리드 도색이다. 그렇게 거창한 건 아니지만. 연필과 지우개의 관계일지도 모르겠다.

⑥래커로 도색을 한 후, 샌드 옐로우나 레드 브라운 등의 에나멜 도료로 웨더링 도색을 합니다. 가동 키트는 관절부위에 에나멜 도료가 들어가지 않도록 주의. 물기 잔뜩 묻힌 채로 워싱같은 걸 하면 안 돼요. ⑦웨더링이 너무 많이 들어갔다면 희석액을 면봉에 묻히고 닦아내자. ⑧전시를 위해 황동선과 내경이 같은 황동 파이프를 씌운 샤프트를 준비한다. 끝 부분을 끼워 넣기 위해 같은 내경의 황동 파이프를 엉덩이에 끼워서 고정해두자. 맨 처음에 고른 황동선은 0.9mm로 너무 얇았기 때문에 1.5mm의 황동 파이프를 씌워서 다시 작업. 이렇게 해서 흔들리지 않고 전시할 수 있었습니다. 전시용 대의 끝 부분에 찔러 넣어서 균형을 맞춰주시길.

데칼을 붙이고 클리어를 뿌려주자

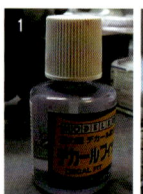
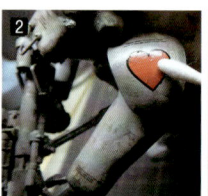

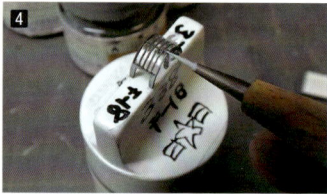

①모델러즈의 데칼 피트는 너무 강력해서 데칼이 무지막지하게 부드러워집니다. 좀 과할정도로 부드러워지니 얇은 데칼을 붙일 때는 주의하도록. ②곡면에 잘 들러붙게 만드는 것이 목적이니 너무 벅벅 문지르지는 말자. 찢어지지 않도록 면봉으로 부드럽게 눌러주듯 밀착시킬 것. ③완전히 건조되고 난 후 데칼 부분만을 노려서 에어브러시로 클리어를 뿌려서 보호해줍니다. ④오리지널에서는 에칭 부품이었던 페이스 가드가 투명 부품으로 재현될 예정인데, 이런 걸로 형태가 제대로 잘 재현이 될지 걱정인 분들을 위해 색이 비치지 않는 방법을 알려드리지요. 일단은 프레임을 따라서 무광택제 섞은 회색을 확실히 칠해주고, 다 마르고 나면 기체와 같은 색을 칠해줍니다. 양각 몰드이니 얇은 면상필의 배 부분으로 쓰다듬듯 칠해주면 되는데, 이때 삐져나와도 안심인 이유는 나중에 나오는 카멜 페이지에 상세하게 다루었으니 참조하시길~. ⑤사진을 보면 알 수 있듯, 투명 부분조차 보이지 않는다. 투명 부품에 들어간 색이 비치는 작품만큼 슬픈 것은 없다. 반대로 이 부분만 확실히 칠해두면 다른 곳으로 눈이 가지 않기에 살짝 대충 해도 멋있게 보인다고. 비행기 모형을 하는 사람 중에 이걸 모르고 작례를 만드는 사람이 있는 것에 종종 실망하기도.

도료 뚜껑을 도색용 좌대로?

월면용 MK44의 페이스 가드와 같은 작은 부품에 정밀한 도색을 할 때는 구 Mr.컬러의 손가락으로 잡는 뚜껑 맨 위에 양면테이프를 붙여서 고정합니다. 높이도 딱 좋고 손으로 병을 잡아도 됩니다. 사진은 맥스팩토리제 1/72 다그램의 주인공. 요정왕자 같은 복장을 한 남자아이가 벤치에 앉아 여자 친구를 기다리는 것 같죠?

데칼 연마하기

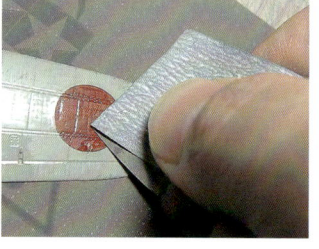

데칼의 단차를 없애거나 위에서 난폭하게 색깔을 넣기 위해 데칼을 붙인 부분에 클리어를 뿌립니다. 클리어가 완전히 건조한 뒤 1000번 정도의 사포로 갈아냅니다. 번호를 올려가며 마지막에 컴파운드로 닦아내면 반짝반짝 광이 나며, 무광택 클리어를 뿌리면 광택이 죽어서 표면이 차분해집니다. 사진의 제로센과 같이 데칼 위에서 사포로 갈아낼 수 있죠. 데칼 단차가 없는 모델을 만들 수 있는 겁니다.

클리어 부품 주변과 동력 파이프의 웨더링 도색

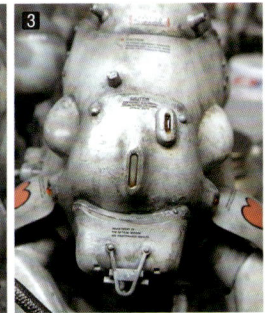

이것은 『코믹 노이지』의 브레히만 마지막회(1989년 6월호)에 등장했던 월면용 MK44의 오리지널 모델. 파손된 부분은 다시 복구했다.

①몰리 부품에는 가이아노츠의 멀티 프라이머를 전체적으로 칠했다. 건조 후 그대로 놔두면 먼지까지 잔뜩 묻으니 바로 색칠을 해줘야 한다. 크레오스 78번 메탈릭 블랙에 은색을 섞은 색을 칠하면 금속으로 코팅한 것처럼 보인다. ②옆쪽의 클리어 부품은 클리어 오렌지 에나멜을 칠했습니다. ③시커의 슬릿은 클리어 오렌지로 먹선을 넣어주면 필름 같은 질감을 잘 표현할 수 있다. ④파일럿은 이런 느낌으로 해주면 어떨까? ⑤총에서 뻗어 나오는 코드를 접착하는 뿌리 부분은 보디 앞면쪽에 붙여두면 총에서 나오는 코드를 연결한 채로 셀 오픈을 재현할 수 있습니다. ⑥페이스 가드를 붙인 모습. 제대로 슬릿이 들어간 가드처럼 보이지 않는지? 그냥 투명부품에 색을 칠한 것으로는 보이지 않는다. ⑦지상형과 비교하면 스타일의 차이를 알 수 있다. 같은 기체라고는 믿기지 않을 만큼 근사하다.

MK44H WHITE KNIGHT

MK44H형 화이트 나이트
2014년 제작

HASEGAWA 1/20 scale plastic kit
modeled by Kow Yokoyama

뒷모습은 마치 요괴 얼굴 같아.

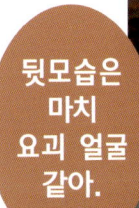
완성!

바로 전날까지 도색을 했기에 2014년의 하비쇼의 회장인 빅사이트로 직접 반입. 세팅도 직접 했습니다. 이렇게 직접 하는 판권자도 없다니까요. 오른쪽은 회장에서 찍은 웨이브제 1/20 스노우 맨. 기체는 겐조군. 파일럿은 내가 칠한 작례다. 지금까지는 유통 한정판이기에 구입하지 못했던 사람도 많았던지라 이번에 일반 판매를 하도록 내가 부탁을 했다. 월면용 MK44도 마찬가지로 11월(2014년) 발매 예정이다.

MK52G

첫 공개 : 월간 코믹 노이지 1989년 3월호
1/35 scale
scratch built by Kow Yokoyama

photo by Takanori Katsura
(Inoue photo studio)

MK52b, 단거리라면 날아간다는 설정이다 (월간 모델그래픽스 1985년 11월호 에서)

지금까지 좀처럼 큰 사진을 싣지 못했던 오리지널 모델도 아직 많이 있기에, 이 기회에 많이 풀어 보겠습니다. 당분간은 레플리카 소재가 떨어지는 일이 없겠지요.

일단 먼저 MK52G! 설정으로는 MK44의 3배 정도로 큰 복좌식 메카로, 모델그래픽스에서 연재한 『브레히만』의 마지막 회에 나왔던 MK52b를 개조했습니다. 기수 부분을 강화했다는 '설정'에 따라 머리 부분에 퍼티를 발라줬기에 MK52b처럼은 보이지 않는다. 지라스(울트라맨에 나오는 괴수)가 만들어졌을 때의 고지라는 원형을 복구해서 반납하는 조건으로 토호에서 빌려줬다고 하지만 말이지요. 어차피 80년대에 창고 안에 있던 것을 전부 다 버릴 테니 다른 괴수도 다카야마씨한테 맡겨서 이래저래 개조 시켰으면 좋았을 텐데. 나는 버리지 않으니까 걱정하지 마시라.

MK52b는 '비행하는 로봇'같은 느낌을 주고 싶었기에 만들었지만, 왠지 돌박(『特装機兵ドルバック』, 국내에는 『특수기갑대 돌북』이란 타이틀로 수입된 바 있음)같아 보인다. 다리의 관절에 실제 돌박의 부품이 들어갔으니까. 꽤나 여러 가지 메카에 돌박의 부품을 사용했지요. 돌박, 정말 고마워요~. 또 사러가야지. 아, 아오시마에서 재판이 되었던가?

눈처럼 생긴 원통 형태의 부품이 번쩍거려서 멋있다니까. 도금부품을 칠하지 않았는지 칠하고 벗겨냈던지 였을 겁니다. 무기는 실은 그냥 라이터. 당시에 멍청하게도 담배를 폈기에 라이터 역시 산처럼 쌓여있었다. 이 라이터를 찾는 사람도 있지만, 이제는 더 이상 팔지를 않는다. 멋지지 않나요? 담배를 펴서 좋았던 유일한 점이죠. 주변에 있는 멋진 것들은 이거 저거 많이 써먹자고.

팔은 『스타워즈』의 AT-ST를 사용했습니다. mpc에서 나온 것 말이죠. 다음 페이지의 란슬로트에서는 다리의 심으로 사용했고, 이 키트도 참 많이도 샀네. 지금도 중고로 물건이 나오면 살 정도니까. 다리는 닛토에서 나온 제리의 부품이네. 다른 제품의 부품을 가져다 만든 키트의 부품을 다시 가져다 쓰니, 이건 우려먹어도 제대로 우려먹는구만. 아이쿠~ 진국이네~. 이러다 자가중독에 걸리겠는걸 이거~.

인생에서 가장 후회하는 것은 담배를 피운 것이지만, 이 라이터를 손에 넣을 수 있었으니 뭐, 나쁜 것만은 아니겠지.

어딘가 망가진 것 같은데 할군 수선해 둬.

인생에서 가장 후회하는 것은 담배를 피운 것이지만, 이 머리 부분은 굳이 라이터가 아니더라도 프라판으로 만들 수 있었을 것 같은데

LANCELOT

란슬롯
첫 공개 : 우주선 Vol.30 (1986년 6월호)

1/35 scale
scratch built by Kow Yokoyama

photo by Takanori Katsura (Inoue photo studio)

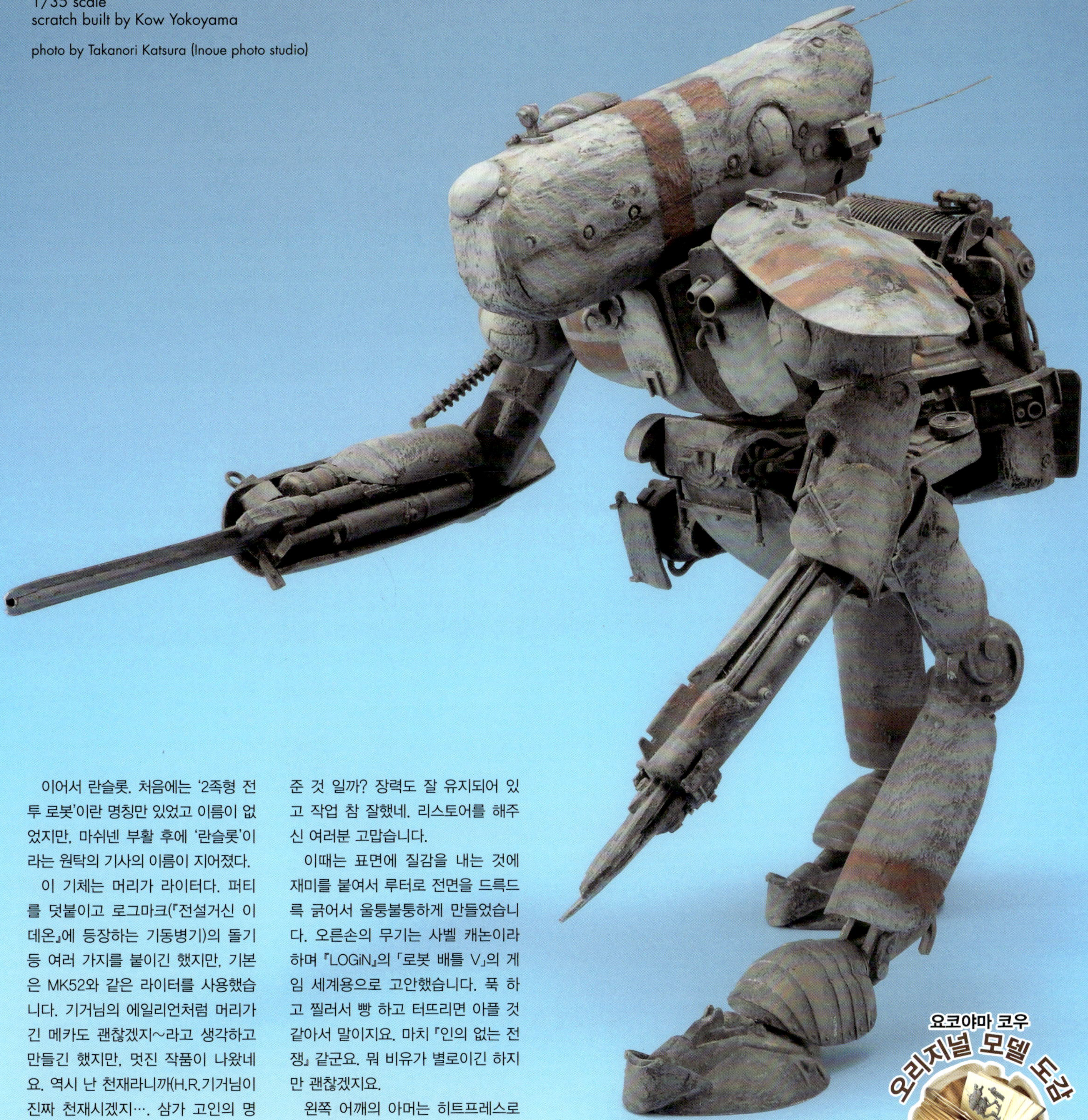

이어서 란슬롯. 처음에는 '2족형 전투 로봇'이란 명칭만 있었고 이름이 없었지만, 마쉬넨 부활 후에 '란슬롯'이라는 원탁의 기사의 이름이 지어졌다.

이 기체는 머리가 라이터다. 퍼티를 덧붙이고 로그마크(『전설거신 이데온』에 등장하는 기동병기)의 돌기 등 여러 가지를 붙이긴 했지만, 기본은 MK52와 같은 라이터를 사용했습니다. 기거님의 에일리언처럼 머리가 긴 메카도 괜찮겠지~라고 생각하고 만들긴 했지만, 멋진 작품이 나왔네요. 역시 난 천재라니까(H.R.기거님이 진짜 천재시겠지…. 삼가 고인의 명복을 빕니다).

애니메이션 로봇의 부품을 잔뜩 사용했는데 '이건 쓸 만하겠다'는 부품이 많이 모였었나보네요. 동체와 허리를 연결하는 부분에는 레진 블록을 심었습니다. 이건 힐군이 리스토어를 해준 것일까? 장력도 잘 유지되어 있고 작업 참 잘했네. 리스토어를 해주신 여러분 고맙습니다.

이때는 표면에 질감을 내는 것에 재미를 붙여서 루터로 전면을 드르륵 긁어서 울퉁불퉁하게 만들었습니다. 오른손의 무기는 사벨 캐논이라 하며 『LOGiN』의 「로봇 배틀 V」의 게임 세계용으로 고안했습니다. 푹 하고 찔러서 빵 하고 터뜨리면 아플 것 같아서 말이지요. 마치 『인이 없는 전쟁』 같군요. 뭐 비유가 별로이긴 하지만 괜찮겠지요.

왼쪽 어깨의 아마는 히트프레스로 만든 뒤에 벼룩 '蚤(조)'란 글자를 인스턴트 레터링으로 넣었습니다. 예전부터 벼룩이란 글자나 모양을 사용하고 싶었기에 기간트 플로(Gigant Floh, 거대한 벼룩)로 연결되었고요.

MINOTAUR

미노타우로
첫 공개 : 우주선 Vol.31
(1986년 8월호)

1/48 scale
scratch built by Kow Yokoyama

메시의 1초, 나의 5초

호버 로봇인 미노타우로는 란슬롯과 마찬가지로 2000년대 초반의 「로봇 배틀V」의 코믹스에도 나왔습니다. 본체의 심에는 반다이에서 나온 『자붕글』의 호버기(호버+버기)의 회전 팬을 사용했습니다. 여러 가지 의미로 팬이 있어서 조형이 가능한 작품이지요. 육각형 메시 모양의 부분은 얼핏 보기에는 에칭처럼 보이지만, 사실은 나일론 망을 붙인 겁니다.

머리 부분의 아머는 금속이 아닌 히트프레스. 마르고 난 후 문질러서 광을 낼 수 있는 메탈 컬러(다카라 메탈 고트)가 나왔던 때라서 칠 해봤는데 여전히 빛이 나는 걸 보니 신기하네요. 본체도 히트프레스로 작업을 해서 놀라울 정도로 가볍죠. 히트프레스 기계는 이 책에 나오는 골렘 개(改)의 제작기사에 실려 있는데, 다른 방식은 생각나지 않을 정도로 편리! 본체에 붙어있는 장갑판은 본체와 마찬가지로 점토 원형에서 히트프레스로 만들었다. 즉 같은 것을 2장 붙여놓은 것 입니다. 사이 공간에 플라스틱 재료와 같은 무언가를 끼워 넣어서 본체보다 위로 올려주면, 아머가 본체보다 큰 곡면을 그려주게 되지요. 사실은 똑같은 곡률인데 말이지요. 이 방법을 사용하면 바깥쪽에 붙이려고 히트프레스 원형을 따로 만들지 않아도 되니까. 바르셀로나의 리오넬 메시같이 최단거리에서 골로 근접해가는 거죠.

올해(2014)의 월드컵에서 가장 인상 깊었던 것은 해설자가 스위스 선수에게 붙인 별명이었습니다. '알프스의 메시 샤키리'라고 다 같이 소리를 내서 따라해 보세요. 힘들 때 힘이 솟는다고요. 축구는 절대 못 이기겠지만, 모형제작에는 메시한테 절대 지지 않는다고. 근데 나 괜찮은 걸까 이거…?

가볍다고~! 내 오리지널 모델이 꽤나 남아있는 건, 가볍게 만들어서 잘 부서지지 않는 것이라고 (MAX)와타나베 군이 칭찬해줬어.

요코야마 코우 오리지널 모델 도감
Modeling Book

타우베
첫 공개 : 월간 모델그래픽스 1985년 7월호
1/35 scale
scratch built by Kow Yokoyama

TAUBE

1985년에 첫 등장 때에는 동계 위장을 칠한 흰색 기체였지만, 코믹 노이지(1989년 1월호)에 실릴 때는 현재의 색상으로 다시 칠했습니다(월간 모델그래픽스 1985년 7월호에서).

타우베는 「브레히만」에서 처음 나온 무인기로 독일어로 '비둘기'라는 뜻입니다. 『코믹 노이지』에서 MK44와 같이 나오지만, 스케일을 확실히 이야기 하진 않았지요. 이 크기(전고 약9cm)니까 1/35라고 해둡니다.

본체는 비행기 키트의 스탠드를 토대로 만들었습니다. 윗면에 2개 있는 튀어나온 구멍을 뚫는 방법이 재미있지요. 평범하게 구멍을 뚫고 가장자리를 루터로 깊게 갈아주었죠. 머리로 보이는 부분은 슈퍼 구피의 기수입니다. 실제로 우주 로켓을 옮겼던 거대 수송기지요. 형태는 의식적으로 올록볼록하게 만들었지요. 클리어 부품은 글래디에이터에서도 사용한 츠쿠시 레진제(土筆라고 쓴다 해서 도히츠라고 읽는 말자). 원래 반지 부품으로 투명도가 높아서 꽃잎이나 곤충을 안에 넣고 레진으로 굳혀서 반지나 브로치로 만들지요.

아래를 보면 타미야의 브라밤(BT46 알파로메오)에다 레벨의 소유즈가 들어가 있지요. 팔케의 다이브 브레이크에 사용한 매치박스의 1/32 돈틀리스의 날개가 들어가 있는 것도 확인 가능하죠. 비행기의 날개는 거의 평면이지만 곡면인 부분은 메카닉의 외장으로 자주 사용합니다.

그건 그렇다 치더라도 타우베의 형태는 뭔가 참 신기하다니까. 뭔가 정상이 아닌 것 같다니까요. 이 측면 형태가 특히.

PK!! 다리 걸었잖아?

photo(018-019) by Akishige Hommatsu (STUDIO R), Takanori Katsura (Inoue photo studio)

완성품의 '완성' 방법인 것이다

『SF3D』라는 이름으로 연재되고 있던 때는 프라모델을 사는 사람의 숫자가 지금의 100배는 되었다고 생각합니다. 믿을 수 없을지도 모르겠지만 쇼와시대는 프라모델을 파는 가게가 없는 마을이란 건 없었다고요. 이중부정을 통한 강조라는 화법이지요. 동네에 모형점이 여러 군데가 있어서 어디를 단골로 삼을 것 인가를 고민하는 사람도 있을 정도였지요. 거짓말 같이 프라모델이 일본 전국에 유행했었지요. '건프라'가 한창 유행했을 때를 체험한 사람이라면 알겠지만, 신제품 발매일에 모형점 앞에서 줄을 서기도 했었다고요.

세월이 흘러 30년, 모든 상점가에서 모형점이 사라지고 이제는 신제품, 아니 도료 한 병을 사려해도 양판점이나 인터넷 쇼핑을 이용할 수밖에 없다는 사람도 적지 않습니다. 도시 지역 이외에는 국산 키트를 입수하는 것조차 꽤나 고생이라 합니다. 그 원인으로 'TV 게임이 나왔으니까'라던가 '애를 적게 낳으니까'라던가 여러 가지 이야기는 나왔지만, 왠지 전부 다 틀린 것 같지 않으세요? TV 게임은 휴대폰 게임으로 손님들이 이동해갔고 노래방은 모형점 보다 많아진 것 같습니다. 유행이 지나고 난 다음은 열심히 계속해나가는 사람만을 남긴 채, 손님이 없어지는 것은 어떤 취미나 마찬가지입니다.

그런데 해외 스케일 키트 메이커에서는 매달마다 대량의 신제품이 출시됩니다. 예전의 10배 정도의 페이스로 나오는 제품수를 1/100의 인원이 구입해서 소화를 하는 것은 조금은 무리일 것 같군요. 하지만, 일본 메이커도 기업에서 노력해서 계속해서 신제품을 출시하고 있습니다. 또한 밀리터리와 애니메이션을 멋지게 조합한 작품 덕분에 스케일 키트에 입문하는 신규 고객도 많이 나오고 있습니다. 이 원고를 작성하고 있는 2014년 하비쇼에서는 새로 입문한 프라모델 팬들이 전시회장을 찾아왔습니다. '취미를 잇기 위한 도구'로서의 역할을 다하고, 또한 커뮤니티의 규모에 맞는 도구만 있다면 그 취미가 없어지는 일은 없을 것입니다. 우리들과 같은 변태가 있는 한, 일본의 프라모델이라는 취미도 예전과 같은 번영을 되찾을지도 모르겠네요.

희망이 보인 상황에서 예전에는 프라모델의 적이라 여겨졌던 '완성품'을 즐기는 법을 생각해봅시다. 앞으로의 취미 업계의 명암을 가르는 중요한 요소가 감춰져있을지도 모르니까요.

지금부터 20년도 더 전에 1/43 스케일의 레진이나 메탈로 만들어진 미니카 키트의 전성기였는데, 동서고금의 차라는 차는 전부 다 미니어쳐로 나오는 것이 아닌가라는 생각이 들 정도로 제품화가 되었지요. F-1유행의 도움도 받아서 그 당시 시즌의 풀 그리드를 재현하는 것 정도는 식은 죽 먹이인 기세였지요. 물론 자기가 타고 있는 자동차의 키트도 입수할 수가 있다면, 차량 모형을 좋아하는 사람은 크기가 작은 점도 있어서 한 달에 2~3대는 만들었습니다. 그래서 나도 정신을 차리고 보면 100대 정도 완성을 시켰습니다. 전문점도 많이 있었으며, 1개에 몇 만엔 하는 키트라도 상자가 작았기에 자기도 모르는 사이에 100개 이상을 쌓아놓고 있던 사람도 많았습니다. 레진제 키트를 한 번도 만들어 본 적이 없는 분이라도 안심하세요. 피니셔라 불리는 모델러가 철저하게 공작해서 제작한 아름답게 만든 완성품을 키트의 10배 정도의 가격으로 구입할 수 있습니다. 이런 미니카 전문점은 물론이고 수많은 프라모델 모형점에서도 미니카 키트를 취급하게 되었습니다. 하지만 버블 경제의 붕괴는 모터 스포츠에 큰 타격을 주었습니다. 물론 이와 관련된 미니카 키트나 완성품을 비롯한 관련 서적 및 제품화 기획, 피니셔와 전문점도 단번에 다 날아가고 말았습니다.

그리고 한 동안은 카 모델의 세계에서는 레진키트 신제품도 거의 없어져서 조금은 쓸쓸한 시기가 계속되었습니다. 하지만 완성품 미니카 메이커는 이런 시기에도 담담하게 신제품을 꾸준히 내놓았습니다. 많은 메이커들은 이미 중국에 생산라인을 가지고 있었습니다. 이미 키트로 소유하고 있는 아이템의 경우 구입을 주저하는 사람도 있습니다만, 가격이 싸고 이미 완성되어있다는 매력에는 이길 수 없기 마련입니다. 발매되지 않았던 아이템이나 이미 제품화된 제품 자체의 레벨도 점점 올라가고 있습니다. 마침내 커스텀 완성품의 레벨에 가까운 제품이 몇 분의 일 가격으로 등장했습니다. 이는 예전에 레진 키트를 판매했던 메이커와 관계자들이 완성품 미니카 메이커로 부활했던 것입니다.

『SF3D』의 키트는 버블 시기에는 동면 상태였기에, 아무런 경제적 영향을 받지 않고 버블 붕괴시기를 보냈습니다. 『Ma.K.』로 부활 한 후에도 작은 시장규모였기에 이에 맞춰서 전개가 가능했었습니다. 그래서 판매점에 많은 제품을 쌓아놓고 판매한 적도 없었습니다. 당연히 관심이 가는 사람은 가게에 진열되어 있는 제품을 보고 '언제든 살 수 있다'라고는 생각하지 않습니다. '언제든 살 수 있다'는 '언제든 사지 않는다'와 마찬가지입니다. 예전에 고쿠분지역 남쪽 출구에서 프라모델 전문점을 경영하고 있던 A군에게 온 손님이 한 이야기가 '어? 어제까지 여기 있던 키트가 없는데 무슨 일 있었나요?' 이었으니까요. 가게를 자기 방의 장식장이라 생각하는 사람의 지갑을 여는 일은 불가능 합니다. 1개라도 그렇게 생각을 하니 2개 이상의 제품을 진열한 가게 입장에서는 '쇠공이 달린 족쇄'라고 생각하는 편이 좋을 것입니다. 프라모델은 항상 재고가 있는 상품이었기에, 지금까지 판매를 하는데 있어 고생을 했던 것이 아닐까하는 것은 부정할 수 없지 않을까요.

한편 도색이 완료된 피규어와 같은 프라모델 이외의 취미 상품은 항상 재고가 남아있는 상품이 별로 없습니다. 최근에는 판권 기한 문제로 프라모델 중에도 재판을 못하는 제품이 늘어나고 있죠. 그렇다고 해도 가지고 싶을 때 사지 못하는 건 슬픈 일입니다. 되파는 물건을 높은 가격에 사는 건 의미가 없고요. 하지만 이런 상황에서도, 마쉬넨의 키트나 도색완료 완성품, 흔히 말하는 피규어라 불리는 것도 고객들께서 가능한 많이 접할 수 있도록 메이커에서 노력하고 있습니다. 참 고마운 일이라니까요.

10년 전에 맥스팩토리에서 전개되었던 1/16의 도색완료 완성품 역시, 센티넬(千値練, センチネル)에서 그 정신과 원형을 계승하는 형태로 새로이 시리즈를 전개해주셨습니다. 게다가 기술도 원재료의 질도 향상되었습니다. 물론 자기가 직접 만드는 편이 질이 더 좋다고 하실 분도 많을 것 이라 생각합니다만.

프라모델 키트와는 다른 스케일로 전개되는 이유 중 하나가 바로 이 점일지도 모르겠습니다(사실이 내가 큰 걸 원해서 일지도).

도색완료 된 완성품에 손을 더해서 완성한 모델을 다뤄보겠습니다. 완성품에 색을 칠하는 일은, 꽤나 긴장되기 마련이지요. 깨끗하게 도색된 부분에 손을 대면 반드시 안 좋아지는 경험으로 그렇게 생각하는 것은 어쩔 수 없을지도 모르겠습니다. 일단은 망가질 때 까지 가지고 놀아봅시다. 완성품은 가지고 놀다보면 망가지니

도색 완성품을 '살짝 덧칠'해서 완성시키자

완성된 상태로 판매하는 제품의 모든 부분을 다 덧칠하는 것이 아닌, 살짝 덧칠해줍니다.
부담 없이 칠 한다고 살짝 덧칠이라 한다. 내가 만든 말이지만.

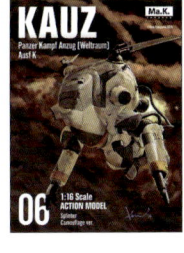

KAUZ
카우즈 2013년제작

SEN-TI-NEL 1/16 scale
PVC & ABS model
modeled by Kow Yokoyama

photo by Akishige Hommatsu (STUDIO R)

이번 특집에서 사용하는 주요 공구와 재료

● 순간접착 퍼티   ● 면봉

● 지우개와 연필

까 좋습니다. 나이도 먹을 만큼 먹고 '위잉~'소리를 내며 가지고 노는 것이 부끄러운 사람은 가족들이 없는 곳에서 하면 되고, 혼자 사는 사람은 마음대로 놀아 보는 거야. 작례에서 완성한 카우즈는, 시작품인 관계로 안테나를 심어놓은 부분이 뻑뻑해서 회전시키려고 하니까 아예 부러지고 말았습니다. 마찬가지로 시작품인 플리게의 얼굴해치 역시 가지고 놀다 보니 부러졌습니다. 모처럼 상품으로 출시된 것을 실컷 가지고 놀았으면서 잘 망가지지 않아, 손을 대지 못하는 게 오히려 서운하다…는 말은 확실히 좀 이상하긴 하군요. '가지고 놀다 망가지면, 자 이제 시작이다'라는 거지요. 벌벌 떨면서 새 제품에 덧칠을 하는 것이 아닌, 적당히 가지고 놀다가 망가지면 창작활동 시작이다 라고 생각하면 되지요. 우선은 망가질 때까지 마음껏 가지고 놀자 뭐 그런 거지요. 관절이 망가지면 고정시켜서 완성하면 됩니다. 부서지면 부품이 늘어나니까 말 그대로 프라모델과 똑같은 방법으로 완성시킬 수 있습니다. 자 그럼 도색 완성품에 색을 덧칠하는 방법을 설명하겠습니다.

도색하기 전에 실리콘 오일을 씻어내자

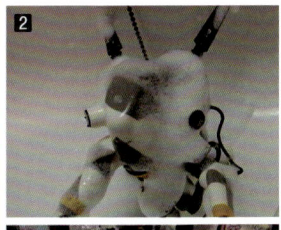
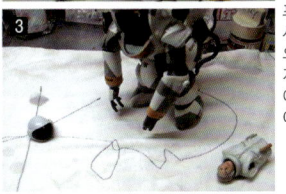

①상자에서 꺼낸 상태. 물론 바로 가지고 놀 수 있다. 미소녀 피규어가 아니니까, 핥는 사람은 거의 없을 거라 생각하지만, 우선 씻어주는 것이 좋다고. 거의 ABS로 만들었기에 보다도 높은 정밀도로 열고 닫을 수 있다. 맥스팩토리에서 당시 PVC를 포기하고 레진으로 제품을 제작해서 발매하기 직전이었던 것을 생각하면 센티넬을 향한 감사의 마음이 더욱 커지기 마련이다. ②공작이나 도색을 시작하기 전에, 우선은 제품에 뿌려져있는 실리콘 오일을 씻어냅니다. 주방청소용 세제에 담가둡니다. 도색완료가 된 제품이니 원래는 도료가 칠해져 있지만, 이러한 제품은 관절이 부드럽게 움직이도록 실리콘 스프레이를 뿌립니다. 이형제가 도료막을 뚫고 나왔다고 말하는 사람도 있지만, 그건 아닙니다. 그런 이형제가 손에 묻으면 손으로 흡수가 된다니까요. 뭐… 핥지 않는 편이 좋다는 건 말하지 않아도 다 알테지만. ③브러시로 가볍게 씻어준 뒤에 천위에 놓고 건조시킵니다. KOW라고 재봉틀로 새겨놨으니 학교에 가지고 가도 잃어버리지 않는다.

장식 베이스의 지주를 금속선을 바꿔줍시다

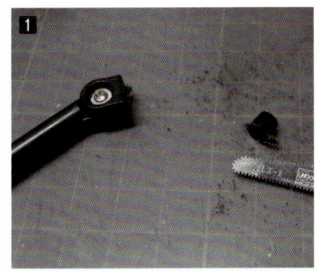
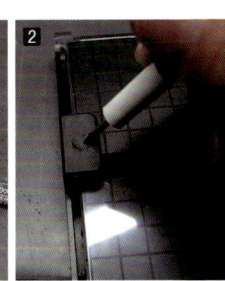

①제품에 들어있는 장식대의 지주는 각도를 바꿀 수는 있지만, 관절이 있기에 얼마만큼 버틸 수 있는지는 의심이 간다. 이런 건 가벼운 장식 피규어에나 써야지. 그런 이유로 금속재로 바꿔주었습니다. 캘린더의 심으로 사용되는, 비닐코팅된 철사입니다. 먼저 제품의 지주와의 접속 부위를 잘라냅니다. ②잘라낸 부분을 접착하고 철필로 중심점을 찍어줍니다. ③④드릴로 구멍을 내고 철사를 끼워준다. ⑤카우즈의 엉덩이에 끼워 넣는 쪽의 각도를 조정하면 작업 완료.

장식 베이스는 대량으로 만들어두자

장식대는 물론 시중에 파는 목제 좌대를 사용하면 손으로 그려 넣어 도색한 제품과 잘 어울려서 좋다. 니스를 칠해서 완성하는 건 모델링북 1에 적어놨지만, 한 번에 잔뜩 칠해서 순간접착제 보관용 병위 에다 양면 테이프로 고정해놓고 그대로 방치해서 건조시킨다. 그 사이에 다른 일을 할 수 있다고요.

Ma.K. Modeling Book 021

접합선을 지운 다음 리터치에 들어가자

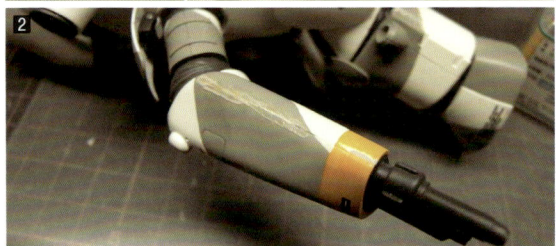

①세척을 한 후, 잘 말리고 나서 제작에 들어갑니다. 기름기가 빠져나간 지라, 관절이 뻑뻑해져서, 무리를 해서 움직이면 부러지니 신중히 움직여줍시다. 만약에 부러진다면 침착하게 수리해줍시다. 접합부위의 틈새는 순간접착 퍼티로 메워줍니다. 물론 검정 순간접착제도 좋습니다. 순간접착 퍼티가 삐져나온 곳은 굳기 전에 면봉으로 닦아냅니다. 대량으로 삐져나온 채로 굳으면 깎아내는 것이 귀찮으니 말이죠. ②닦아낸 퍼티를 다른 틈새에 매워주면 낭비가 없다.

③군은 후에 사포로 갈아내면 바탕도 같이 갈려나간다. 이 부분을 리터치하는 것부터 시작합니다. ④원래 칠해져있던 색과 완벽하게 같은 색은 간단하게 만들기는 어렵다. 70%정도 비슷한 색을 칠해주면 OK다. 조금 어두운 색이 자연스럽다. 리터치가 끝나면 벗겨지지 않은 부분에도 새로 만든 색을 칠해줍니다. 회화를 복원할 때, 고치지 않아도 될 부분에 붓을 대서 조화롭게 만드는 것과 마찬가지입니다. 리터치 부분이 눈에 띄지 않도록 하는 방법이기도 하지요. ⑤그린 그레이 쪽도 마찬가지로 리터치를 해주며 덧칠해줍니다. 전체적으로 리터치 색을 넣어 색조의 폭이 넓어집니다. 따라서 더욱 리얼한 모형이 완성됩니다. 동일 색상의 면에 얼마나 다양한 톤의 변화를 표현할 수 있는가에 달려있는 것이죠.

노즐을 칠한 색으로 웨더링도 해줍시다

①ABS로 된 회색 버니어 노즐의 가장자리가 빛이 비쳐 보이므로 금속색을 칠해줍시다. 번트 아이언(Burnt Iron)병에 담겨있는 래커 도료로 칠합니다. 금속이라 생각하는 부분이 플라스틱이라 빛이 비쳐 보이면, 인간은 사실적이지 않다고 본능적으로 알아채고 맙니다. 반대로 사람 살갗이 비쳐 보이지 않으면 이상하다고 느껴지는 것과 같은 현상입니다. ②③이 색을 모서리 부분에 칠해서 도색이 벗겨진 부분을 표현합니다. ④그리고 더욱 묽게 만들어서 워싱을 해줍니다. 피규어에 먹선을 넣는 것만으로 더욱 사실적으로 보입니다. 몇 분만 투자하면 되니, 꼭 해봅시다. ⑤본체의 내부도 워싱을 합니다. 참고로 1/20보다 1/16쪽이 '해상도'가 올라간다고 해서 정성껏 칠할 필요는 없지만, 크기가 큰 만큼, 적당히 칠해주는 편이 더욱 사실적으로 보이죠. 콕피트는 워싱 도색을 해주는 것만으로도 놀라울 정도로 멋있어 진다니까요.

The 크레오스 세트

GSI 크레오스의 순간접착 퍼티를 칠해 넣는 주걱 세트(Mr.글루·어플리케이터)의 작은 접시가, 같은 GSI 크레오스의 흘려 넣는 타입의 플라스틱용 접착제 뚜껑의 윗부분의 안쪽 지름과 딱 맞습니다. 일단은 양면테이프로 고정을 합니다. 여기서 순간접착 퍼티를 섞으면 작은 접시를 잡아두지 않아도 되기에 한쪽 손이 자유롭습니다. 물론 접시를 잃어버릴 일도 없지요. 겹겹이 같은 느낌이라니까요. 다만, 플라스틱 접착제의 뚜껑에 실물을 제대로 닫아두지 않으면 엄청난 비극이 당신을 기다리고 있으니 요주의.

『영원의 0(제로)』의 실물 부품을 가지고 있는 것을 자랑하고 싶어서, 같은 색상을 만들어 봤다

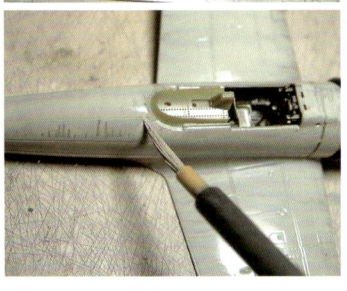

카우즈에 원래 칠해져있던 색과 비슷한 색을 칠한다는 이야기가 나온 김에, 실물을 보고 모형을 칠한 이야기를 하겠습니다. 이건 가야마구치코 자동차 박물관의 비행관에서 부품 1개당 500엔에 판매되던 실제 제로센의 리브 일부 부품과 어딘가의 둥근 패치입니다. 기체 내부의 부식 방지용 프라이머와 밝은 회백색이 거의 그대로 남아 있습니다. 인양한 제로센을 복구하기 위한 모금이란 형식으로 판매를 하고 있었지만, 지금은 아마도 팔고 있지 않은 것 같군요. 실물에 칠해져있는 색을 거의 같은 색으로 만드는 것은 간단하다. 프라모델 컬러에서 비슷한 색을 찾아서 이를 바탕으로 만들기만 해도 상당히 비슷한 색을 만들어 낼 수 있습니다. 모형을 칠할 때 실물에 칠해놓은 것과 같은 색을 칠하는 사람이 최근에는 적다고 생각하지만, 그것만은 절대로 해서는 안 될 일이다. 단지 그 색을 조금 밝게 해주면 된다. 참고로 만약 실물 크기의 모형을 만들 때에는 조금 어두운 색을 칠하면 된다. 하지만 필요할 확률은 영화를 만드는 일 이외에는 그야말로 영원히 '0(제로)'!

아래 사진은 Too의 1번 붓을 사용해서 좁은 간격으로 제로센을 칠하고 있는 모습입니다. 이와 같은 방법으로 카우즈도 붓으로 사실적으로 칠할 수 있습니다. 같은 색을 만드는 것은, 기존 제품의 비슷한 색을 찾는 것으로 거의 해결이 됩니다.

맡겨줘 페라리

몇 년 전에 원더 페스티벌에서 판매되었던 엔초 페라리의 반신상을 행사장에서 받았습니다. 그냥 완성시키면 재미가 없으니 바닥에 GSI 크레오스의 구형 Mr.컬러의 뚜껑에 튀어나온 부분에 맞는 구멍을 파 넣었습니다. 이걸 씌워서 돌리면 도료가 굳어서 뻑뻑해진 병뚜껑도 간편하게 열 수 있다는 자작 병뚜껑 도구, 그런데 구형 Mr.컬러의 뚜껑에 손잡이가 실은 2종류라는 것을 알고 계셨는지? 처음 시도한 뚜껑에 잘 끼워졌을 터인데, 그 다음 뚜껑에는 들어가질 않더군요. 두께를 재 봤더니 두께가 2종류였던 것이죠. 큰 쪽에 맞춰서 다시 깎아냈으니 어느 쪽 이건 커버 할 수 있다 이겁니다. 매일 마다 병뚜껑이 굳기 마련이니 편리한 도구 베스트 파이브에 들어가지요. '맡겨줘 페라리'라는 어마무시한 이름의 유흥업소가 고쿠분지역 북쪽 출구에 있었기에, 이 도구에도 똑같은 이름을 붙였는데, 그 가게의 이름은 모르는 사이에 바뀌어 있었죠. 하기야 이탈리아 페라리에서 항의가 올 법도 하지만….

웨더링이 너무 강하게 들어갔다면 면봉이나 사포로 조절해주자

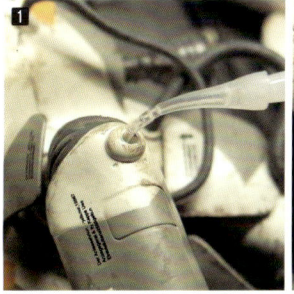

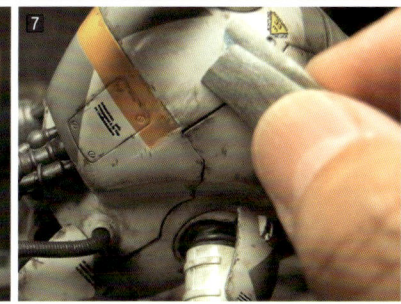

①②팔이나 다리의 튜브는 잘 떨어지니 순간접착제로 붙여줍니다. 우선은 노즐을 장착한 순간접착제로 딱 한 방울 정도를 구멍에 떨어뜨려 준다. ③폴리 부품에는 가이아노츠의 멀티 프라이머를 발라줍니다. 주의할 부분은 오른쪽의 칼럼을 참조하시라.

④아까 칠해준 치핑(Chipping) 도색 위에 에나멜 계열 회색으로 웨더링을 넣어줍니다. 너무 많이 칠한 것 같으면, 면봉에 에나멜 용제를 조금만 묻혀서 가볍게 문지르면 지워집니다. ⑤⑥에어브러시로 음영 부분이나 그을음 등을 표현. ⑦이렇게 해도 웨더링이 과한것 같다면 이번에는 사포질을 통해 조절해봅시다. 거칠게 까진 느낌은 거칠게 사포질을 하는 것이 가장 사실적으로 보입니다. 웨더링을 더 넣고 싶을 때는 클리어를 에어브러시로 뿌려서 지금까지 작업한 부분을 보호하고 진행합시다. 이 공정을 반복해서, 괜찮은 느낌이 들었을 때 끝을 내면 됩니다.

프라이머는 너무 두껍게 칠하지 말 것

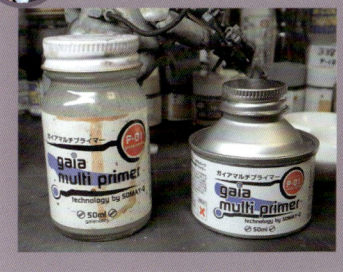

여태까지 최강의 프라이머로서 사용했던 하세가와의 마스킹액을 능가하는 것이 바로 가이아노츠의 멀티 프라이머! 병에서 캔으로 바뀌었지만 용량은 동일하다. 가이아의 약점인 병이 넘어지기 쉽다는 점은 개선되었다. 프라이머는 투명해서 얼마만큼 칠했는지 알기 어렵기 때문에, 무심코 두껍게 칠하기 마련이다. 가이아노츠의 야자와군에 따르면, 만약 갈라짐이 발생할 정도로 두껍게 칠해졌다면 프라이머가 전혀 소용이 없으니, 가볍게 한 번 왕복해주는 정도로 얇게 칠해주는 것이 좋다고 한다. 프라이머는 두껍게 칠하면 절대로 안 된다는 것을 기억하자. 물론 프라이머는 도료를 칠할 때 까지는 무엇이든, 심지어는 먼지까지 엄청 잘 달라붙으니, 바로 색을 칠해야 한다.

완성!

photo by Akishige Hommatsu (STUDIO R)

이 정도의 덧칠 작업이라면 반나절 정도에 완성입니다. 1/20 스케일의 스네이크 아이와 비교하면 크기가 잘 드러나지요. 오른쪽의 멋진 특촬 사진풍으로 만들어진 또 다른 1체의 카우즈는 무라오 에디군이 개조한 것. 등 쪽의 해치 내부까지 표현되어 있다. 내부 부품을 원더 페스티벌에서 판매하면 좋았을 텐데…. 구입하고 싶은 사람은 리퀘스트를 넣어봅시다.

Ma.K. Modeling Book 023

플리게는 지우개로 완성!
BD에서의 장면도 재현했다고!

플리게도 '살짝 덧칠'을 해줬지만, 웨더링 마무리에는 제도용으로 나온 스테들러사의 타자지우개를 사용. 코믹스에 등장한 1/6 설정의 파이어볼을 1/76스케일 키트로 만들어 쥐어줬다.

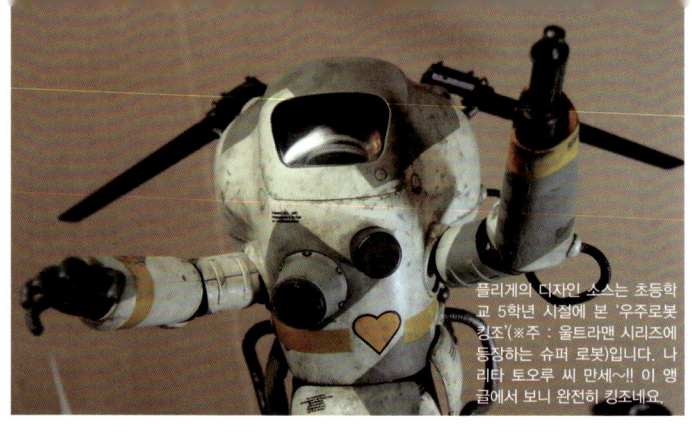

플리게의 디자인 소스는 초등학교 5학년 시절에 본 '우주로봇 킹조'(※주: 울트라맨 시리즈에 등장하는 슈퍼 로봇)입니다. 나리타 토오루 씨 만세~!! 이 앵글에서 보니 완전히 킹조네요.

연필과 지우개로도 웨더링을 조절할 수 있다

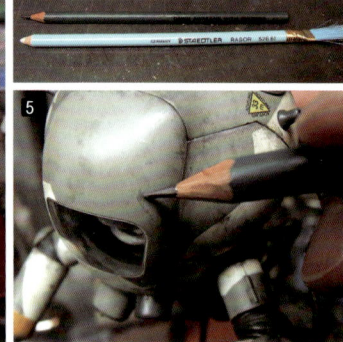
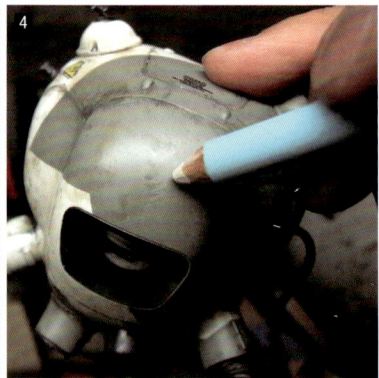

①②카우즈와 같은 공정으로 만든 플리게. 해치가 떨어져 나갔지만, 충분히 가지고 놀았으니 고정한다. 이 상태에서 해치를 접착했다. ③이것이 플리게를 완성할 때 사용한 스테들러의 타자지우개와 연필. 연필처럼 생긴 하늘색의 타자지우개는 제도용이지요. 요즘에 이거 쓰는 사람이 있으려나? ④이 지우개는 타자지우개라서, 에어브러시로 뿌린 그을음 같은 것도 깎아서 지울 수 있지요. 물론 에나멜 도료도 지울 수 있습니다. 샀을 때는 고무가 부드러웠지만, 10년, 20년 지나다보니 딱딱해져서 긁어서 지우기가 더 좋지요. ⑤타자지우개로 너무 많이 지운 것 같아서, 연필로 웨더링을 그려 넣습니다. 지우개가 나오면 역시 연필도 나와줘야. 연필의 색은 금속색이기에 전차 기동륜의 모서리에 연필을 써서 웨더링을 하는 사람도 많다. 너무 많이 칠하면 물론 지우개를 써서 깨끗하게 닦아 냅니다. 공부할 때가 아니라면 연필과 지우개를 쓰는 것도 즐겁지 않나요?

잃어버리지 않도록 전시 베이스에 자석을 심었다!

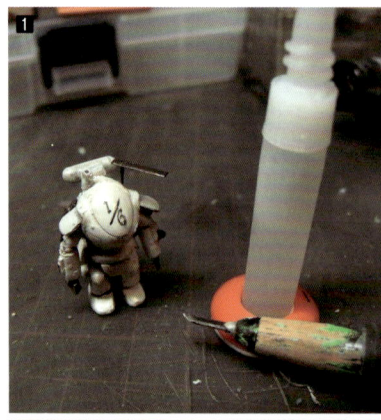

①이건 20세기가 끝날 무렵에 원더 페스티벌에서 BIBI씨가 판매했던 1/76파이어볼. BD에서 그린, 플리게가 파이어볼의 디코이(Decoy, 미끼)에 걸려든 장면을 재현하고 싶어서, 손에 들려주기로 했습니다. 원래 닛토의 1/76 너트 로커에 들어있는 SAFS를 개조한 것이니 다들 개조해서 만들 수 있다. 조금만 기다리면 1/76 너트 로커도 재판될 테니, 서두르지 말고 기다리면 되겠지요. 이렇게 작지만, 아머에는 순간접착 퍼티를 흘려서 표면장력으로 곡면을 표현합니다. ②동력 파이프도 빠짐없이 재현합니다. ③파이어볼에 자석을 심었기에, 목제 전시대에 금속판을 양면테이프로 붙였습니다. 여기에 전시도 가능하고, 무엇보다 잃어버리지 않고 보관 가능하지요. 노인이 되면 여러 가지 트러블을 미연에 방지하는 방법이 차츰차츰 몸에 배는 법입니다. 좀 뻔뻔한가요? ④파이어볼을 잡고 있는 모습. 오른쪽 팔의 접합선을 지우지 않았지만, 여기가 '쩌억'하고 열리는 것으로 설정을 했으니 이것으로 OK.

왼쪽의 1/16 피규어는 사이토 힐 군 원형의 슈트랄군 여성 파일럿. 맥스팩토리의 레진제 카우즈 & 플리게에 들어갈 예정이었던 것이다. 이 피규어가 들어간 카우즈와 플리게도 센티넬에서 내 줬으면 좋겠다. 아래의 레인보우 에그의 데칼은 내가 카우즈나 플리게를 만들었던 시점에서는 존재하지 않았지만, 지금이라면 살 수 있으니(2014년 10월 현재), 다른 마킹에도 도전을 해보고 싶다.

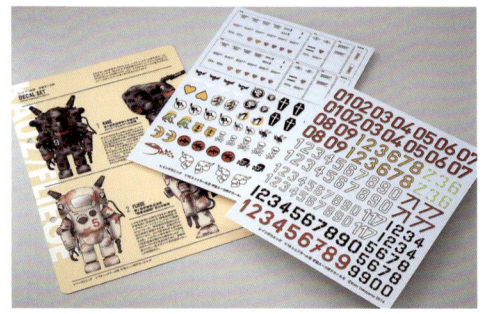

레인보우 에그는 각종 데칼을 통신 판매를 하고 있다. 정말 고맙기 그지없는 일이다(http://www.rainbow-egg.net/).

완성!

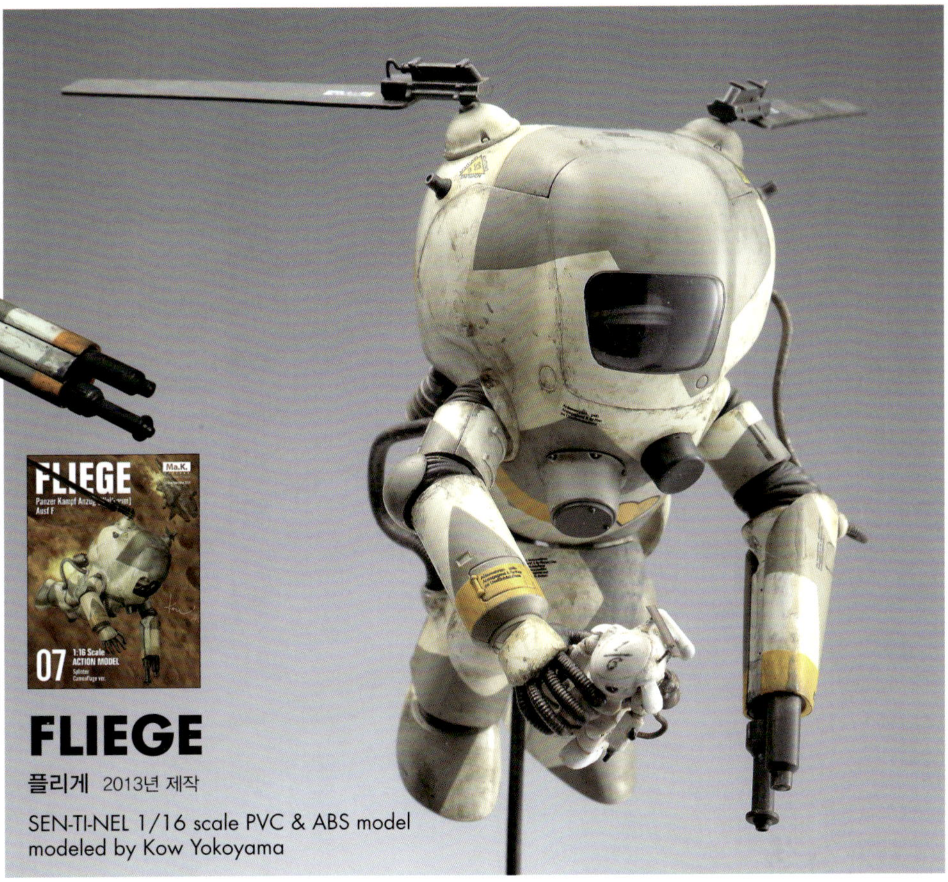

FLIEGE
플리게 2013년 제작
SEN-TI-NEL 1/16 scale PVC & ABS model
modeled by Kow Yokoyama

센티넬의 플리게는 멋있다. 맥스팩토리에서 레진으로 나올 예정이었지만, ABS제의 제품이 센티넬에서 제품화되어 다행이라고나. 물론 레진 시작품도 언젠가 완성시키고 싶습니다.

마쉬넨과 담보의 콜라보레이션, 경이로운 담보의 인기!!

©KIYOHIKO AZUMA/YOTUBA SUTAZIO

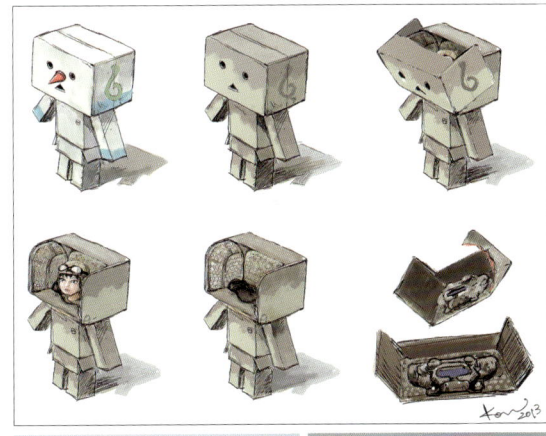

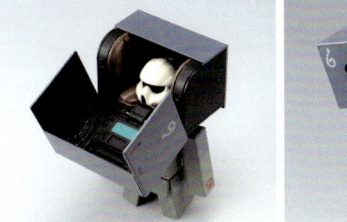

이 마쉬넨 담보는 내부와 개폐방법까지 내가 디자인 했다고. 담보의 모습은 개조하지 않고는 못 배길 머리를 하고 있지? 그래서 여는 법부터 연구했습니다. 담보의 판권을 가진 쪽에서 마쉬넨 팬이 있어서 괜찮은 느낌으로 장난기가 발동한 상품이 되었다. 이 제품 때문에 아예 신금형으로 노이 판처파우스트를 만든 센티넬도 대단하다니까. 파일럿의 헤드는 무려 하야시 히로키 원형이다.

2014년 여름에 열린 원더 페스티벌 행사장에서 선행 판매와 판매 기념 사인회를 열기로 했다. 상품은 개장 30분 만에 매진되었다고 한다. 이유는 모르겠지만 구입자에게 사인을 하는 행사가 오후에 잡혀있어서. 느긋하게 오후에 사러 온 마쉬넨 팬들은 닭 쫓던 개 신세. 게다가 구입한 담보 팬들의 대부분은 내 사인 따위 필요가 없는지 바로 행사장을 떠났다. 사인회 사상 최저 인원이 된 덕분에, 모인 사람들과 즐겁게 이야기도 하고 기념촬영도 했으니… 뭐, 결과적으로는 좋았다고 생각하자.

그리고 그날 저녁에 온라인으로 구입하지 못한 사람을 위한 판매도 즉시 매진. 이건 내 예상 대로군. 나는 당일에 1만 개 정도 준비하라고 이야기 했는데 말이지. 담보의 인기 얕보지 말라고. 추후에 일반판매가 있을 것이라 하니, 그 전에 괜히 웃돈 얹어주고 사지는 마시길.

장비품은 볼 조인트가 붙어있는 손목에 노즐, 노이 판처파우스트 등 꽤나 호화롭다. 패키지 디자인이 정말 멋지지 않는가.

photo by Akishige Hommatsu (STUDIO R), Takanori Katsura (Inoue photo studio)

파이어볼은 바탕부터 칠했습니다

여기 나오는 파이어볼 2체는 위장색 샘플을 칠한 것이라 바탕부터 칠했습니다. 거의 대부분 ABS로 되어 있어서 프라모델과 같은 방법으로 공작이나 도색이 가능해서 좋았죠.

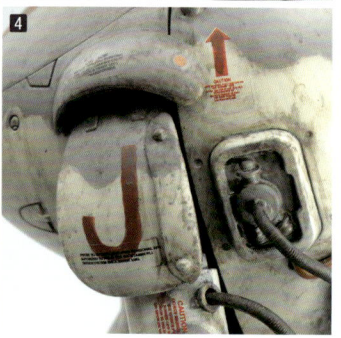

①②네오디뮴 자석을 심어서 코를 떼어낼 수 있습니다. ③어깨의 반달형으로 튀어나온 부분은 SAFS의 앞뒤 분할 킷가 탄생했을 때부터 몇 번이고 몇 번이고 손가락이 끼어서 아픈 경험이 있다. 특히 토이즈 맥코이의 1/6 스케일에 물리면 피가 나올 정도로 아프다. 진짜 SAFA 파일럿은 참으로 고생이 많겠다고 생각해서 디자인을 바꿔 봤다. 퍼티로 곡옥모양으로 조형을 해주는 것만으로도 손이 끼어도 아프지 않게 된다. ④실물이 만들어졌을 때는 이렇게 되었으면 좋겠는데~. 이 부품을 웨이브의 1/20에도 만들어주었기에 요긴하게 쓸 수 있을 것이다.

FIREBALL "Little JOHN"
파이어볼 "리틀 존"
2011년 제작

SEN-TI-NEL 1/16 scale PVC & ABS model conversion
modeled by Kow Yokoyama

photo by Akishige Hommatsu (STUDIO R)

FIREBALL "Ghoul Skelton"
파이어볼 "구울 스켈톤"
2011년 제작

SEN-TI-NEL 1/16 scale PVC & ABS model
modeled by Kow Yokoyama

①②BD풍 코믹스를 그렸을 때 도색 패턴을 참고한 구울 스켈레톤. 그걸 내가 모형으로 재현한 것은 의외로 이 1/16 파이어볼이 처음이더군요. 그림으로는 몇 번이고 그렸기에, 눈을 감고도 그릴 수 있죠. Too의 1번 붓으로 쓱쓱 그리고 있습니다.

프라모델과 마찬가지로 마구마구 개조합니다

SAFS는 실체탄 병기의 팔을 개조하거나 개조 키트인 라쿤에 손을 대기도 합니다. 완성된 제품을 손질하는 뿐이라 간편하다고요.

photo by Akishige Hommatsu (STUDIO R)

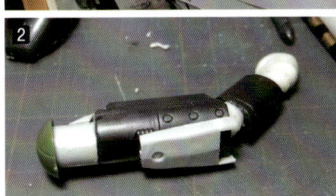
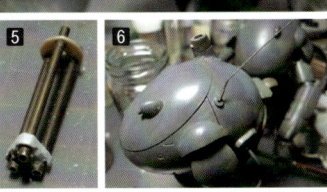
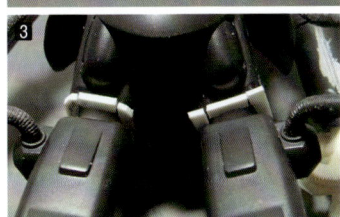

Gun Egg & SAFS
건에그 & SAFS 2013년 제작

SEN-TI-NEL 1/16 scale PVC & ABS model conversion
modeled by Kow Yokoyama

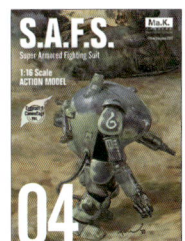

맥스팩토리의 유아사군이 만든 아가씨들을 올려 봤습니다. 한 명은 아프리카계 여성 병사로 조각 한 것을 아시안 피부색으로 칠해봤다. 왠지 테라다 카즈야씨의 캐릭터처럼 나와서서 꽤나 멋있습니다. 대조적인 2명이라 분위기가 산다니까요.

①이전부터 등장시키고 싶었던 실체탄 버전 SAFS를 만듭니다. 이것이 제작용으로 그린 일러스트. ②부품을 조립해서 대강의 형태를 만들어 둔다. ③관절의 틈새가 신경이 쓰여, 프라판을 접착시킨 후 퍼티로 마무리 합니다. ④⑤황동 파이프로 개틀링의 총신을 만들고, 연질 캐터필러로 급탄 벨트를 만들어줍니다. 조금 더 사이즈 감이 괜찮은 캐터필러를 찾아서 더욱 잘 들어가도록 다시 만들고 싶네요. ⑥SAFS는 안테나의 밑부분을 직경 1mm의 스프링으로 바꿨습니다. 실체탄 장비형과 SAFS의 2기를 같은 위장 도색으로 칠해서 완성.

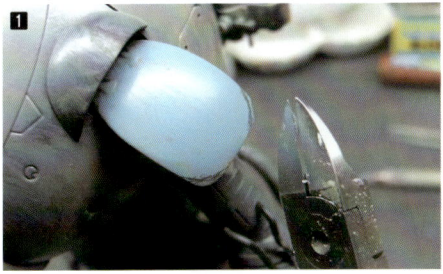

RACCOON
라쿤 2014년 제작

SEN-TI-NEL 1/16 scale
PVC & ABS model conversion
modeled by Kow Yokoyama

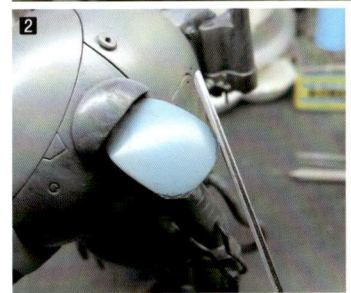

①SAFS에 레인보우 에그의 개조 부품을 심어 넣은 라쿤입니다. 레진제 어깨 아머를 둥글게 만들고 싶어서, 밑그림을 그리고 난 후 니퍼로 잘라냅니다. 예전 같았으면 무턱대고 잘라내다 실패하기도 했죠. ②줄눈이 잘 막히지 않는 금속 줄로 다듬어 줍니다. 팔에 있는 튜브는 다루기 쉬운 위치로 변경. ③위에서 다룬 실체탄 장비형도 마찬가지였지만, 무릎 아래까지 재현된 아가씨 피규어를 올리기 위해서는 내부의 돌기를 자르고 플라봉을 심은 다음 황동선으로 연결해주면 된다. ④조금 묵직한 1/16 완성품을 전시 베이스에 올릴 때는 축 2개로 고정해줍시다. ⑤기울여서 떨어지지 않으면 합격!

금속선 교환과 납땜질의 법칙

KRÖTE series
WAVE 1/20 scale plastic kit
modeled by Kow Yokoyama

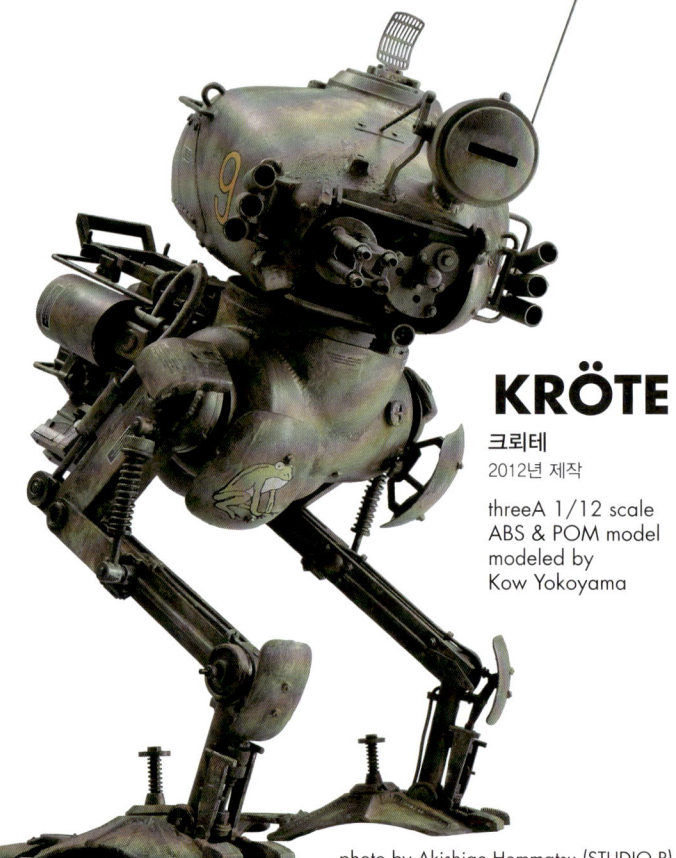

KRÖTE
크뢰테
2012년 제작

threeA 1/12 scale
ABS & POM model
modeled by
Kow Yokoyama

photo by Akishige Hommatsu (STUDIO R)

사진의 크뢰테 3형제는 2012년 하비쇼 출품용 도색 견본을 단번에 완성시킨 것이다. Mr.웨이브의 부스에서 관객들에게 보여주는 것이 목적이기에, 보기도 좋고 잘 망가지지 않는, 그야말로 미인이면서 튼튼한 아가씨로 만들어야 했기에, 플라스틱제 가드 테두리 부분을 금속으로 교체하는 전형적인 공작이지요.

오리지널 모델에서는 금속제였던 부분을 키트에서는 플라스틱으로 바꿔주었고. 이것을 다시 금속으로 바꿔준다. 즉, 금속선으로 바꿔주는 것은 오리지널을 만들었던 당시 27세의 나와 똑같은 공작을 다시금 체험해본다는 이야기다. 예전부터 생각했었는데, 「라운딩 가공 완료 크뢰테용 황동선 세트」라고 상품으로 내놓으면 잘 팔리지 않을까? 언제나 그런 생각을 하며 매번 공작을 하다 보니 꽤나 솜씨 좋게 구부릴 수 있게 되었습니다. 아직 상품화가 된다는 이야기가 없으니, 이렇게 기회가 있을 때 황동선을 구부리는 방법이나 흑염 처리, 납땜질 같은 금속 관계의 공작의 해설을 해두도록 하죠.

2012년 하비쇼 직전에, 루나간스를 포함, 크뢰테 계의 모델을 4기 동시에 만들었습니다. 모형은 1개 1개를 4번 만드는 것 보다 4개 동시에 만드는 편이 절반 정도의 공작 시간으로 완성시킬 수 있습니다. 왠지 일하는 것 같지만 금속선 관련 공작은 대량으로 만들다 보면, 점점 더 솜씨가 좋아진다. 하나의 부품을 만드는 과정이라도 4개를 만들면 솜씨가 늘어납니다. 이렇게 되면 솜씨가 좋아지는 것만큼 좋은 일은 없다 할 정도로 기쁩니다. 기쁘니까 몇 번이고 계속하고 싶어진다. 그리고 또 솜씨가 좋아진다. 여러분도 장인이 될 정도로 많은 키트를 가지고 있을 것이라 생각합니다만, 그 키트들을 꼭 한번 동시에 만들어봅시다.

왼쪽 사진은 threeA의 도색 완료 완성품인 1/12 크뢰테. 내가 부탁해서 ABS로 만들었기에, 간단하게 디테일 업이 가능하다. 가지고 있는 사람은 프라모델 키트와 같은 요령으로 꼭 한 번 도전해봅시다. 크기가 큰 만큼 감동도 크다니깐요~ 진짜로.

납땜질이 기원전 3000년부터 존재했던 건 알고 있었나요?
이 몸의 역사에서는 중학교 기술공작부터 사용한 기술이라오

얇은 플라스틱 테두리는 약간 두꺼운 금속선으로 바꿔줍니다. 납땜질 방법도 여기에 적어둡니다.

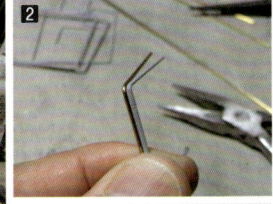

①웨이브가 지금까지 진행시키고 있는 PAK타입 크뢰테의 장포신과 단포신, 쿼슈터, 월면 간스의 4체를 완성시킨다. 플라스틱제 가드와 후크를 거는 곳, 즉 리프팅 포인트이지요. 이 부분을 전부 금속선으로 바꿔줍니다. ②직경 1mm의 황동선을 사용합니다. 플라스틱 이라면 0.9mm정도이지만 이런 부분은 플라스틱보다 조금 두껍게 만들어주면 박력을 느낄 수 있다. 원래 스케일 보다 큰 것을 장착하는 것이 요령. 플라스틱 부품을 견본으로 삼아, 단면이 곡면으로 된 펜치로 구부려주자. 구부리는 위치를 잘못 잡으면 다시 늘여준 후 구부리면 그만이다. 실패를 하더라도 2번 까지는 괜찮다. 3번 구부렸다 펴서 부러지면 부품 연결용 축으로 사용합니다. 이 역시 잔뜩 만들다 보면 모서리를 굽히는 것을 잘 조절할 수 있게 됩니다. ③포탑에 붙이는 금속 부품을 4체 분량을 만들었는데, 어째서인지 1체 분이 남는다…? 잘 생각해보니 1체는 루나간스였다는 것을 잊고 있었다. 나야 뭐, 4체분은 한쪽 정도로 속도가 빠르긴 하지만…. ④이것은 한쪽 끝 부분이 3단으로 되어있는 와이어 루프 플라이어, 읽기에 따라서는 와이얄 성인(星人)의 도구 같은 이름인 부분이 좋다. 금속선을 구부릴 때 위력을 발휘한다.

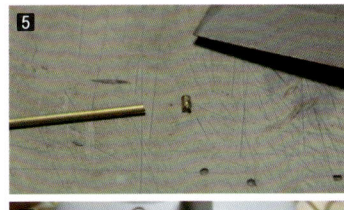

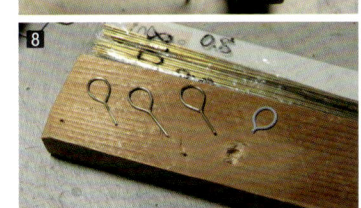
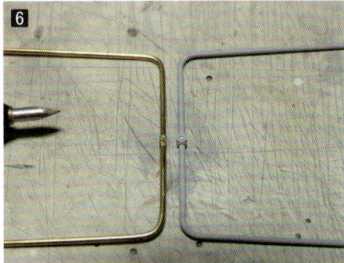

⑤이것은 PAK타입 크뢰테의 공작입니다. 황동 파이프에 황동선을 끼워서 T자형의 뒤쪽 테두리를 오리지널보다 튼튼하게 만들어봅시다. 우선은 직경 1mm의 황동선이 들어가는 안쪽 지름의 황동 파이프를 준비. 톱줄로 깎아내며 필요한 길이로 잘라냅시다. ⑥황동 파이프에 옆 구멍을 내는 방법.톱줄로 한 곳에서 얇아진 부분을 바늘로 뚫으면 간단하게 구멍이 난다. 비행기 모형계의 고수이신 나카라 마사히로씨에게 직접 전수받은 기술입니다. ⑦구멍을 다이아몬드 줄로 둥글게 만들어주면 깔끔한 원형이 되니, 여기에 황동선을 끼워준다. 정확하게 위치를 정하고 납땜을 하면 엄청 편리하다고. ⑧크뢰테 공통의 루프 안테나에도 납땜을 하니, 직경 0.8mm의 황동선을 둥글게 말아서 만들어준다. 손잡이 1mm에 대해서, 두께의 차이를 주어서 연출을 합니다. 참고로 납땜질은 나무위에서 해도 좋지만, 나무가 타기 때문에 약간 위험합니다. 타일을 준비하고 그 위에서 하는 것이 베스트이지요.

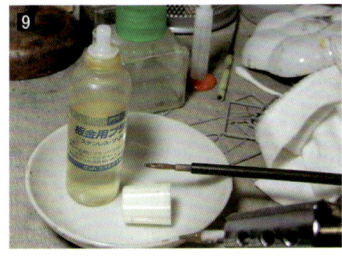

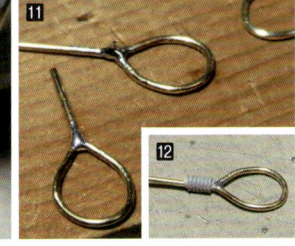
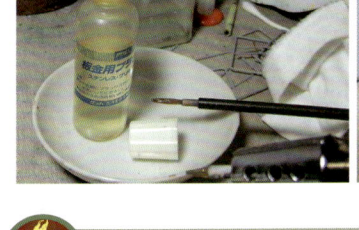

⑨납땜 작업은 인두로 가열을 한 다음 실납을 살짝 녹이는 느낌으로. 모세관 현상처럼 흘러들어갑니다. 이 모세관 현상을 촉진시키는 것이 바로 플럭스. 더 이상 쓰지 않는 얇은 붓으로 납땜을 하기 전에 플럭스를 발라줍니다. 플럭스 용기는 얇고 높기 때문에, 틈새로 새어나오면, 책상에 둥그런 자국이 생긴다. 게다가 극약이라고 하니 도료 접시 위에 놓아두었다. 먹고 마시려고 접시 위에 놓을 것이 아니라고. ⑩황동 파이프가 정확한 위치에 납땜질이 된 모습. ⑪루프 안테나에 땜납이 삐쭉 튀어나왔지만, 다이아몬드 줄로 갈아내면. ⑫플라스틱 부품이 있으니 안을 파내고 끼워 넣으면 그대로 몰드를 살려줄 수 있다.

이것이 납땜인두의 기본 세트다

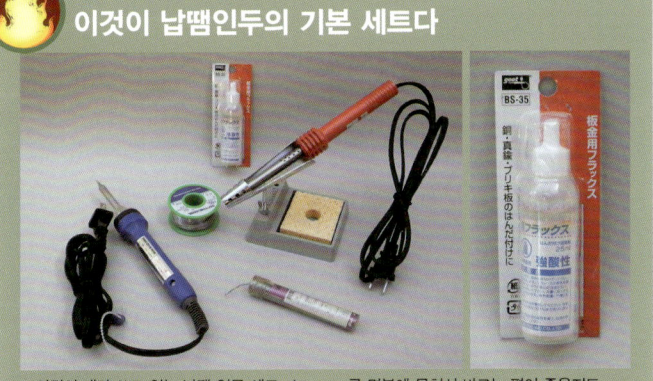

이것이 내가 쓰고 있는 납땜 인두 세트. 스펀지가 달려있는 스탠드는 납땜인두를 식혀주기 위한 것이다. 땜납은 파이핑(몸체에 파이프 형태의 디테일을 만들어 넣는 것)에도 사용할 수 있는 실납을 추천한다. 두께가 얇으면 한 번에 녹이는 양도 쉽게 조절할 수 있다. 모형 공작에서는 처음부터 송진이 들어간 실납은 사용하기 어렵다. 납땜을 잘 하는 법은 플럭스를 얼마만큼 잘 사용하느냐에 달렸다 해도 과언이 아니다. 붓이 달려있는 것도 있지만, 이 붓이 없는 경우에는 플럭스를 면봉에 묻혀서 바르는 편이 좋을지도. 책상 위를 제대로 정리하지 않은 채 납땜에 들어갔다간 무심코 이것저것 뒤적이다가 화상을 입기 십상이다. 작업 도중에 한눈을 팔기라도 하면 화재가 발생하여 키트도 집도 전부 불타버리는 참사가 일어날 수도 있으니 주의, 또 주의하도록 하자. 이쪽 취미에서 인두, 헤어 드라이어, 히트펜과 같은 도구들은 불꽃은 나지 않지만 높은 열을 발생시키니 사용 뒤에는 반드시 콘센트를 뽑아 두도록 할 것!!

KRÖTE Ausf PAK
단포신 PAK타입 크뢰테
2012년 제작

WAVE 1/20 scale plastic kit
modeled by Kow Yokoyama

sim군으로 알려진 시미즈 군이 어레인지한 단포신 PAK타입 크뢰테. 에리히 하르트만 풍의 검은 튤립 패턴은 손으로 그린 것입니다. 빨리 키트가 나왔으면 좋겠네.

※본문의 'PAK'는 원래 'PaK'(Panzerabwehrkanone, 대전차포)라 표기하는 것이겠으나, 일종의 SF적 '허용'에 해당하므로 오해 없기를 바랍니다.

금속선은 흑염(산화) 처리를 추천!

도료가 벗겨졌을 때 바탕색으로 황동선의 금색이 비치면 싫겠지요? 벗겨질 것 같은 부분을 먼저 산화 처리 해둡시다. 10년도 더 된 이야기지만 두피를 검은색 매직으로 칠한 것처럼 보이는 검정 대머리 아저씨를 몇 명인가 본 적이 있었다. 모두 다 실사판 아톰 같았다.

①도색 후에 황동선의 금색이 나오면 싸구려 같고, 병기의 질감은 아니라는 느낌이 들기 마련이다. 만져서 벗겨질 것 같은 부분만 산화 처리제로 검게 만들어주면 된다. 산화 처리가 잘 되도록, 손이 닿는 부분을 사포로 갈아주는데, 이게 손이 닿기 좋은 곳이라 작업하기가 정말 편하다. ②면봉에 산화처리제를 묻혀서 문지릅니다. 황동선 등, 산화 처리를 하고 싶은 금속을 처리제에 전부 담가버리면, 처리제 전체가 금속과 반응해서 못쓰게 된다. 게다가 사용 후 처리제의 처분이 장난이 아닐 정도로 귀찮아진다. 처리제는 딱 면봉에 묻히는 양만큼만 사용하도록! '산화 처리는, 면봉', 이것만 기억해두시라. ③시간이 지나면서 색깔이 진해지는데, 면봉으로 문질러주면, 문지른 부분이 진하게 산화처리 된다. 적당하게 산화처리가 된 것 같으면 물을 묻힌 면봉으로 닦아주는 것으로 산화가 멈춘다.

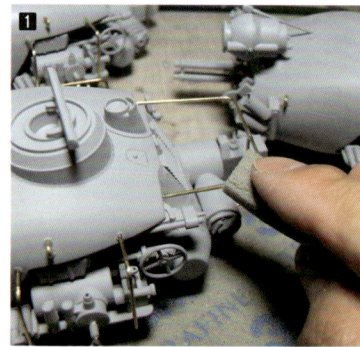

KRÖTE Ausf PAK
PAK타입 크뢰테 2012년 제작
WAVE 1/20 scale plastic kit
modeled by Kow Yokoyama

긴 포신을 가진 원조 PAK타입 크뢰테입니다. 포구 부분은 바탕색인 검은색을 남겨서 그을음이 남은 느낌을 줬습니다. 그나저나 포탑을 옆으로 90도 선회시키고 쏘면 쓰러지지 않아…려나? 아니, 역시 쓰러지겠군. 무반동포를 탑재할 수밖에 없겠어.

산화 처리 면봉 버리는 법

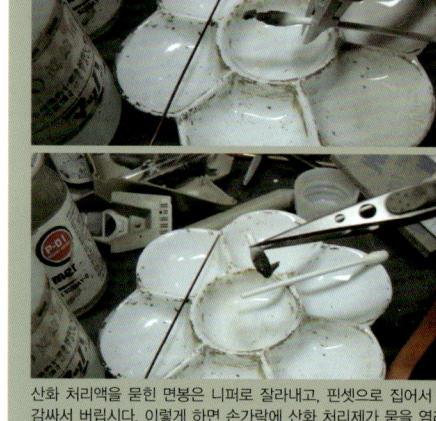

산화 처리액을 묻힌 면봉은 니퍼로 잘라내고, 핀셋으로 집어서 티슈로 감싸서 버립시다. 이렇게 하면 손가락에 산화 처리제가 물을 염려도 없는데다 남은 반대쪽도 망설임 없이 사용할 수 있을 것이다.

  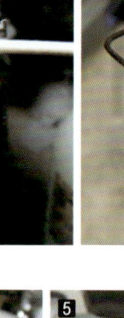

④⑤왼쪽 사진은 닛토의 크뢰테를 개조한 퀴스터의 오리지널 모델이다. 웨이브 판 퀴스터에는 직경 0.5mm으로 길이 65mm의 황동선이 들어 있지만, 닛토 판에는 같은 사이즈의 철사가 들어 있다. 닛토 키트를 가지고 있는 사람은 전용 산화 처리제를 사용합시다. 검은색이 아닌 스프링을 사용할 때에도 강추. ⑥포신이 긴 PAK타입 크뢰테는 밸런스를 보고 78mm로 만들었습니다. ⑦킴 와이프(※주: 킴와이프, 일본의 제지업체제 페이퍼 타월에 순간접착제를 먹여 깃발을 만들었습니다.

 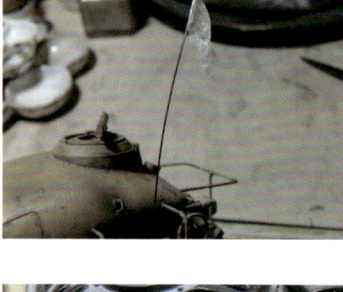

⑧오리지널 크뢰테의 다리 부분이 부서져서 안쪽의 타이어가 보인다. 좀처럼 보기 드문 사진이니 실어둔다. ⑨이쪽은 오리지널 퀴스터의 발바닥. 참고하시라.

KÜSTER
퀴스터 2012년 제작
WAVE 1/20 scale plastic kit
modeled by Kow Yokoyama

지금도 동절기 위장은 수용성 도료를 칠한다고 하니, 다리 주변과 같은 부분에는 거의 흰색이 남아있지 않은 편이 더 그럴싸하게 보이겠죠. 그래서 위쪽만 흰색 도료가 남도록 칠했습니다.

퀴스터 & 프리드리히를 일러스트처럼 완성시켰다. 이몸이 바로 패키지 아티스트니까.

구스타프계 슈트도 금속 부품으로 강화를 할 수 있는 부분이 많은 키트다. 포인트를 잡아서 공작하면서 박스아트와 같은 장면을 재현했다.

KÜSTER & FRIEDRICH

퀴스터 & 프리드리히 2013년 제작
WAVE 1/20 scale plastic kit
modeled by Kow Yokoyama

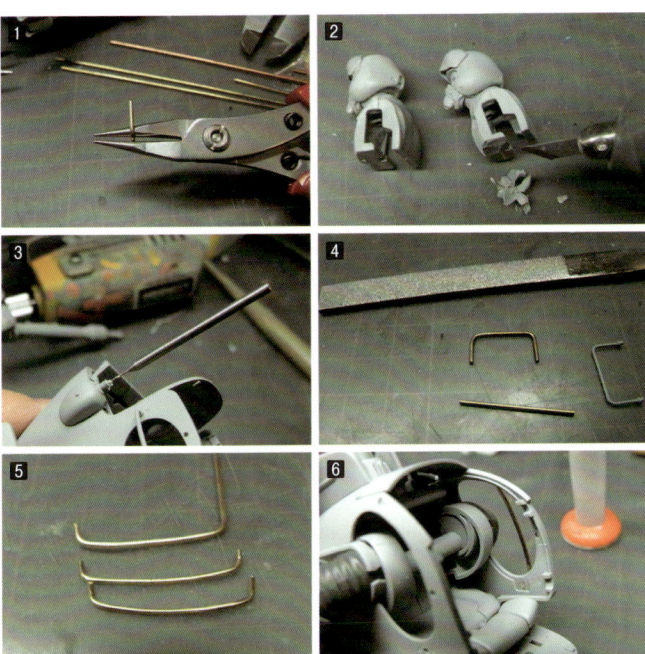

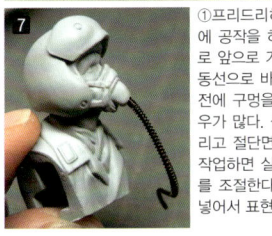

①프리드리히에서 교환하는 황동선은 퀴스터와 같은 직경 1mm. 동시에 공작을 하는 쪽이 효율적이다. ②파일럿의 동체 하부를 초음파 커터로 앞으로 기울인 자세를 만들어준다. ③키트의 안테나를 부러뜨리고 황동선으로 바꿔줍니다. 핀바이스가 간섭 하므로, 보디 윗부분을 접착하기 전에 구멍을 뚫어줍시다. 나는 드릴 날만 손가락으로 잡고 사용하는 경우가 많다. 섬세한 힘 조절이 가능하니까. ④키트 부품을 견본삼아 구부리고 절단면을 평평하게 만든다. ⑤커버를 줄 때는 항상 표준형을 놓고 작업하면 실패가 줄어든다. ⑥황동선이 내부로 튀어나오지 않도록 길이를 조절한다. ⑦마스크에서 뻗어나온 튜브는 늘인 스프링에 비닐코드를 넣어서 표현해주자.

이렇게 캐노피를 연 상태와 닫은 상태의 프리드리히의 일러스트를 그린 것은, 키트의 'ㅋ'자도 없었던 시절이었다. 하지만 세월이 흘러서 십 수 년…. 세도 마사키군의 설계로 일러스트에 나온 각도와 동일하게 캐노피의 개폐를 선택할 수 있는 키트가 되었다는 것에 놀랐다.

⑧바탕색을 다 칠한 상태. 도료 접시를 순간접착제 보관용 병위에 양면테이프로 고정한다. 이렇게 해두면 붓을 책상 위로 내리지 않고 도료를 묻혀서, 그대로 모형을 칠할 수 있다. 마감이 닥쳐서 막다른 지경에 이르면 붓을 위 아래로 옮기는 것조차 시간이 아깝기에 태어난 획기적 도색법이다. 도료 접시가 공중에 떠 있는 것과 마찬가지. '에스퍼 도색법'이라는 말이 떠올랐기에 이렇게 이름을 붙여봤다. ⑨퀴스터는 포탑과 본체, 프리드리히는 이런 식으로 나눠서 칠했습니다.

⑩⑪프리드리히의 캐노피를 반 정도 열어 놓은 상태로 만들 때는, 먼저 캐노피를 시트의 뒤쪽에 붙이고 나서, 보디의 덮개를 끼우면 잘 들어간다. 루프 안테나는 띠 모양의 것으로 변경. 초음파 커터 부분에서 장착 방법을 상세히 설명했으니 읽어보시라. ⑫포탑을 조금 선회시킨 퀴스터. 클로즈업해서 보면 여러 색을 겹쳐 칠했다는 것이 잘 보일 것이다.

거대 완성품 등장
1/12 크뢰테 공작 포인트

threeA의 도색 완료 완성품 크뢰테도 스프링이나 루프 안테나를 손봐서 더욱 멋있게 완성시키자.

개틀링건이 회전하는 데 더해 라이트까지 점등된다!

KRÖTE

크뢰테

2012년 제작

threeA 1/12 scale ABS & POM model
modeled by Kow Yokoyama

①센티넬의 페이지에서도 적어놨지만, 우선 신나게 가지고 논 다음에 손을 대자. 왜냐하면 손을 댈 부분을 찾을 수 있기 때문입니다. 접합선은 검은색 순간 접착제로 메워줍시다. ②핸드 리머로 스모크 디스차저의 구멍을 조금 넓혀줍니다. 가장자리를 더욱 얇게 만드는 것입니다. ③라우터의 둥근 비트로 표면을 '퉁퉁퉁퉁' 이라는 느낌으로 깎아주면, 주조 흔적을 재현합니다. 깎아낸 표면에 퍼티를 발라주면 더욱 울퉁불퉁 실감나는 표면이 완성된다고.

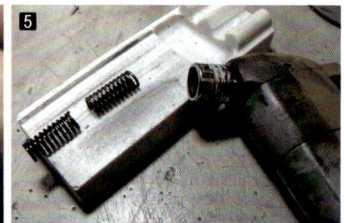

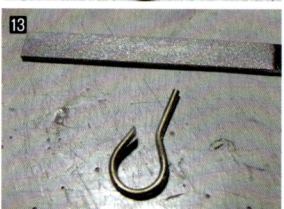

와이어 커터

④이 1/12 크뢰테에서 신경 쓰이는 부분이 다리 부분의 빈약한 스프링입니다. 가동 토이라는 기획 때문에 이렇게 얇게 만들어졌다. 이 스프링을 바꾸기 위해, 먼저 다리 부분을 분해합니다. ⑤괜찮은 두께의 스프링이 있었기에, 숫돌 위에 올리고 가스버너로 가열한 뒤 늘여줍니다. 스프링은 투박한 편이 사실적이지요. 예전에는 자동차를 개조할 때도 스프링부터 바꿨지만…. 그리고 보면 남자들은 스프링을 좋아한다니요, '띠용~' 이라고 자주 말을 하잖아요. ⑥갈아 끼우고 비교해보면 그 차이가 일목요연하다. 띠요용~. ⑦레인보우 에그에서 나중에 발매된 1/12 크뢰테용 데칼 세트에 아주 두꺼운 스프링도 같이 끼워 넣었다. 정말이지 너무 고마운 기획이네. 스프링 찾기가 꽤나 힘들거든.

루프 안테나를 만든 직경 1.2mm의 황동선은 와이어 커터로 잘랐습니다. 당연한 일이지만, 플라스틱용 니퍼로 금속을 자르는 건 안돼요. 절대 금물이라고요.

⑧⑨허리 아머는 평평하게 달려있던 것을 떼어내고 깎은 다음 각도를 줘서 다시 붙였습니다. ⑩다리 밑의 아머에는 코토부키야제 볼트를 붙였다. 가지고 논 다음, 넘어지는 것을 방지하기 위해, 발목은 굳건히 접착하는 편이 좋다는 것을 깨달았다. 왜냐하면 똑하고 부러졌기 때문입니다. 이것 보라고요, 역시 가지고 놀아본 다음에 작업하기 편하다니까요. ⑪⑫크뢰테의 포탑 레이더도 회전한다는 설정을 떠올렸기에, 구경에 맞는 정크 부품을 찾아서 끼워 넣습니다. 1/20키트에도 같은 설정으로 공작 키트가 있었으면 좋겠다. ⑬루프 안테나는 직경 12mm의 황동선으로 대형화. 둥글게 만 다음에 납땜할 부분을 다이아몬드 줄로 대각선으로 깎아서 밀착 시킬 수 있게 만들어둔다. ⑭직경 0.5mm의 황동선을 밑부분에 감아준 뒤, 납땜으로 고정한다. 크기가 커서 견고하면서 사실적인 루프 안테나가 완성된다.

완성 전에 실외로 나와, 자연광 아래에서 한번 살펴본다. 대형 모델은 반드시 야외에서 살펴봅시다. 1/20, 케로용, 1/12를 사이좋게 늘어세우니 그야말로 개구리 3형제군요, 1/12크뢰테는 애슐리 우드에게 경의를 표하고자 그의 터치를 표현해봤다. 유화용 긴 붓으로 터치를 남겨 칠하고 난 후, 이 터치 중 몇 개를 지우듯이 칠해주면 된다. 뭐 그림을 그리듯 칠하면 된다는 이야기지요. 아래쪽은 빼먹고 잘 안 칠하기 마련이니, 밑에서 보는 느낌으로 점점 위로 올라가면서 칠해줍니다. 너무 어둡게 칠해지지 않도록, 밝은 부분도 의식해줍니다. 이 역시 그림과 똑같지요.

photo by Akishige Hommatsu (STUDIO R)

도구 이야기

제1장
기본 공작 관련

공구나 도료란 것은 그냥 내버려 두면 막상 쓰려고 할 때 녹이 슬어 있거나, 말라 비틀어져서 못 쓰게 되어버리는 경우가 있지요. 이렇게 되면 돈도 시간도 엄청 손해를 봅니다. 이렇게 되지 않도록 하겠다며, 도구에 기름칠을 하거나, 도료 뚜껑을 열고 섞어주기도 하고, 모처럼 도구를 손질했으니 시험 삼아 주변에 있는 키트에 손을 대서 잘 손질되었는지 확인하는데, 이렇게 하다보면 모르는 사이에 진지하게 만들게 되기 마련이죠. 도구를 만지고 싶어서 모형을 만드는 것인지, 모형을 만들고 싶으니까 도구를 만지는 것인지 모를 정도가 되곤 합니다만, 『모델링북 1』에서도 자랑했듯이, 나는 도구를 사용하기 편하게 가공하거나 색을 칠하거나 개조를 합니다. 8년이나 지났으면 그때까지는 없었던 새로운 공구가 개발되거나, 전문가 이외에는 알지도 못할 것 같은 도구를 모형 공작에 사용할 수 있게 되고, 또 같은 도구라도 점점 더 쓰기 편하게 개량되기도 하죠. 오랜만에 모형제작 취미에 복귀한 사람들은 이 부분부터 즐기면 괜찮을지도 모르겠네요. 요즘 새로 나온 엄청 날카로운 니퍼로 집에 쌓여있는 키트의 부품을 런너에서 떼어내는 것만으로 며칠이고 즐길 수 있습니다. 도구를 즐기는 것도 모형을 즐기는 것의 절반정도를 차지한다고 생각해요.

타미야 전동 핸디 드릴 + 드릴 날

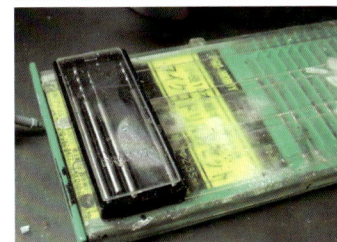

언제나 보디에는 테스트용 색칠을 하는 타미야의 드릴이다. 조립식 키트로 판매하고 있으며, 가장 많이 사용한 타미야의 키트가 바로 이 드릴이다. 도구 키트를 도구를 사용해서 만들고 있노라면, 전투용 로봇 군단이 전투용 로봇을 만드는 이미지가 떠오른다 해야 할까나? 4호기가 되는 최신 드릴에는 이 테스트용 색칠에도 점점 손이 많이 간다. 닭을 그린 면의 잠금 버튼 부분이 얼굴이 되어 있는 것이 자랑이다.

4개씩이 같은 것을 만들다 보면, 로트 차이에 의한 금속 부품의 금형 차이 등, 이 상품에 대하여 쓸데없을 정도로 자세히 알게 되고 만다. 드릴 날도 여러 가지 종류가 늘었기에 양면테이프를 사용해서 드릴 케이스를 마치 가우디 대성당처럼 증축 중입지요.

가스버너

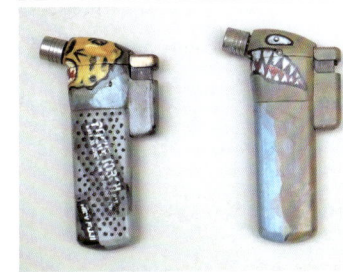

버너는 현재 3대째. "알루샨 타이거 (Aleution Tigers) 버너"는 검은색 순간접착제로 그립을 개조해서 쥐기 편하도록 만들었다. 표지의 도색병이 메고 있는 "괴물 버너"는 가스 주입식 모델. 개조에 개조를 거듭해서 드디어 눈알까지 붙었다.

니퍼

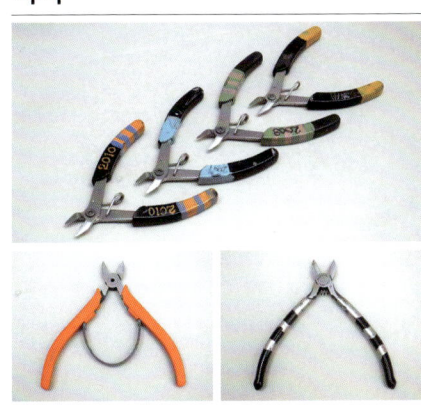

하세가와의 역대 에칭용 니퍼. 『모델링북 1』 맨 마지막 페이지에 실려 있는 것이 오른쪽 위의 것이다. 날이 무뎌지면 새것을 샀지만, 날을 잘 갈아 낼 수 있게 되어서 낡은 것도 계속 쓰고 있습니다.

오렌지색은 굿 스마일 컴퍼니의 니퍼다. 플라스틱은 이것만 있으면 OK. 다만 고무 튜브나 거스러미와 같이 부드러운 것을 자르는 데는 적합하지 않은데, 고무와 거스러미는 하세가와의 에칭용 니퍼가 적합하다. 두 개의 니퍼를 사용한 '이도류' 조합만 있으면 천하 무적. 날 끝이 상하는 일을 방지하게 위해, 금속용 니퍼는 바로 알 수 있도록 손잡이 부분에 금속색을 칠했다.

게 펜치

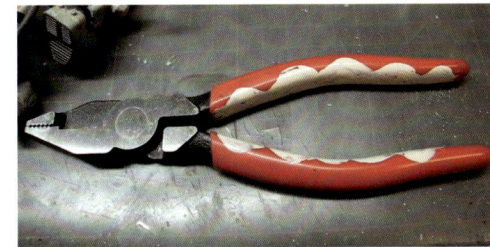

자루 안쪽을 흰색으로 칠해서 가위처럼 만들었습니다. 게의 힘을 담은 펜치이지요. 다만 겉모양만 그렇기에 게를 떠올리고 먹고 싶어지는 정도의 효과 밖에 없다. 굳은 튜브형 퍼티의 뚜껑 등을 열 때 사용합니다. 무식하게 물어서 열려고 했다가 이빨이 부러진다니까.

X-ACTO의 교체용 날

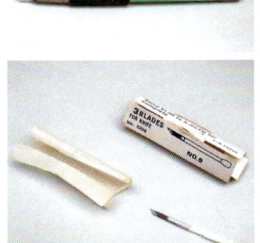

X-ACTO사제 플라스틱에 끼워진 칼날. 무언가의 교체용인 것 같다. 녹색의 목제 자루는 이 날을 어떻게든 사용하기 위해 다 쓴 붓의 자루 부분으로 자작. 이 칼날은 내가 아직 귀여웠던 18세 때에 어디에 쓸지 모르는 채로 입수한 것으로, 그 후로 40년 동안 계~속 갈아서 쓰고 있습니다. 원래 세세한 부분의 공작에 오랫동안 사용했습니다. 피규어의 얼굴에 도료 방울이나 작은 섬유질의 먼지가 붙었을 때, 도색 면에 흠집을 내지 않고 이를 제거하는데 엄청 편리하다. 이 칼날은 당연히 지금은 팔지 않아서, 일본의 X-ACTO 대리점에 물어봐도 이 칼날은 몰랐었다.

1자루로 40년을 사용했으니, 내가 100살이 될 때 까지는 괜찮을 것이니 상관없다. 하지만 다른 분들도 사용하시면 좋을 것 같으니, 아는 사람이나 가지고 있는 사람은 자랑해주시라.

If you know more about this blade, please let me know.
(※주 : X-Acto의 X209, 몸체인 X3209에 사용하는 교체용 칼날)

금속 줄 여러 가지

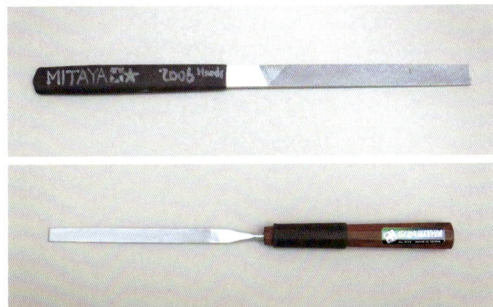
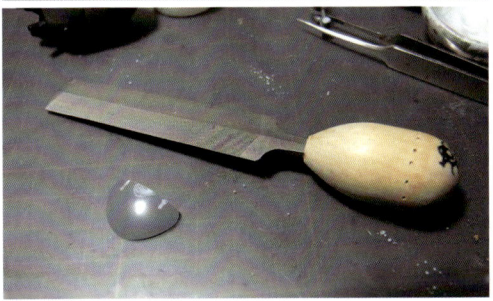

위쪽은 타미야의 OEM생산을 하고 있는 곳에서 만든 제품인 것 같은 느낌이라 멋대로 'MITAYA'라고 써 놓았다. 쓰기가 아주 편하기에, 이 두께의 제품도 타미야 내주시면 어떨까요.

가운데는 줄눈이 촘촘해서 기분이 좋은 시모무라 알렉의 GIZA 마스터, 미끄러지지 않도록 볼펜에 달려있는 고무 그립을 달았습니다. 줄은 힘을 주지 않아도 깎아낼 수 있는 제품이 좋다.

밑에는 황동 파이프를 자를 때 빼놓을 수 없는 톱줄이다. 둥글둥글한 손잡이를 달아 쥐기 쉽게 만들었습니다. 줄눈을 세웠기에 눈을 그려줬다.(※주 : 톱줄의 일본어는 目立てヤスリ, 그래서 눈을 세웠다는 유머) 구멍은 왠지 멋있을 것 같아서 낸 것이라 별다른 의미는 없다.

파이프 커터

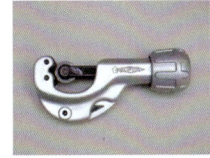

왼쪽은 이전부터 사용하는 파이프 커터. 작은 구경의 파이프를 자르지 못하기에 오른쪽 소형 커터를 구입. 30년 전에 이걸 가지고 있었다면, 글래디에이터의 황동 파이프도 간단히 잘라서, 좀 더 놀러 다닐 수 있었을 텐데.

SUPER JERRY

슈퍼 제리
2014년 제작

WAVE 1/20 scale
plastic kit
modeled by
Kow Yokoyama

슈퍼 제리 혹은 기간트 플로 조립에 대한 이야기

올려다 본 앵글이 정말 근사하구먼요. 쭈그려 앉아 작업을 하고 있는 정비병들은 언제나 이 앵글에서 보고 있을 테죠. '언제 어디서나 아래로부터의 시선'이라고 할까나?

슈퍼 제리는 마쉬넨이 부활해서 얼마 되지 않은 2000년에 닛토의 제리를 개조해서 완성시킨 것에 붙인 이름입니다. 닛토의 제리는 설계에 공을 들인 상급자용 키트였습니다. 오리지널 모델이 닛토의 화재로 소실되어 비교하지 못하는 점도 있어서, 설명서를 봐도, 흠, 이렇게 조립 하는구나 라고 왠지 다른 사람이 만들 걸 보는 것 같습니다. 그래서, 설명서를 따르지 않고 부품의 접착법이나 각도를 바꿔봤더니, 더더욱 멋진 제리가 만들어졌습니다.

프라모델이란 설명서의 지시를 따르지 않고 완성시킬 수 있는가에 따라서도 만족감이 더욱 높아지기도 합니다. 물론, 차근히 순서대로 공작을 진행해서 완성시키는 기쁨은 각별한 것임에 틀림없다. 하지만 처음으로 키트를 개조하고 설명서의 지시를 따르지 않은 공작을 했을 때의 무언가 해서는 안 될 짓을 한 것 같은 느낌은, 왠지 성인물을 보는 것 같은 느낌이었다. 교칙을 위반해서 성인 영화를 보러 갈 때와 똑같았다. 교칙위반은 퇴학이나 정학과 같은 위험이 따르지만, 프라모델은 지시대로 만들지 않아도, 누구한테도 혼나는 일 없이 예상도 하지 못한 즐거운 체험을 할 수 있기에, 추천한다.

슈퍼 제리의 프라모델 키트는 닛토의 제리에 신규 플라 부품을 더해서, 2009년에 웨이브에서 발매되었습니다. 거기다 재미삼아 슈트랄쪽 배치의 설정, 기간트 플로라는 이름까지 지었습니다. 그 자체로도 상급자용인 키트를 베이스로 대대적인 개조를 한 제품인 관계로, 조립 공정이 점점 더 어려워지고 말았습니다. 그런 것을 만든 당사자가 잊고서, 재판의 준비를 위해 키트를 조립해보기로 했습니다. 설명서를 보고 깜짝 놀랐습니다. '이걸로 완성품을 만들 수 있는 사람은 천재 아닐까나?'이라 할 정도로 어려운 공작 해설이 되어 있더군요. 이대로는 안 되겠다며 2014년에 상자를 바꿔서 재판을 할 때, 조립하기 쉽도록 설명서를 고쳤습니다. 그래도 아직 어려울 지도 모르겠으니, 여기서는 조립 요령을, 사진을 사용해서 더욱 상세하게 설명하겠습니다. 이걸로 슈퍼 "만들기 쉬운" 제리가 되었다고 합니다.

1. 벌어진 다리로 만들기 위해 접착 부분에 구멍을 낸다

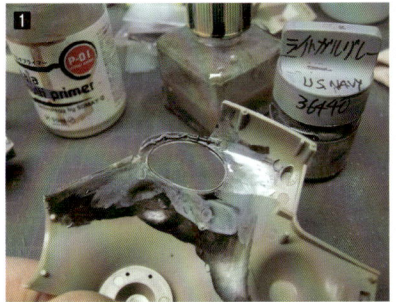

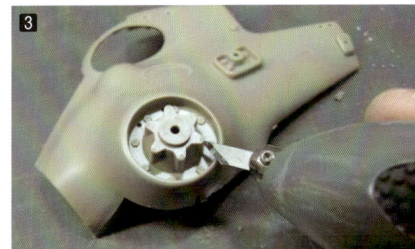

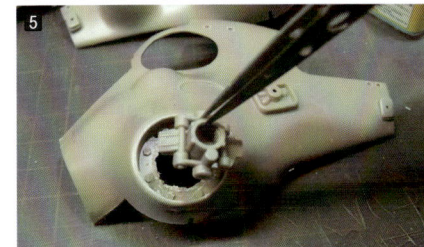

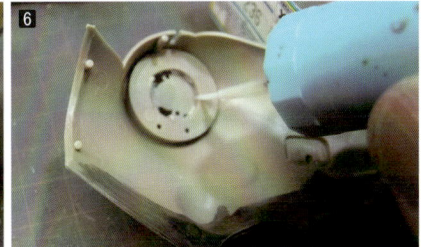

①조립하고 나서는 칠하기 어렵고, 해치를 열었을 때에 보일 것 같은 부분만 회색으로 칠해줍시다. ②금속망은 먼저 산화 처리를 했습니다. 물론 서페이서를 칠해도 됩니다. 이 아랫부분이나 콕피트도 나중에 칠하기 귀찮아지기 때문에 먼저 칠해줍니다. 젊었을 때는 조립하는 도중에 색을 칠하는 것이 싫었기에, 조립을 다 하고 나서 틈새로 캔 스프레이를 뿌려서 강제 도색을 했습니다. 어느 쪽이든 즐거운 쪽을 고르면 되는 거지요.

③여기가 슈퍼 제리의 키트에서 가장 까다로운 곳. 크레테도 벌어진 다리로 만들 수 있는 부품이 포함되어 있지만, 제리는 원래 부품을 깎아내는 공작이 조금 까다롭다. 하지만 지금은 초음파 커터가 있으니 엄청 편리하죠(만약 모형 취미를 앞으로도 계속 이어가고 싶다면, 상당히 비싸기는 하지만 초음파 커터의 도입을 추천합니다). 초음파 커터가 없는 경우에는 시간이 걸리지만, 핸드 리머로 조금씩 구멍을 넓혀도 괜찮다. 젊은이에게 있고 노인에게는 없는 것이 바로 '시간'이라면, 반대로 젊은이에게 없고 노인에게는 있는 것은 바로 '돈'! 자기가 가지고 있는 쪽으로 대응을 합시다. ④돌기 부분을 잘라냈다면 둥근 날 나이프로 마무리 해줍시다. ⑤⑥벌어진 다리 부품을 딱 맞는 위치에 접착한다. 뒤쪽에서 '찰랑찰랑' 계열의 무수지 접착제를 흘려 넣어서 용착시킨다. 이후에는 천천히 건조시키면 그만.

2. 콕피트의 후가공 조립

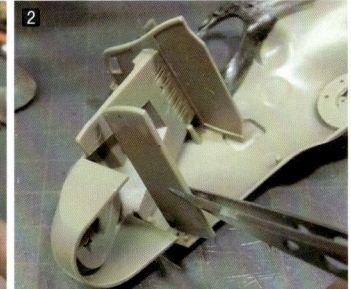

①제리 때부터 콕피트를 끼워 넣듯이 접착하라고 지시가 되었었지만, 곡예 같아서 만들기 어렵다. 그래서 나중에 끼워 넣을 수 있도록 가공합니다. 사진처럼 미리 조립해 놓는 편이 부착하기 편할 것이다. 재판 키트부터 조립 지시가 변한 부분이다. ②판 형태의 부품은 이 타이밍에 접착합니다.

③파일럿을 태운 모습. 추가 부품인 바이저를 붙이고 고개를 틀어주면 더욱 실감이 난다. 제리의 파일럿은 다른 키트보다 표정이랑 자세가 더 딱딱했지요. 이 부분을 어떻게 좀 고쳐달라고 했더니 미남의 제리 파일럿을 만들어줬네요. 오른쪽은 힐군의 LOVE LOVE GARDEN의 레진 피규어다. 이 피규어를 사용하는 것만으로도 제리 본체의 사실감이 10배는 올라갑니다. ④⑤밑면의 부품만 접착하지 않은 상태에서, 콕피트를 90도 기울여서 넣으면, 수월하게 들어갑니다.

이번 공작은 오리지널 슈퍼 제리를 옆에 놓고 만들었습니다. 의외로 자기가 만들었던 공작을 기억하지 못해서 신선했다.

SUPER JERRY
슈퍼 제리

첫 공개 : 월간 모델그래픽스 2000년 9월호

NITTO 1/20 scale plastic kit conversion
modeled by Kow Yokoyama

photo by Akishige Hommatsu (STUDIO R)

3. 손잡이 부착 위치를 변경합시다

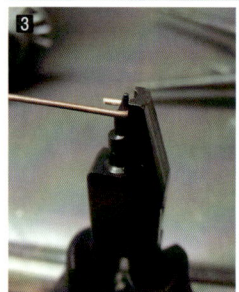
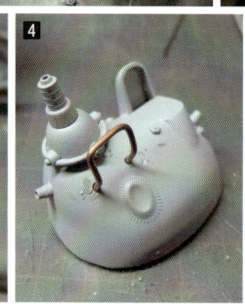

①오리지널 슈퍼 제리는 본체 측면의 손잡이가 제리와는 다른 위치에 달려있습니다. 그 보단 「SF3D」시대의 제리가 이상한 위치에 손잡이를 달아버린 것이 원인 중 하나라서, 조금은 부끄럽다. 최초의 설명서에는 적어 놓지 않았지만, 여기도 오리지널 슈퍼 제리와 같이 만들어줍시다. ②우선은 늘인 런너로 구멍 막기. 같은 플라스틱 소재를 사용하면 상성이 좋다. ③이번 손잡이는 구리선을 사용했다. 신병기인 고리를 만드는 플라이어로 구부려준다. 고리를 만드는 것을 좋아하는 사람에게는 평생을 같이 할 공구로, 1/35스케일의 금붕어 뜰채의 테두리 부분까지도 잘 만들 수 있을 정도! 고리를 만들 일이 없는지 찾을 정도로 즐겁다. ④본체 앞부분의 손잡이 부착 위치도 바꿔줍니다.

⑤⑥오리지널을 견본 삼아 뒤쪽의 손잡이도 동선으로 만들었다. 접착면을 둥글게 깎아서 순간접착제로 고정했습니다. 물론 납땜을 해도 좋지요.

4. 시커의 각도도 바꿔줍니다

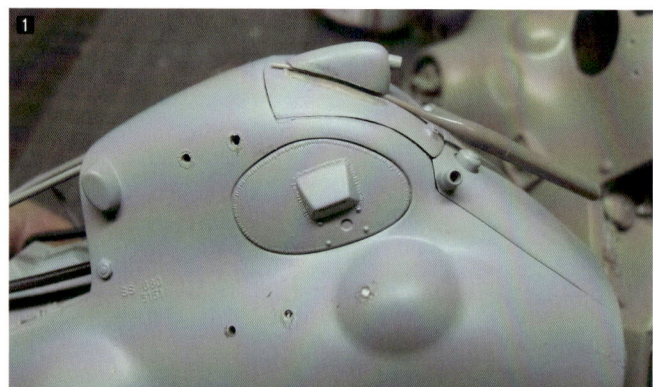

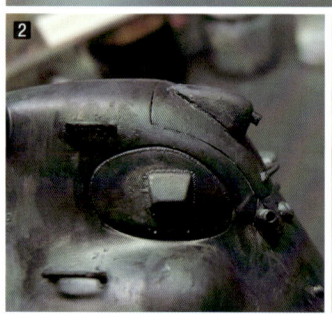
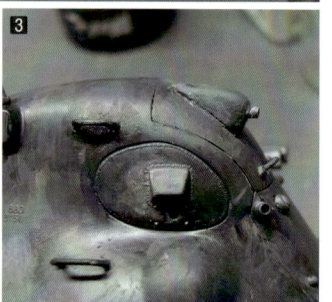

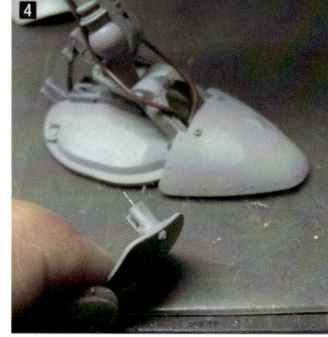
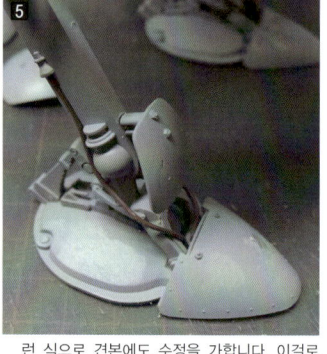

①시커의 각도를 약간 조절합니다. 약간 비켜서 접착한 후, 틈새는 런너 늘인 것으로 막아준 후 퍼티로 마감해줍시다. ②③오리지널 시커의 원 기둥 부분이 밑으로 축 처져있던 것이 신경 쓰여서, 초음파 커터로 잘라 낸 후 다시 접착. 이런 식으로 견본에도 수정을 가합니다. 이걸로 괜찮다. 물론 키트도 마찬가지로 고쳐줬죠. ④⑤발목 아머는 금속선으로 보강해줍시다.

5. 현용 전차풍으로 안테나를 아래로 당겨준다

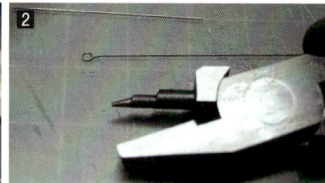

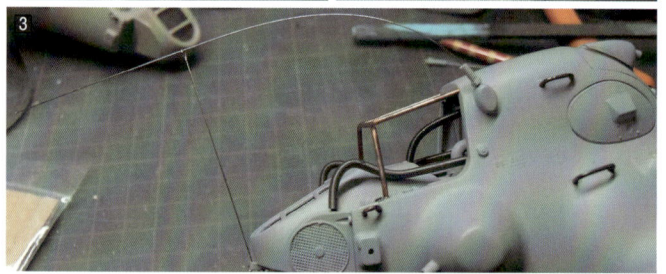

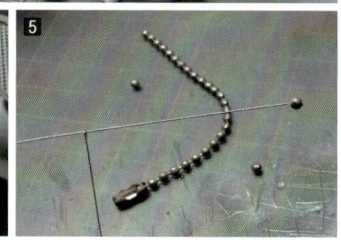

①약간 변화를 주기 위해, 키트의 안테나는 메르카바 전차의 안테나처럼 만들어봤습니다. 우선 직경 0.3mm의 스테인리스 선을 안테나로 만듭니다. ②또 다시 이렇게 고리를 만들 수 있다니 기쁘지 않나요? ③이렇게 고리를 걸어서 긴 안테나를 옆으로 눕혀줍니다. ④아래는 갈고리 형태로 만들면 빠지지 않는다. ⑤⑥안테나 끝단에는 열쇠고리용 체인의 볼 하나를 잘라서 접착시키면 완성이다.

6 급할수록 돌아가라
사진에 그려보고 나서 마킹을 결정한다

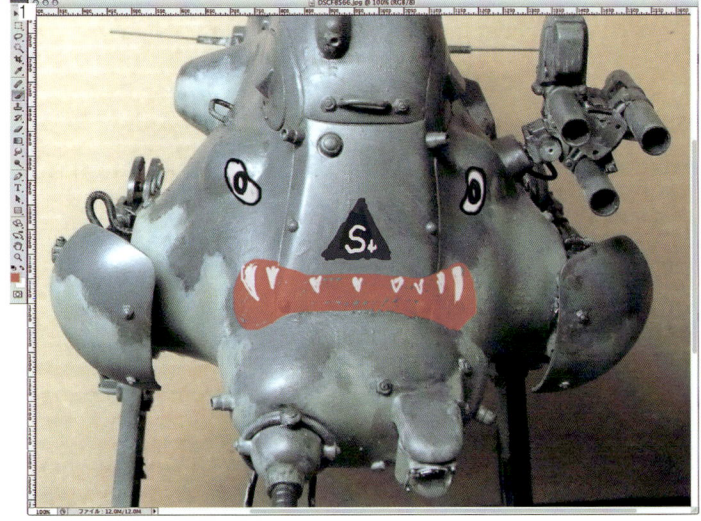

①②도색은 오리지널 쪽 색에 맞췄지만, 마킹은 새로 하고 싶었기에 어떤 것이 좋은지 고안했다. PC로 시뮬레이션 하는 것이 간단하고 즐겁다. 샤크 마우스나 눈의 위치를 정하는 것이 어려운 요소이기에 이런 방법이 효과적이다. 귀찮은 일은 거의 하지 않는 내가 하는 것은, 이렇게 하면 즐겁기 때문입니다. 물론 반드시 생각하던 대로 마킹이 들어가니, 급할수록 돌아가라는 말은 이런 것을 가리키는 것 아니겠어.

의외의 비닐 코드 사용법

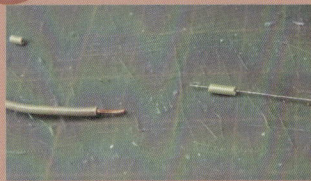

오리지널 모델의 안테나의 밑 부분이 부서져 있었기에 비닐 코드의 절연체를 사용해봤다. 절연체만 뽑아낼 수 있도록 니퍼로 부드럽게 '돌려 자르기'를 해주자. 바꿔 이야기하자면 심을 자르지 않으면 된다 이긴 하지만. 그러고 보니 '회전 돌려차기'란 말은 얼마나 끈질긴 기술인거야? 라는 생각 들지 않는지? '회전 돌아가는 초밥'이라고는 안 하는데 말이지.

완성!

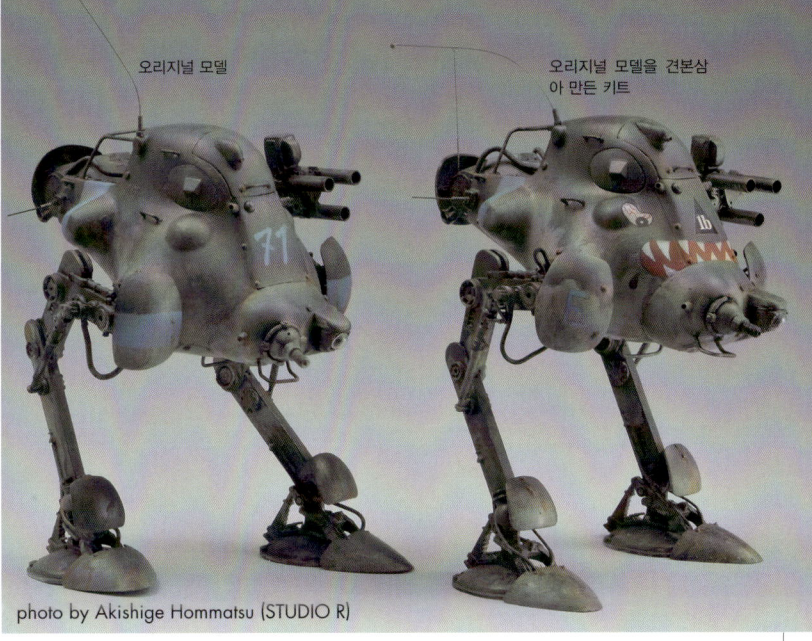

옥외에서 완성시킨 키트와 오리지널을 촬영했다. 뒤쪽에서 보면, 구분이 가지 않을 정도다. 옥외 촬영은 흐린 날 저녁 무렵의 빛 파장이 세세한 부분까지 닿아서 사진이 잘 나온다. 빛이 강한 날은 그늘진 곳에서 촬영을 하면 좋다. 맑은 날은 해가 지기 직전까지 산책이라도 합시다. 이때 모자를 챙기는 것 잊지 마시길.

photo by Akishige Hommatsu (STUDIO R)

요코야마 코우
오리지널 모델 도감
Modeling Book

photo by Akishige Hommatsu (STUDIO R)

KELBEROS

켈베로스
첫 공개 : 월간 하비재팬 1983년 5월호

1/20 scale
scratch built by Kow Yokoyama

만들면서 생각했는데,
이거 암만 봐도 투구게 잖아~

여기서부터는 『SF3D』시대의 오리지널 모델을 소개합니다.

켈베로스는 30년도 전에 칠했지만, 오늘 아침에 내가 칠했던 MK44의 색과 거의 비슷하다. 흰색과 검은색과 노란색의 양을 조절하면서 섞으면 이런 색이 나온다고요. 검은색과 노란색의 비율을 1:1로 섞으면 올리브 드랍이 되는 것은 몇 번인가 이야기 했지만, 여기에 흰색을 더 섞으면 이스라엘군 메르카바 전차의 색인 '시나이 그레이(Sinai Grey)'도 만들 수 있다. 밀리터리 모형의 경우 이 3가지 색만 있으면 대부분의 색을 만들 수 있을 것이다.

코션(Caution, 주의) 마킹은 연필과 로트링의 흰색 펜을 사용했고, 여기에 타미야의 레드 브라운과 오렌지 에나멜 도료에 험브롤의 무광택제를 섞어 워싱했습니다. 당연한 이야기지만 무광택제를 너무 많이 넣으면 허옇게 뜨기 마련이지요. 기관부에 워싱을 한 에나멜 도료가 고여 있는 것이 보이는 군요. 질척거릴 정도로 에나멜 용제를 사용하면 플라스틱이 깨진다(솔벤트 크랙)고들 하는데 전혀 부러지지 않았네요. 바보 같을 정도로 도료를 두툼하게 칠해서, 무엇을 칠하던 간에 플라스틱까지 닿지 않았습니다. 도료 피막이 두꺼우면 튼튼하고 거기다 진짜처럼 보이지요. 옅게 칠하면 의외로 진짜처럼 보이지가 않는다고. 비행기 모형을 만드는 사람들은 얇게 한 번에 칠하지 않으면 날카롭게 보이지 않는다고 하지만, 실제로 어떻게 보이는가, 빛이 어떻게 눈으로 들어오냐 만을 생각한다면 두껍게 칠하는 편이 좋을 텐데.

앞에서 보면 장갑으로 덮여있고, 뒤쪽의 기관부는 복잡하게 얽혀있지요. 이 대비가 아주 좋다고 칭찬하는 사람이 많더군요. 이러한 입체적인 부품의 콜라주는 아상블라주(※주 : Assemblage, 여러 가지 사물을 조합하여 3차원 입체품을 만드는 방법) 라고 해서, 회화기법과 마찬가지로 더

KELBEROS

1/20 scale
scratch built by Kow Yokoyama

많이 만들면 만들수록, 더욱 잘 표현할 수가 있게 된다고. 바보처럼 매일 매일 만든다면 당연히 기술이 늘겠죠. 켈베로스는 포커(Pocher)의 1/8 롤스로이스 부품을 대량으로 사용해서, 밑에서 보면 보디의 커브가 펜더 부분인 것을 알 수 있지요. 이 곡면은, 가토 나오유키씨가 당시 『SF매거진』의 표지에 그렸던 메카와 통하는 것이 있지요. 그래서 '가토씨한테 보여주자'라고 켈베로스를 만들었던 것이 기억났습니다.

포커의 롤스로이스는, 디자인 사무소에서 일했던 내 동급생이 아는 사람의 사장님으로부터 만들다 만 것을

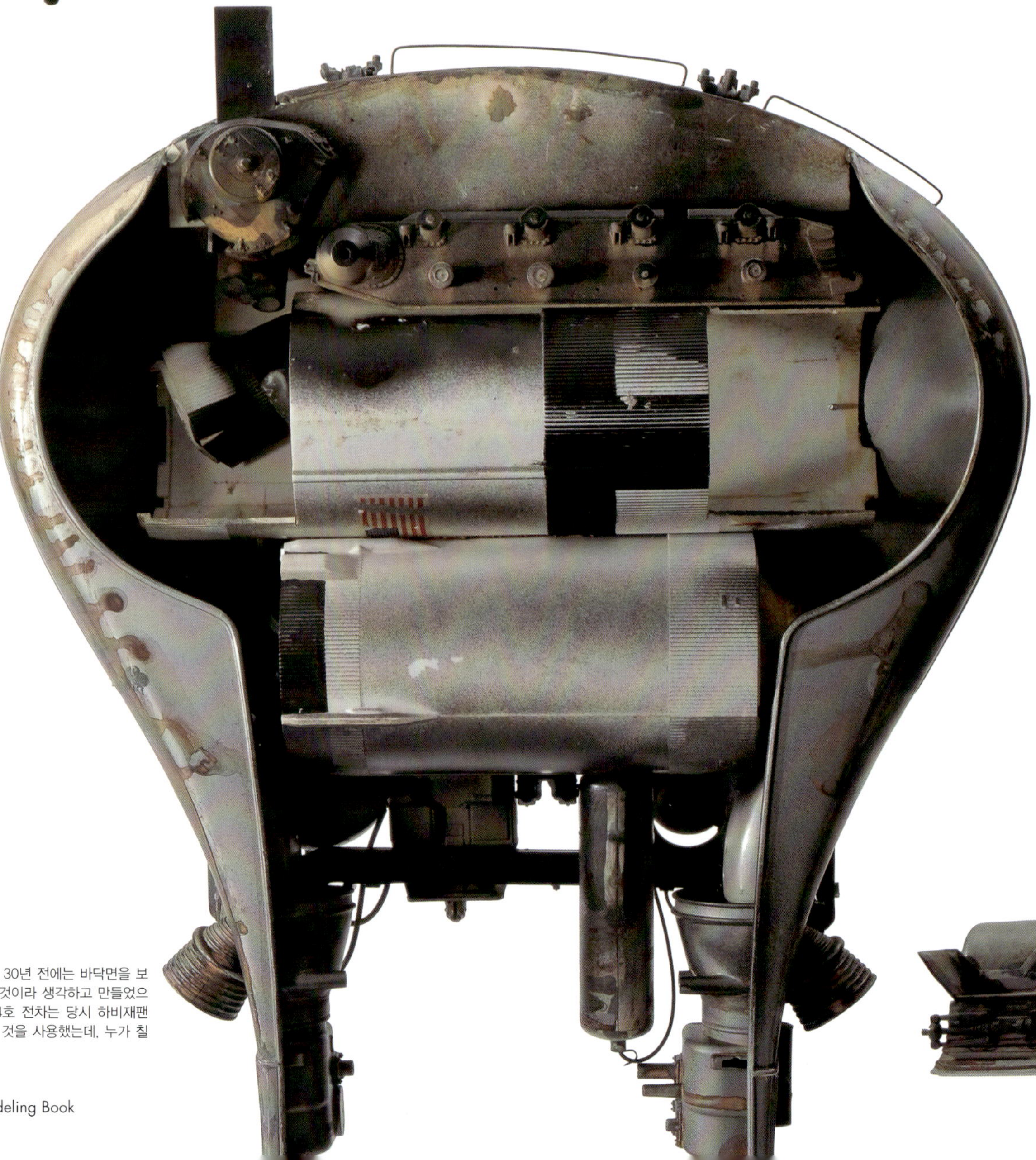

이 사진 강렬하네요~. 30년 전에는 바닥면을 보여줄 일 같은 건 없을 것이라 생각하고 만들었으니까. 새턴 로켓이나 4호 전차는 당시 하비재팬 편집국에 버려져 있던 것을 사용했는데, 누가 칠했는지 알려줘~.

받아서 그냥 가지고 있었습니다. 그래서 '이거, 혹시 필요함?'이라고 물어봐서 '줘~!!'라고 바로 대답을 해서 받아왔죠.

키트가 7만 엔 가까이 했었지 아마? 이런 건 그냥 사기는 어려운 물건이지. 같은 시리즈의 알파로메오를 완성시킨 내가 하는 말이지만, 이 키트는 평범하게 프라모델을 좋아하는 사람이 사서 감당할 수 있는 물건이 아닙니다. 금속부품이 많으니까, 작은 금속 버(burr) 때문에 눈에 보이지 않는 상처가 잔뜩 생겨서, 손이 2배 정도로 부어올랐다. 이런 키트이지만, 다른 곳에 사용할 부품으로 놓고 본다면, 그야말로 보물더미다. 그 키트를 받지 못했다면, 켈베로스는 물론이고, 라쿤 이라던가 그 후의 작품도 없었을 테니까. 그 타이밍에 키트를 받을 수 있었던 건 예전부터 정해져 있던 일이 아니었을까 라고 이제 와서 생각해 봅니다.

월면의 경비 메카닉인 켈베로스는 여러 대가 있다는 설정으로, 카우즈를 끼워 넣은 버전 같은 것이 있어도 괜찮을 것이다. 노이스포터와 같이 얼굴 부분이 없으니 캐릭터 같지는 않지만, 포탑에서 나와 있는 얇은 스프링 레이저가 너무 작아서, 마치 '크레용 신짱'(짱구)의 거시기같다는 느낌. 얼굴을 인식할 수 있는 KK켈베로스보다 이쪽의 켈베로스를 좋아하는 사람은, 공장 플랜트를 좋아하는 사람이 느끼는 요소를 찾아내는 '변태'겠지요. 놀랍게도 KK켈베로스는 오리지널과 마찬가지로 1/20스케일로, 레진제 풀 키트로 발매되어 헥사 모델에서 구입이 가능하다(2014년 10월 현재. http://hexamodel.com/).

GLADIATOR

글래디에이터

첫 공개 : 월간 하비재팬 1984년 8월호

1/20 scale

scratch built by Kow Yokoyama

photo by Akishige Hommatsu (STUDIO R)

『항공팬(航空ファン)』에서 잘라낸 사진. 이걸 40년동안 계속 보고 있을 정도로 변태인 것 이다. 무엇인가 손으로 쓴 메모도 붙여 있는 것이 무섭다. 메모를 붙여놓은 곳에 중요한 것이 일본어로 써 있었건 것 같기도 합니다. 「모델 러즈 아이」나 월간 모델그래픽스 2006년 6월호에도 이 기체에 대한 상세한 사진이 나와 있다.

글래디에이터는 형태는 둘째 치고, 만들기 전부터 도색을 정해놓은 아이템 이었다. 그 이유를 조금은 길어지지만 지금이야말로 꼭 전해야겠습니다.

지금으로부터 40년 정도 전에, 『항공팬』이라는 잡지에 메셔슈미트 Bf109의 실제 기체 사진이 컬러로 실려 있었다. 당시 중학교 2학년 이었던 나는, 이것이 호주에 유일하게 현존하는 오리지널 도색의 기체였다는 사실은 알지 못했지만, 어쨌거나 이 꾀죄죄한 도색에 완전 빠져들고 말았습니다. 얼마나 충격적이었냐면, 그 날 바로 사진을 오려서 파일에 넣고 언제나 볼 수 있도록 보관했을 정도였죠(40년이 지난 오늘도 바로 꺼냈습니다). 물론 그 후에 만드는 Bf109의 프라모델은 전부, 이 사진에 나온 것과 똑같이 만들겠다고 결심을 했지만, 중2때부터 에어브러시를 가지고 있었어도, 전혀 재현을 하지 못해서, 만족할 수 없는 완성도의 Bf109가 차례로 완성되어갔었죠.

그 사진을 처음 본 중학교 2학년 학생도 미대를 졸업하고, 그림을 그리고 모형을 만들면서 어느 새인가 프로의 말석을 차지하게 되었습니다.

데라야마 슈지씨의 영화에서 화가인 고다 사와코씨의 조수를 한 덕분에, 모든 회색 톤의 조절 법을 단기간에 완벽하게 쓸 수 있게 되었다고 생각했습니다. 게다가 이마이 구니타카 군이라는 Bf109를 매일 밤 이야기 할 수 있는 친구도 있겠네. 그 때 만큼 Bf109를 제대로 칠할 수 있다고 생각했던 적은 없습니다.

그런 생각을 하면서 글래디에이터를 만들기 시작했기에, 앞에 나온 Bf109사진의 색조와 반점을 재현하기로 했습니다. 만들기 전부터 그렇게 칠해야겠다고 정해놓았던 것이지요.

에어 인테이크의 느낌도 Bf109처럼 만들었습니다. 부품은 라이트닝의 것이긴 하지만. 먼저 반점을 붓으로 그려 넣고, 거기에 에어브러시를 위에서 뿌린다. 이 도색법을 그 때부터 시작했었지요.

『SF3D』의 연재는 단색 도색이 아니면 마감을 맞출 수 없는 페이스였기에, 글래디에이터 이전에는 위장 도색이 거의 없었지요. 그러니까 이 도색은 상당히 충격적이었을 것이라 생각합니다.

30년 전 여름도 정말 더웠지…. 프라모델로 글래디에이터가 나오는 것은 마치 조형 30주년 기념인 것만 같다.

거기다 특수촬영으로 불꽃을 터트릴 예정이니 로켓포를 금속으로 만들어 달라고 이치무라 히로시군이 요청을 했습니다. 총포 단속법에 저촉될만한 요청이지요. 그거 재미있겠네 라며 황동 파이프를 잘랐는데, 엄청 고생을 했네요. 어떻게 자르는지 방법을 몰라서 쇠톱으로 하나하나 잘랐기에 3개를 잘랐더니 녹초가 되었다. 지금이라면 파이프 커터가 있으니까 30연장 정도로 만들 수 있다고. 아하하하.

다리는 1개를 원형으로 만들고 레진으로 복제해서, 관절 부분에서 각도를 바꿀 수 있도록 만들었다. 본체에 다리가 장착된 부분을 전후좌우로 대칭이 되도록 공작을 했으니, 본체에서 떼어내서 180도 돌려주면 각도가 다른 다리가 돼서, 걸어 다니는 것처럼 만들 수가 있다. 촬영 할 때 어떤 모습을 보여줘야 하나를 생각하다 보면, 만약 진짜였다면 어떻게 움직이는 편이 편리한지, 어떻게 생산을 하면 편리한지 라는 것 까지 생각했다. 건방지긴 하지만 이렇게 만들면 설득력 있는 디자인이 완성된다는 것을 깨달은 작품이었던 것이다.

영화 『상하이 이인창관』(1981년 공개)에서 그리고 또 그리고 계속 그랬다. 이발소에 갈 여유도 없었기에 꼴사나운 장발이다(거짓말). 사진을 찍은 건 오니시 노부유키씨.

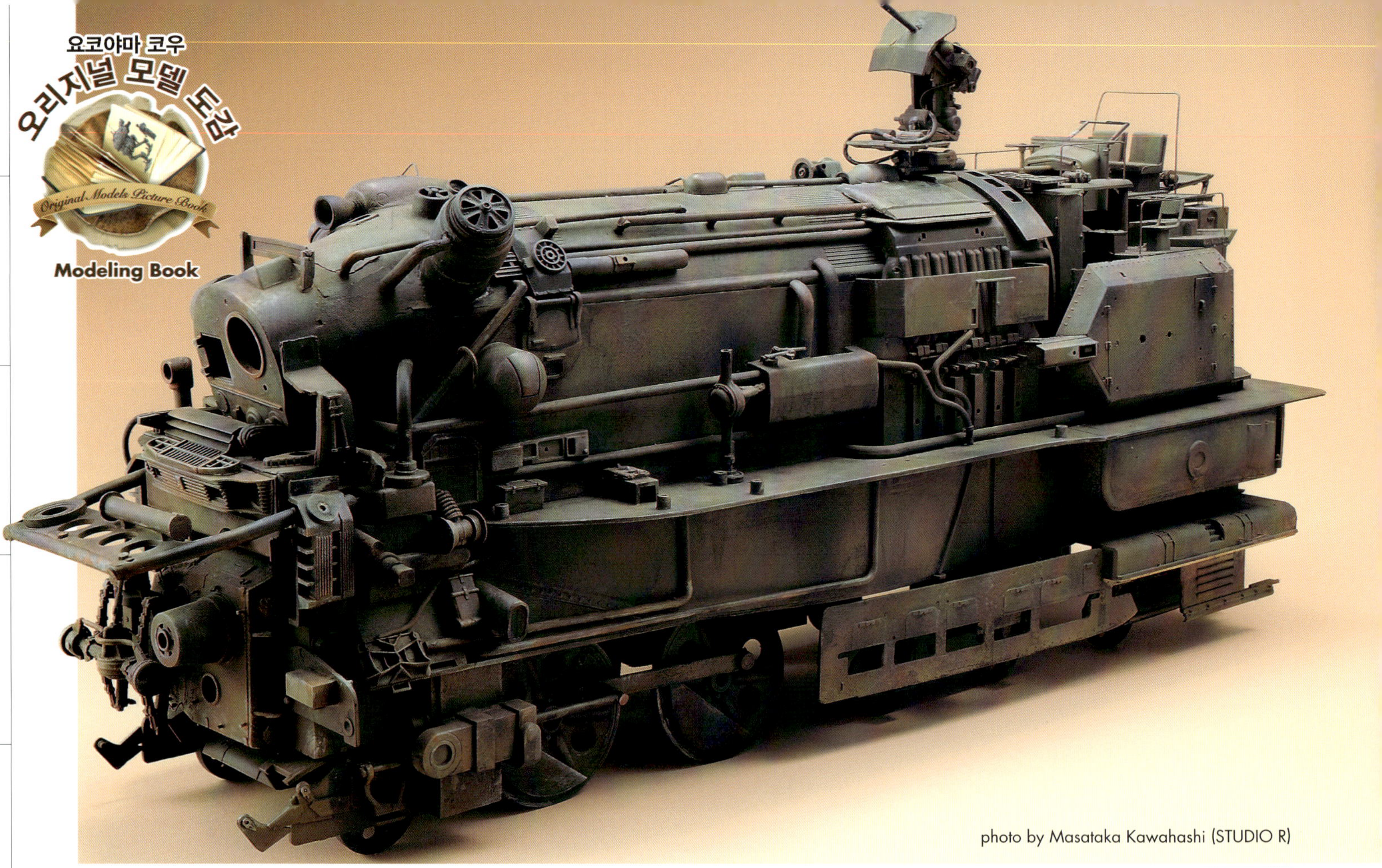

B-4500

첫 공개 : 월간 하비재팬 1983년 1월호

1/35 scale
scratch built by Kow Yokoyama

photo by Masataka Kawahashi (STUDIO R)

이 B-4500은 2, 3일 만에 만든 모델입니다. 합계 8시간 정도였나. 너트 로커나 쉥켈, 파이어 플라이 등을 만들었던 때에 사용했던 키트와 같은 부품으로 만들었지요. 본체는 새턴 로켓과 1/8맥라렌 M23을 조합했고, 마틸다나 케텐크라트와 같은 익숙한 부품이 너무 많이 붙인 것 아니야? 라고 할 정도로 붙어있다. 퍼티는 앞쪽의 윗부분에만 사용 했으며, 부품과 부품을 어울리지 않게 만들었기에, 「정크 플랜트」로 잘 알려진 다나카 요시미씨의 작품과 비슷한 느낌이네요.

당시에는 무척이나 놀러가고 싶었기에 엄청 서둘러서 만들었다. 이 B-4500은 8시간 만에 만들었으니까, 바닥면을 보면 작업 스피드가 전해져온다. 나무 블록을 순간접착제로 붙여 보려고 고생을 했었지. 흡수가 되어 붙지를 않으니까, G17이라는 본드로 나무에 붙여서 접착했다. G17이라니까 왠지 무슨 비밀조직 같네요. T-62의 로드휠은 축조차 없이, 살짝 붙여놓았을 뿐이다. KATOOO씨가 이야기를 했었는데, 파란 것은 갓 마즈의 성형색이고, 오른쪽 한 가운데 부근에 달려있는 로봇의 다리 같은 것은 미크로맨 강화 슈트인 것 같다.

런너를 파이프처럼 사용하고 있는 모습이 프로다운 느낌을 준다. '프로다운'이란 것은 사실 중요한 것 일지도 모른다. 프로란 마감이 있어서 프로답다고요. SF영화의 프롭(소도구) 역시 마감에 쫓기며 만든 것이니까. 시간이 없으니까 보이지 않는 부분은 상세히 만들지 않는다. 실물을 '재현'하는 것이 아니라, 정말로 멋있는 것을 '표현'하는 것이니, '꼭 이렇게 만들어야만 한다'는 생각은 필요 없다. 자, 과연 몇 번이나 '프로'라고 했을까요?

이 B4500을 좋아했던 사람, 꽤 많다니깐~ 지금의 철도 유행을 내다 봤던 것일 테죠. 그런 나 역시 최근에는 절판된 에어픽스제 철도모형을 모처에서 발견하고는 냉큼 사고 있으니까.

우주의 법칙과 클리어 이야기

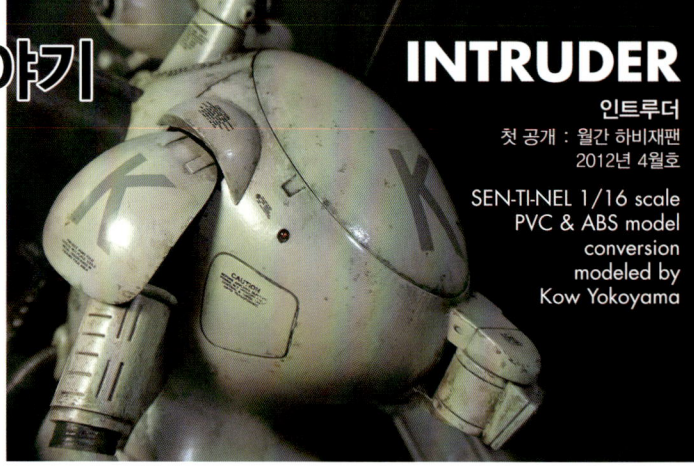

INTRUDER
인트루더
첫 공개 : 월간 하비재팬
2012년 4월호

SEN-TI-NEL 1/16 scale
PVC & ABS model
conversion
modeled by
Kow Yokoyama

인간이 형태나 색을 인식할 때의 이야기부터 시작하지요. 어떤 의미에선 바로 이 이야기를 하고 싶어서 이 책을 쓰고 있다고 해도 좋을 정도로 중요한 것을, 아주 진지하게 전하겠습니다.

인간이 뭔가를 봤을 때, 그 형태나 색, 혹은 거리나 크기를 어떻게 파악하는가를 항상 생각하고 있는 사람이 있습니다. 화가나 조각가와 같은 예술가. 혹은 양복부터 자동차나 전투기까지 만드는 디자이너. 그리고 우리와 같이 부탁받지도 않았는데 멋대로 프라모델을 만들고 있는 사람들이지요. 그렇다면 인간은 어떻게 형태나 색을 인식하는 것일까요? 간단합니다. 바로 '빛'입니다. 그렇다면 빛이 없는 암흑 속에서는 어떨까요. 손으로 만질 수 있는 것은 '촉각'으로 파악합니다. 또한 손이 닿지 않는 넓은 공간에서는, 큰 소리를 내서 소리가 얼마나 울리는 지를 듣고 얼마만큼 큰 공간인지를 이해합니다.

즉, 소리가 없는 우주에 있다는 설정으로 영상이나 프라모델을 표현할 때는, '빛'에 의존하는 수밖에 없다는 이야기겠지요. 게다가 가본 적이 없는 사람이 더 많은 우주공간인 만큼, 실제로 일어날 수 있는 법칙보다, 일어났으면 좋겠다 라는 감각으로 표현되어 있는 편이 더욱 멋지다는 것은 영화 『그래비티』에서, 다시 확인했습니다. SF의 우주는 촌스러운 고증보다, 세련되고 그럴싸한 거짓말 쪽을 더욱 보여줬으면 좋겠다고 생각하는 사람도 적지 않을 것이라 믿고 있습니다.

공기가 없는 우주 공간에서 빛은 그야말로 '풀 파워'로 눈에 들어옵니다. 밝은 부분은 엄청나게 눈이 부시고, 어두운 부분은 아무것도 안 보일 정도로 새카맣게 보이죠. 꽤나 멀리 있는 것이라도 공기 원근법에 따라 흐릿하게 보이는 일이 없기에, 작게 보이기만 할 뿐, 바로 옆에 있는 것 같은 느낌이 듭니다. 즉 사물을 자~알 보이게 표현하기 위해서는, 가장 어두운 부분과 가장 밝은 부분의 차이를 최대한 강조해서 만들면 됩니다. 어두운 부분의 수치를 0, 그리고 밝은 부분의 수치를 100이라고 가정해봅시다. 흰색과 검은색을 사용할 때, 처음부터 새하얀 색이나 새카만 색을 사용하면 0이나 10 이상을 표현할 수가 없기에, 우선은 밝은 회색과 어두운 회색을 칠해줍니다. 다들 알고 있다고 생각하지만, 100이상의 밝은 부분을 표현하려면, 그 부분이 빛나도록 만들면 됩니다. 전구를 심어 반짝반짝 빛을 내는 것도 좋지만, 광택이 있는 표면으로 만들면 10보다 밝은 부분을 만들 수 있다는 이야기지요. 노출이 심한 복장의 글래머 아가씨의 가슴부분이나 대머리 아저씨의 머리 부분에 눈길이 가는 것도 어쩌면 이러한 원리가 아닌가 싶기도 하군요.

내가 파이어볼과 같은 우주용 슈트를 흰색으로 칠할 때에 유광으로 마감하는 것은 이러한 이유였던 겁니다. 다만, 전체를 미끈미끈 번쩍번쩍하게 만들면 효과는 반감하고 말죠. 무광으로 처리한 부분이 있는 편이, 빛나는 부분과 차이가 생겨서, 더욱 눈에 들어오는 정보가 많아지는 것입니다. 요점은 명도차, 즉 밝은 색과 어두운 색의 차이가 크면 클수록, 눈에 띄게 완성시킬 수 있다는 겁니다. 색은 광택을 포함해서 조정을 하는 것이지요. 그러고 보니, 중학교 때 미술부에 있던 녀석으로, 완성한 수채화 위에다 니스를 칠한 동급생이 있었지. '유화같지 않아?'라고 나한테 자랑을 했기에 '그럴 거면 처음부터 유화 물감으로 그리면 되잖아'라고 대답했더니 아무 말도 안하더군요. 생각해보니 참 미안한 짓을 했었네….

반복해서 말하는데 흰색을 칠할 때는, 이 이상 어둡게 하면 흰색으로는 보이지 않는 한계까지 명도를 낮춘 흰색을 만들면 균형을 잘 맞춰서 사용할 수 있습니다. 물론 검은색도 더 이상 밝게 만들면 검은색으로 보이지 않을 한계까지 명도를 올린 검은색을 만듭니다. 나는 '어두운 흰색'과 '밝은 검은색'을 대량으로 만들어 놓습니다.

다음으로 클리어(도료)에 대한 이야기. 원래 자동차나 비행기의 데칼을 붙이고 그 위에 클리어 도료를 뿌리는 것은, 데칼의 단차를 없애서 톤을 자연스럽게 만드는 기법인, '갈아내기'를 하기 위해서 입니다.

물론 손으로 그린 마킹 역시 전체 도색으로 생긴 붓 자국조차 클리어를 에어브러시로 뿌리면 자연스러워 진다는 점을 기억해두면 좋다. 붓으로 칠한 위에 클리어 입자가 붙으면, 붓 터치가 에어브러시 입자로 그린 것처럼 되어 자연스러워 진다니까요. 인쇄물 같은 것 역시 같은 이치죠.

그렇다면 클리어를 뿌릴 때의 요령을 몇 가지 이야기 하겠습니다. 우선 데칼을 물로 씻어도 떨어지지 않을 정도로 확실히 붙여줍시다. 데칼을 붙일 때의 요령이기도 하지만 광택이 있는 도색 위가 아니면 제대로 밀착하지 않습니다. 빨판과 같은 이치죠. 그러니까 데칼을 붙이기 전에 무광택제를 넣은 도료를 사용하는 것은 절대로 하지 맙시다. 광택은 완성 후에 어떻게든 조절할 수 있습니다.

클리어를 뿌렸더니 데칼이 녹거나 쪼그라들었다는 사람이 있는데, 데칼이 밀착되지 않아서 그런 겁니다. 클리어는 데칼을 항상 녹이고 있죠. 도료 피막도 클리어를 뿌리면 표면이 녹게 됩니다. 이것을 가만히 잘 건조시키면, 데칼 위로 사포질을 할 수 있을 정도로 딱딱해집니다. 무광택으로 만들고 싶을 때에도, 먼저 광택 클리어를 조금씩 몇 층이고 반복해서 뿌려주는 것은 다들 알고 있겠지요. 클리어를 뿌린 다음, 웨더링을 에어브러시로 넣어두면 콤파운드로 불필요하다 생각되는 부분을 지우개질 하듯이 지워낼 수 있습니다. 광택 마감이면서도 웨더링이 돋보이도록 마무리 지을 수 있단 것이죠.

이것은 『SF3D연재 최종회(월간 하비재팬 1985년 12월호)에 등장한 뉴 파이어볼. 메탈기어 시리즈로 잘 알려진 신카와 요지씨에게 이 책의 추천사를 부탁했다. 그러자 놀랍게도 뉴 파이어볼을 그려주신 게 아닌가! 신카와씨도 마쉬넨 마니아셨군요. 고맙습니다.

도색 작업용 배기 덕트를 설치

에어브러시를 뿌릴 때는 도색 부스를 설치합시다. 만약 그게 곤란하다면, 좀 심하게 들릴지도 모르겠지만, 차라리 밖에서 사용하거나 붓으로 칠하시길.
방진마스크를 하지 않으면 오래 살기 글렀다고 봐야합니다. 에어브러시와 아크릴 도료로 그림을 그렸던 일러스트레이터 중에 마스크를 하지 않고 사용했던 사람은 전부 죽었다고 하죠. 유기용제를 사용하지 않음에도 불구하고 말입니다. 뭐, 이 취미가 어떤 의미에서 스카이다이빙보다 더 목숨을 걸고 하는 취미라는 사실을 인식한다면 괜찮습니다. 물론 즉사할 일은 없겠지만.
이것은 Mr.웨이브의 도색 부스(참고로 생산종료). 제대로 안정된 상태로 놓기 위해 나무로 받침대를 자작했다. 덕트의 끝 부분을 환풍기에 연결하면 완성이다. 본체의 팬과 창문의 환풍기 두 개로 빨아들이는 트윈 터보다. 이탈리아어로 하면 비트루보(BiTurbo, 트윈 터보)죠. 마세라티처럼 근사하지 않수?

photo(NEW FIREBALL) by Akishige Hommatsu (STUDIO R)

파이어볼을 칠해보자!
광택과 무광택의 영토 쟁탈전

붓으로 흰색을 칠하고, 에어브러시로 뿌린 클리어가 완전히 건조되면 사포질을 하고, 그 위에 웨더링 도색을 뿌려준 다음, 컴파운드로 지워준다.

여기서 칠하는 것은 센티넬의 흰색 파이어볼이다. 레인보우 에그에서 나온 프라울러의 개조 부품을 사용해서 무장형으로 만들었다. '프라울러'라 하니 생각난 건데, 그루먼사에서 A-6 '인트루더(침입자)'를 개조한 것과 비슷할 지도?
①문자 주위의 노란색이 도는 성형색을 조금만 남기고, 더 흰색으로 칠합니다. 이렇게 해주면, 30년도 더 전의 파이어볼의 오리지널 모델처럼 데칼의 필름이 황변한 것 같은 느낌이 듭니다. 여러분들이 최초로 파이어볼을 보고 감동했을 때의 요소를 넣어두고 싶었기 때문입니다. ②붓으로 흰색을 다 칠하고 나면 클리어를 에어브러시로 뿌립니다. ③4~5회로 나눠서 클리어를 뿌립니다. 붓자국의 단차도 보이지 않고 반짝반짝 탱글탱글해진 상태. ④탁상 송풍기의 바람을 5시간 정도 쐬어주면 꽤나 잘 마릅니다. 가능한 시간을 들여서 건조시키는 편이 좋다. 이것을 1000번 사포를 써서 갈아냅니다. 데칼이나 붓 자국의 단차를 없애는 느낌으로 정성껏. 살살 갈아내다가 바탕색이 사포에 묻어나온다면 클리어의 두께가 모자란 것이지요.

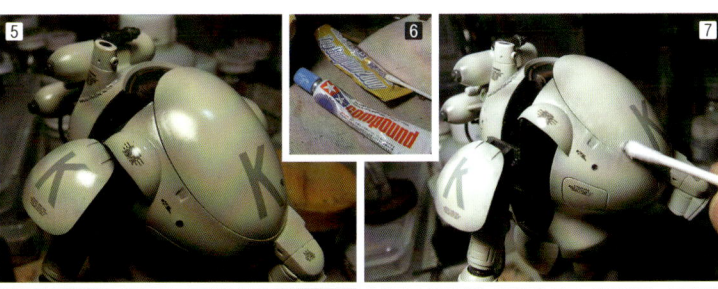
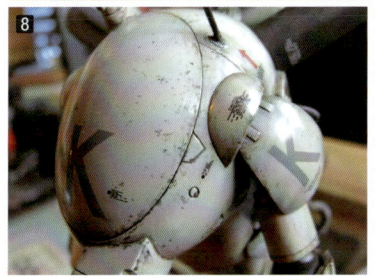

⑤아폴로 우주선의 사진집을 보고, 월면에서는 탄광에서 일하는 사람처럼 검댕이 묻는다는 사실을 알았습니다. 해치 주변이나 발밑과 같이 달의 흙이 묻을 것 같은 부분에 래커계의 약간 어두운 회색을 에어브러시로 뿌립니다. ⑥⑦컴파운드를 면봉에 묻히고 표면을 닦아주면서 웨더링이 너무 심하게 된 부분을 정밀하게 제거해줍시다.
⑧다시 클리어를 뿌리고, 면봉으로 지워준 웨더링 상태를 보존한다. 그리고 에나멜계 도료로 워싱과 치핑을 해줍니다. 그리고 클리어를 뿌려가며 마음에 드는 광택으로 조절합니다. 꽤나 귀찮은 과정이죠? 물론 이 다음에 코픽(Copik, 마커의 일종으로 에나멜 신너에 반응)을 사용해서 자기 마음에 들 때까지 웨더링을 해도 좋습니다.

완성!

FIREBALL

파이어볼 2012년 제작

WAVE 1/20 scale plastic kit
modeled by Kow Yokoyama

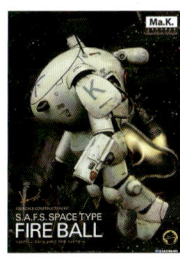
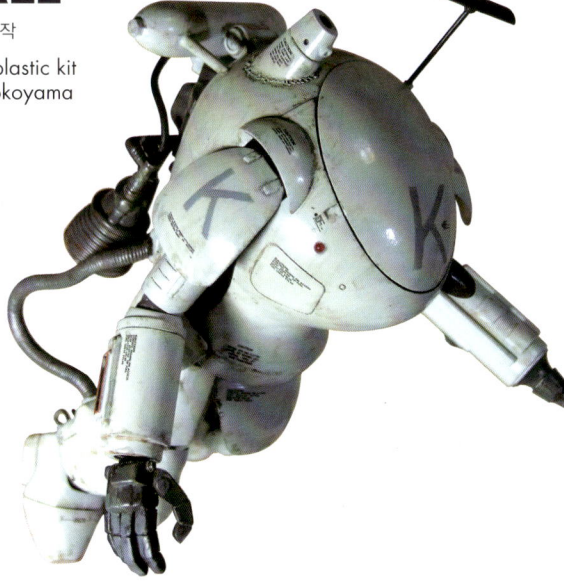

1/16의 다음은 1/20의 파이어볼도 도색한다. 광택 도색이나 면봉으로 웨더링을 지워주는 등 같은 기법으로 칠하고 있다.

헬멧에는 해골을 칠했다. 해치를 열었더니 안에 있는 사람이 해골이라는 작품은 많이 있지만, 헬멧이라면 무서워하지 않아도 되지요.

어째서인지 아머가 떨어져나가면 슬프다

접착제가 필요없는 웨이브제 프라모델은 움직여서 가지고 노는 사이에 부품이 떨어지기 십상인 부분이 있다. 톡하고 떨어지는 어깨 아머는, 힌지 위에 뚜껑을 덮어주듯 프라판을 붙여주면 된다. 허리 아머는 롱노우즈로 가볍게 조여주면 OK. 너무 세게 조이면 부러지니 주의하자.

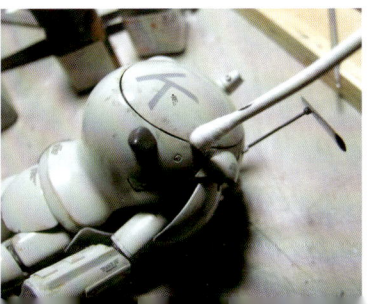

FIREBALL

Ma.K. Modeling Book 047

클리어를 뿌리고 닦아내는 건 '마키에'와 같은 기법이다

(※주 : 蒔絵, 금·은가루로 칠기 표면에 무늬를 놓는, 일본 특유의 공예)

여기서는 클리어를 뿌려서 색칠한 위장색 시피그의 도색 프로세스를 살펴봅시다. SAFS계열 우주 슈트를 만들 때의 포인트이기도 합니다.

위장색을 붓으로 칠하고 에어브러시를 뿌리는 이유입니다만, 실제 기체에 스프레이 건으로 칠해진 위장 무늬를 키트에서 재현을 할 때, 에어브러시만으로 경계선을 그려주면 어째서인지 흐릿하게 완성이 되지요. 그건 바로 에어브러시가 원래 사진 수정을 위해 사용되었던 도구로, 인간의 눈길이 그쪽으로 가지 않도록 수정하기 위한 도구이기 때문입니다. 말하자면 지우개에 가까운 표현인 것이지요. 인간은 흐릿한 경계선에는 시선이 가지 않게 되어있습니다.

이와 반대로, 눈은 흰자 위에 확실하게 검은색 눈동자가 있고, 이 경계선은 확실하게 구분되어 있지요. 동물이었을 때부터 상대의 눈을 보고 생각이나 감정을 읽어내는 것을 계속해왔기 때문입니다. 그러니까 붓으로 그린 것 같은 확실하게 색이 나눠진 부분이 없으면 인간의 눈에는 반응하지 않는다는 것입니다. 이러한 위장 도색을 재현하는 경우, 붓으로 칠하고 나서 에어브러시로 흐릿하게 만드는 것이 가장 좋은 방법이라는 것이 이해되셨는지? '에어브러시'의 거장인 소라야마 하지메씨는 99% 붓으로 그린다는 것을 알고 계셨나요? 아, 물론 그 1%의 에어브러시 사용법도 정말 대단하지만 말이죠.

SEAPIG

시피그 2014년 제작

WAVE 1/20 scale plastic kit
modeled by Kow Yokoyama

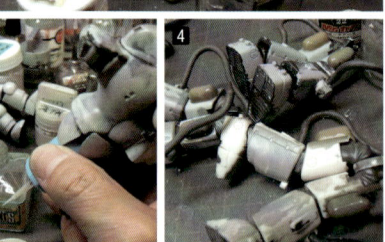

①SAFS계열을 칠할 때는 이런 느낌으로 나눠서, 진한 회색을 먼저 붓으로 칠합니다. ②보디는 앞에서도 설명했듯이 GSI 크레오스의 무수지 플라스틱용 접착제의 뚜껑을 양면테이프로 붙여주면, 쉽게 칠할 수 있습니다. 접착제로 사용할 때는 조심스럽게 사용하니, 본말전도잖아. ③책상 위에 바로 놓는 것 보다 조금 위에 있기에, 더욱 손에 가까운 곳에서 칠할 수 있어 편리하다. 1번 붓으로 위장 패턴을 먼저 칠합니다. 검은색 레이돔도 경계에 맞춰 칠합니다. ④허벅지의 뒤쪽은 올리브 그레이로 3체 분을 한 번에 칠해줬다.

"공작 테이블 님. 주문하신 보틀 나왔습니다~"

가이아노츠의 희석액이나 두유 병은 입구가 한쪽으로 치우쳐있다. 여기를 밑으로 해서 따르는 사람도 있지요? 하지만 입구를 위에다 놓고 공기를 잘 빼가면서 따르는 것이 정답인 것이다. 나는 모델러인 도키하마 지로 군에게 배웠습니다. 특히 툴 클리너 같은 강한 용제를 흘리면 큰일이 나니까 반드시 입구를 위로해서 따릅시다. 나처럼 사진을 찍어가면서도 여유롭게 따를 수 있다고. 이걸 모르면 인생의 절반 정도의 모형을 엉망으로 망칠지도 모른다고.

 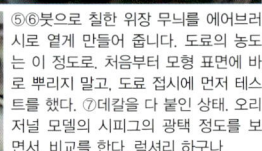

⑤⑥붓으로 칠한 위장 무늬를 에어브러시로 옅게 만들어 줍니다. 도료의 농도는 이 정도로. 처음부터 모형 표면에 바로 뿌리지 말고, 도료 접시에 먼저 테스트를 했다. ⑦데칼을 다 붙인 상태. 오리지널 모델의 시피그의 광택 정도를 보면서, 비교를 한다. 럭셔리 하구나.

⑧데칼을 정착시키기 위해, 유광 클리어를 뿌립니다. 제작시의 사진을 스테디 캠으로 찍었더니, 오른손 하나 만으로 도료를 병에서 개조 머들러(※주 : Muddler, 휘젓기용 소형 막대, 여기에서는 스푼처럼 생긴 것을 구부려서 사용)로 떠서 에어브러시의 컵 안에 넣을 정도가 되었다. 우와 나 굉장하네. 이 머들러를 구부리기만 한 도료 스푼을 만들기 위해 몇 개의 머들러가 희생되었는지, 스테인리스 1장으로 프레스 된 것을 찾지 않고서는 만들 수 없으니까. ⑨클리어 도료가 마르면, 1000번 사포부터 점점 눈이 고운 사포로 사포질을 합니다. 데칼의 단차가 없어지면, 그대로 컴파운드로 번쩍번쩍 광을 내도 됩니다. 광택이 너무 과하다 싶으면 무광택 클리어를 뿌리면 됩니다.

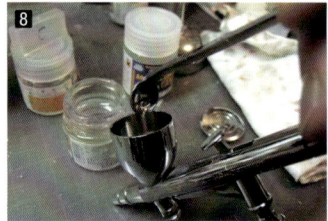
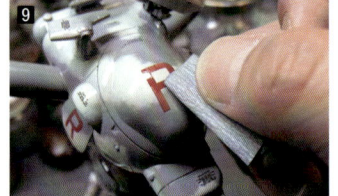

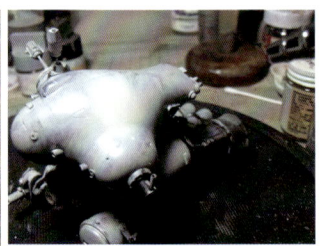

왼쪽의 루나간스 역시 붓 칠을 한 다음 에어브러시를 뿌렸습니다. 우선 손이 닿는 곳을 붓으로 칠합니다. 마지막까지 붓 칠을 즐기는 것도 좋습니다만, 마감이 기다리고 있다면 우선은 효율을 생각해서 칠해야만 합니다. 대강 에어브러시로 같은 색을 뿌립니다. 붓 터치를 남기고 싶을 때는, 도료가 고르게 입혀지지 않은 부분을 노려 클리어를 뿌려주면, 적당히 보기 좋을 정도의 붓자국 터치가 남습니다.

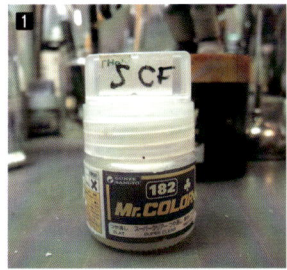

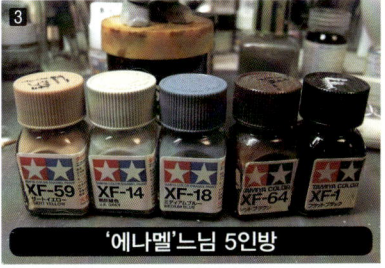

'에나멜'느님 5인방

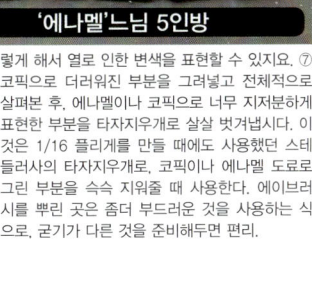

①지금부터는 웨더링 작업이다. SCF라 적혀있지요. 슈퍼 센터 포워드 같은 느낌인데 사실은 슈퍼 클리어 플랫이란 뜻. ②이 무광택 클리어를 전체적으로 뿌리고 나서, 에나멜 도료로 웨더링을 넣습니다. ③웨더링이나 쉐도우 도색에 사용하는 에나멜 5색. 에나멜 갓 파이브. 이 5색을 잘 조색하면서 쉐도우 도색에 사용한다. ④도료 접시에 5색을 꺼내어 장소에 맞춰서 색을 사용합니다. 브라운에 XF-14를 섞어주고 있는데, XF-14는 흰색 대신에 밝게 만들고 싶을 때 사용한다. ⑤브라운 색 쉐도우를 패널라인에 칠한다. ⑥노즐에는 푸른 색조가 강하게 들어간 것을 칠해줍니다. 이렇게 해서 열로 인한 변색을 표현할 수 있지요. ⑦코픽으로 더러워진 부분을 그려넣고 전체적으로 살펴본 후, 에나멜이나 코픽으로 너무 지저분하게 표현한 부분을 타자지우개로 살살 벗겨냅니다. 이것은 1/16 플리게를 만들 때에도 사용했던 스테들러사의 타자지우개로, 코픽이나 에나멜 도료로 그린 부분을 슥슥 지워줄 때 사용한다. 에이브러시를 뿌린 곳은 좀더 부드러운 것을 사용하는 식으로, 굳기가 다른 것을 준비해두면 편리.

굳이 막지 않아도 괜찮아요

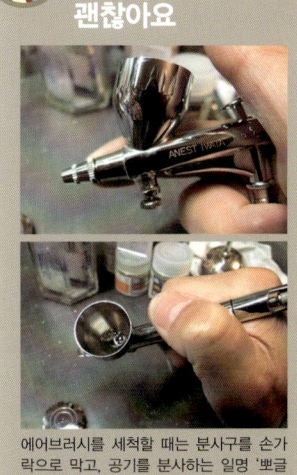

에어브러시를 세척할 때는 분사구를 손가락으로 막고, 공기를 분사하는 일명 '뽀글이'로 청소하는 것이 정착되었습니다. 앞쪽 끝 부분이 왕관형태로 되어있는 것은 막지 못하는 것 아닐까, 라고 생각했는데, 사진처럼 노즐의 2번째 나사를 풀어주면 간단히 '뽀글이'를 할 수 있다는 것, 다들 알고 계셨는지? 이와타의 에어브러시 담당 아가씨가 알려준 방법인데, 다들 너무도 당연하게 알고 있었다고 한다. 도료나 에어가 분사되지 않고 컵 안에서 공기가 보글보글 역류해서 간단하게 청소할 수 있습니다. 우와~ 참 편리하죠?

SAFS계열 슈트 해치 주변의 중요한 이야기

다른 SAFS계열 슈트에도 응용을 할 수 있는, 시피그의 해치 주변의 일반적인 공작이나 도색법을 정리해봤습니다.

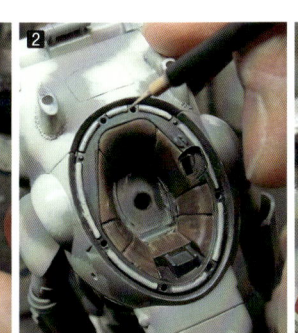
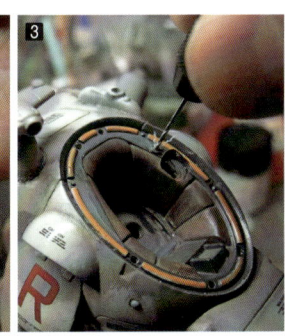

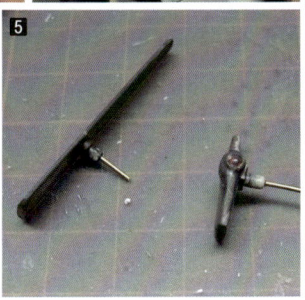
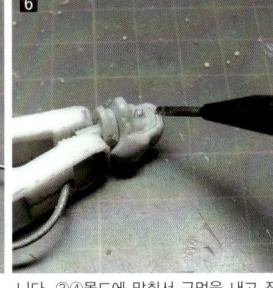

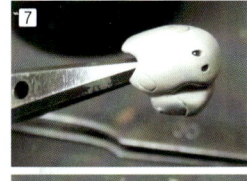
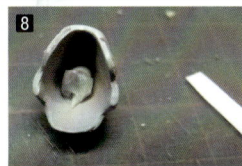
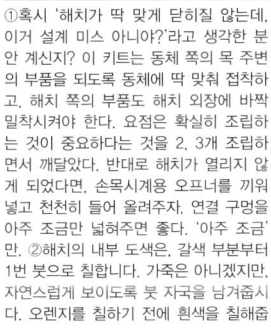
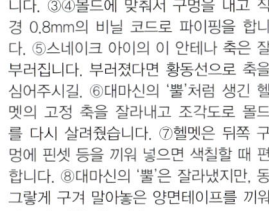

①혹시 '해치가 딱 맞게 닫히질 않는데, 이거 설계 미스 아니야?'라고 생각한 분 안 계신지? 이 키트는 동체 쪽의 목 주변의 부품을 되도록 동체에 딱 맞춰 접착하고, 해치 쪽의 부품도 해치 외장에 바짝 밀착시켜야 한다. 요점은 확실히 조립하는 것이 중요하다는 것을 2, 3개 조립하면서 깨달았다. 반대로 해치가 열리지 않게 되었다면, 손목시계용 오프너를 끼워 넣고 천천히 들어 올려주자. 연결 구멍을 아주 조금만 넓혀주면 좋다. '아주 조금'만. ②해치의 내부 도색은, 갈색 부분부터 1번 붓으로 칠합니다. 가죽은 아니겠지만, 자연스럽게 보이도록 붓 자국을 남겨줍시다. 오렌지를 칠하기 전에 흰색을 칠해줍니다. ③④몰드에 맞춰서 구멍을 내고 직경 0.8mm의 비닐 코드로 파이핑을 합니다. ⑤스네이크 아이의 이 안테나 축은 잘 부러집니다. 부러졌다면 황동선으로 축을 심어주길. ⑥대마신의 '뿔'처럼 생긴 헬멧의 고정 축을 잘라내고 조각도로 몰드를 다시 살려줍니다. ⑦헬멧은 뒤쪽 구멍에 핀셋 등을 끼워 넣으면 색칠할 때 편합니다. ⑧대마신의 '뿔'은 잘라냈지만, 동그랗게 구겨 말아놓은 양면테이프를 끼워 넣으면 탈착 가능하다.

완성!

우주용 슈트와 같은 비행체를 스탠드에 장식할 때에는 축 구멍을 스탠드의 중심에서 빗겨서 내면 안정적으로 세울 수 있다.

링거 맞아본 적 있수?

RACCOON

라쿤
2013년 제작

WAVE 1/20 scale plastic kit
modeled by Kow Yokoyama

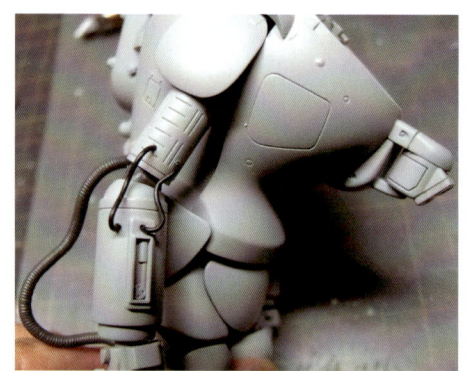

　라쿤의 코드에 대한 이야기입니다. 오리지널 모델을 만든 것은 1983년, 지금으로부터 30년도 더 전이지요. 프라모델 키트로 발매가 결정되었기에, 오리지널 라쿤도 네트 로카나 제리와 같이 닛토의 설계부서에 맡겼습니다. 맡긴 오리지널을 바탕으로 프라모델은 설계되어 무사히 발매되었습니다. 하지만 30년 전에 헤어지고 난 후 지금까지 한 번도 라쿤의 오리지널을 못 봤습니다. 왜냐하면 닛토의 화제로 소실되었기 때문입니다. 수집 대마왕이라 자부하는 나조차 소실이나 미반환에는 당해낼 도리가 없다 이거죠.

　오리지널을 잃은 것은 아쉽지만, 프라모델 키트가 된 것 자체가 매우 감사한 일이기에, 바로 마음을 고쳐 먹기로 했다. 아니 그보다 다음 작품에 흥미를 가지게 되어서, 잘 기억하지 못하기도 한다. 사실은 팔케 역시 소실되었던 것 같다… 정도로만 기억하고 있었는데, 사실은 전시대 위에서 떨어뜨린 것 같아서 거대한 금이 가 있는 것이 집 창고에 남아있었죠. 이런 일도 있었기에, 하세가와와 세토마키군이 오리지널 테이스트를 담아 더욱 샤프한 키트로 완성 시켰습니다.

　오리지널 모델의 제작으로 부터 딱 30년 후, Mr.웨이브에서 발매된 라쿤 키트를 완성시킬 때, 팔의 튜브 부분이 묘하게 신경 쓰였습니다. 팔의 튜브라던가 대롱 같은 것이 달려있는 캐릭터라 한다면 우선은, 츠게 요시하루씨가 그린 『나사식(ねじ式)』의 주인공이 떠오릅니다. 하지만 오래 살다보니, 내 자신의 몸에 링거 튜브가 '장착'된 일도 있었죠. 2011년 여름 감기가 심해져서 탈수 상태가 되었을 때도 링거가 연결되었었지. 라쿤의 팔에 달린 튜브의 위치도 신경써주고 싶은 간호사 KOW입니다. 그러고보니 아카즈카 선생님이 그린 카오루짱 역시 『천재 바카본』(※주 : 天才バカヴォン, 국내에는 『얼렁뚱땅 반쪽이네』라는 제목으로 소개됨)에서도 간호사가 된 적이 있었지. 아직 읽어본 적이 없는 사람이 부러울 정도로 재미있다고.

　이러한 '유저 프렌들리'한 기분으로 라쿤의 튜브 장착위치도 바꿔주자고 생각한 것입니다. 닛토의 키트 설명서에 나온 대로 구 설정으로 만들면, 튜브가 교차하거나, 조금 길어져서 실제 병기였다면 고장원인 베스트1이 될 것 같은 처리법입니다. 레인보우 에그의 1/16 라쿤 개조 키트를 만들 때를 계기로 오랫동안 신경이 쓰였던 팔의 튜브 장착 위치를 개선했죠.

　웨이브제 'Ma.K.'의 키트는 기본적으로 접착제가 필요 없이 조립할 수 있는 사양으로 되어있습니다. 하지만 비닐 코드나 금속제 안테나와 같은 다른 재질의 부품은 들어있지 않습니다. 이런 부분은 각자, 자신이 좋아하는 방향으로 추가공작을 하고들 계시더군요. 라쿤 팔 튜브의 새로운 장착 위치나, 많은 질문이 들어오는 발목에 사용하는 코드의 두께나 길이 등, 설명서에는 없는 추가공작을 적어 놓을 테니 처음 만드는 분들에겐 참고가 될 듯싶지만… 혹시 '벌써 했는데요?'나 '훨씬 간단히 만드는 방법도 알고 있는데~'라는 분이 계시면 나한테만 조용히 알려주시길.

● 팔 부분의 튜브

①튜브를 붙이기 전에 뚫는 구멍은 연필로 먼저 그려놓습니다. 몇 군데를 그려 넣은 것은, 어디에 붙여야 할지 아직 고민하고 있기 때문입니다. ②이 위치로 결정! 직경 0.8mm의 비닐 코드를 2cm 정도 사용했습니다. 구멍 지름이 딱 맞는 크기인 경우, 비닐 코드는 들어가지 않기 때문에 0.9mm의 드릴로 구멍을 뚫어줍시다. 이 0.1mm의 틈새에 순간접착제를 흘러넣어야 하니까 말이죠.

● 발꿈치 부분의 튜브

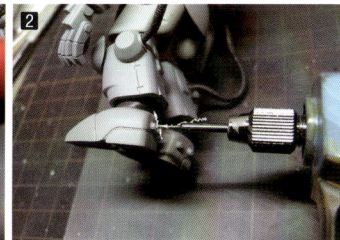
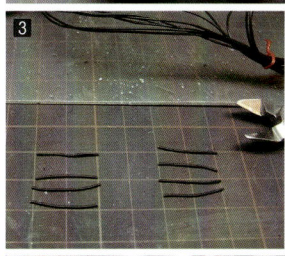
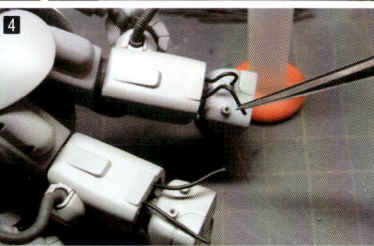
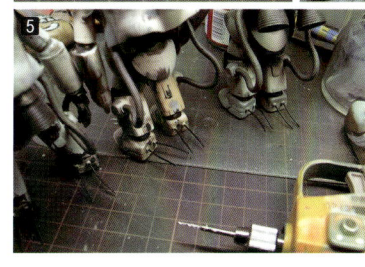

①우선은 뚫어 놓은 구멍의 중심을 자작 철필로 작은 구멍을 찍어 둡니다. ②여기를 가이드로 삼아 0.9mm의 드릴로 구멍을 냅니다. ③0.8mm의 비닐 코드를 1개 2cm x 4개를 사용. 코드는 아키하바라의 전기재료 판매점에서 사면 SAFS계의 발꿈치 튜브라면 200개 정도는 만들 정도의 길이다. ④코드는 핀셋으로 잡아주면서 끼워서 길이를 결정한다. 그리고 순간접착제로 고정해줍시다. ⑤당연한 얘기겠지만, 여러 개를 한꺼번에 모아서 자르고 공작하는 것이 편리!

● 직선 안테나

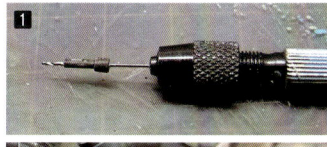

①라쿤의 안테나는 SAFS와는 다르게 직선이었지요. 살짝 장착 각도를 바꿔봤습니다. 먼저, 안테나 밑동 부분의 부품을 0.5mm 드릴로 관통시킵니다. 양방향에서 조금씩 뚫어나가서 한 가운데에 터널이 개통시키는 것이 요령이죠. 세이칸 터널(※주 : 青函トンネル, 일본 혼슈와 홋카이도를 잇는 해저터널) 역시 같은 방법으로 개통시켰다니까~. ②0.5mm 피아노선이나 황동선을 관통시키고, 장착 부분만 살짝 각도를 바꿔줍시다. 안테나 계통은 활동선을 사용할 경우, 도료가 벗겨졌을 때에 금색이 드러나는 건 좀 아니니까, 산화 처리를 해주는 것이 바람직하다. ③장착 부분의 틈새를 메워주면 더욱 멋있어 보인다. ④런너 늘인 것 등을 먼저 틈새에 넣고, 그래도 남는 틈에는 검은색 순간접착제를 칠해서 완성시킵시다. ⑤검은색 순간접착제야말로 타미야의 경화촉진제를 사용할 것을 추천! 접착제로 손가락을 검게 만들 필요가 없다고~!!

● 보디의 램프

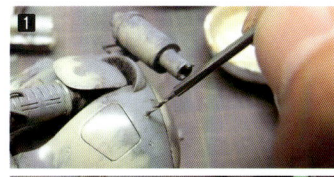

①손가락으로 드릴을 가지고 조심스럽게 구멍을 내줍니다. 제 경우엔 원래 있는 몰드 부분에 1.5mm정도의 구멍을 냈습니다. 관통시키면 지금부터 집어넣으려하는 렌즈가 동체 안으로 떨어지니까 주의합시다. ②구멍에 어두운 회색을 칠합니다. ③여기에 에폭시로 만들어진 미니캐봄 렌즈를 붙입니다. 하지만 이 렌즈, 이미 예전에 절판이 되어버렸으니… 웨이브나 사카츠(さかつう)같은 메이커에서 최근에 발매한 렌즈를 사용하는 방법밖에 없을지도, 캐노피나 라이트처럼 투명한 부품을 사용한 곳을 순간접착제로 접착하면 부옇게 흐려질 우려가 있으니, 망설이지 말고 목공 본드를 사용합시다. 마르면 투명해지고 강도도 꽤 좋습니다. ④이 부분의 램프는 로버트 하인라인의 『스타쉽 트루퍼스』를 읽은 직후였기에, 그 설정을 흉내내서 컬러 타이머와 같이 만들었다. 아마도 '문제가 없을 때는 파란색'이라는 설정이었을 것이다. 오리지널은 그렇게 칠했지만, 언젠가 빨간색으로 만들지도 모르겠다. 빨간색이면 안에 있는 사람의 상태가 위험한 상태다. 사람이 타고있지 않을 때에는 램프가 꺼져있을 테니, 어두운 클리어로 칠하겠죠.

부러진 드릴날의 활용법

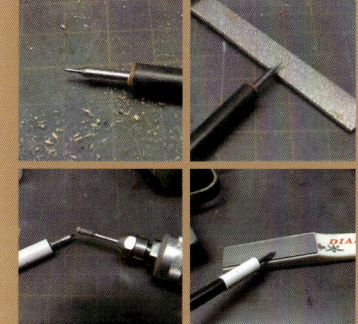

자랑할 일은 아니지만, 나는 핸디 드릴에 붙이는 0.8mm날을 잘 부러뜨려먹곤 한다. 레진 등에 구멍을 낼 때 날이 꽉 물려서 빠지지 않을 때가 있는데, 날을 조심조심 빼보려 하다가는 결국 부러뜨리기 일쑤이다. 게다가 이젠 0.8mm의 날을 더 이상 단품으로 팔지 않는다. 세트로 묶어 팔고 있기에 다른 사이즈의 드릴 날만 점점 더 늘어나고 있다. '아놔~ 책임자 좀 나와!!' …아차, 이건 아니고, 뭐~ 부러진 드릴날도 잘만 가공하면 편치로 사용할 수 있으니 버리지 말고 잘 가지고 있자는 얘기이다.

못 쓰게 된 붓의 자루 중에서 쓰기 딱 좋은 두께의 녀석에 드릴날과 같은 구경의 구멍을 내고 자루로 삼아줍시다. 다이아몬드 줄이나 다이아몬드 라우터로 날을 세우고, 마무리로 다이아몬드 숫돌을 사용하면 준비완료. 전부 다 다이아몬드라니 뭔가 참 호화로운 공작이구면. 다이아몬드 줄. 사실은 꽤나 저렴해서 기쁠 지경.

라쿤에 들어가 있는 피규어. 몰드만 보면 완전 '미남'이기에, 처음에는 아가씨라고는 생각 못했다. 이렇게 '잘생긴' 언니를 칠할 때에는 서구의 여배우를 참고하면 작업이 쉽다. 커다란 입이 섹시한 리브 타일러 님을 참고해서 칠해봤습니다.

'삼색 샌드위치'라고 아는 사람? 잼하고 마가린… 그리고 또 뭐였더라?

여기 이 오스카는 2013년 10월의 하비쇼에 전시하기 위해 그 전날에 완성시킨 것. 그 후로 1년, 여러분들이 기다리신 오스카의 인젝션 키트가 얼마 안 있으면 상점에 진열됩니다. 예전에 발매되었던 모델 카스텐의 키트를 가지고 계신 분이 있다면 한번 이 웨이브의 키트를 참고해서 만들어 보시길.

이번엔 이 기체에도 칠해진 샌드 옐로우, 초콜릿 브라운, 올리브 그린의 독일 전차풍 3색 위장, 이 '샌드'나 '올리브'처럼 맛있을 것 같은 이름이 나오는 슈트랄 3색 위장무늬를 칠하는 방법의 포인트를 적어볼까 합니다.

OSKAR
오스카 2013년 제작
WAVE 1/20 scale plastic kit modeled by Kow Yokoyama

photo by Akishige Hommatsu (STUDIO R)

3색 위장으로 밸런스를 잡는 것은 간단한 일

①②이 위장무늬에 사용된 3색은 보색 관계이기 때문에, 밸런스를 잡는 것이 어렵다고 여겨지죠. 현재까지 남아있는 대전 당시의 독일 전차 중에는 리스토어 과정에서 쿠키에 초콜릿을 뿌리고, 파래를 뿌린 것 같은 화려한 색으로 도색된 것이 잔뜩 있었습니다. 하지만 최근에는 잘 조색이 되어 3색의 밸런스가 잘 잡힌 실물을 볼 수 있죠. 아마도 프라모델을 잘 칠하는 사람이 조언을 한 것이 아닐까라고 생각한 것은, 나만의 생각일까요?

그렇다면 어떻게 해서 밸런스를 맞춰서 3색을 칠하는 것이 가능했던 걸까요? 사실 해결 방법은 의외로 간단합니다. 각각의 색에 다른 색을 2개씩 아주 약간 더하면 그만이지요. 보색 관계에 있는 색은 섞으면 채도가 내려갑니다. 간단하게 말하자면 화려한 색의 조합이 아니게 된다는 것이죠. 채도와 명도의 차이를 줄이는 것으로 회색으로 필터링을 한 것과 같은 효과를 간단하게 낼 수 있는 겁니다. 3색 위장으로 완성을 시킬 때야말로, 바로 옆에 있는 색과 혼색을 간단하게 할 수 있도록 칸이 나눠진 도료접시가 도움이 되죠. 맨 처음부터 1색으로 전부 다 칠하는 것이 아니라, 모형을 캔버스 삼아 3색을 마치 그림을 그리듯 칠해갑니다. 칠해놓고 뭔가 밸런스가 좋지 않은 것 같으면 옆의 색을 옅게 덧칠해줍니다. 근접하는 색과 색의 힘 차이를 컨트롤 하는 것입니다. 면적을 놓고 봤을 때 다크 옐로우가 부족하다 느껴지면 그린이나 브라운 위에 덧칠해주면 된다. 브라운이 바탕색이 된 다크 옐로우는 또 다르게 보이니, 전체적으로 차분해집니다. '프랑스의 화가가 된 기분으로 그림을 그리듯 그려나갑시다.'…라고 하면, 오히려 잘 이해가 안 가려나?

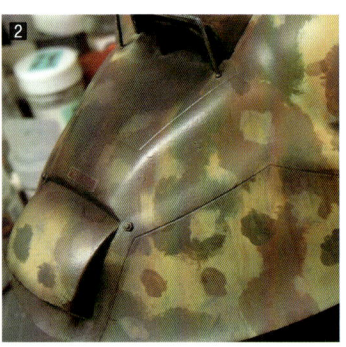

티거 전차!! 타카니 요시유키 선생님의 박스아트는 세계 제일

①이것은 타카니 요시유키(高荷義之) 선생님이 박스아트를 그리신, 니치모의 1/35 야크트판터 박스아트. 요즘에는 매일 이 박스아트를 보고 있다. 어째서냐면 2층의 화장실 벽에 걸어두었기 때문입니다. 그림의 채도가 높은 부분이 멋집니다. 빛이 강하게 닿은 부분을 표현한 것이죠. ②타미야의 1/25 티거 I의 박스아트입니다. 물론 이것도 타카니씨의 붓으로 그려진 전차 모형 박스아트의 최고봉이죠. 중학교 때까지 살고 있던 사택의 미닫이에 붙여놨습니다. 초등학교 6학년 때, 미닫이를 발로 차서 찢어서 이 박스아트를 붙일 구실을 만들었습니다. 자려고 누우면 베개 옆에 오도록 붙였으니, 몇 년이고 이 그림을 계속 봐왔던 것입니다. 타카니씨의 티거 전차 그림을 붙였던 때부터 40년이 지난 오늘까지도, 3색 위장이 머릿속에서 울트라Q의 오프닝 영상처럼 소용돌이 치고 있지요. 물론 어떻게 이런 멋진 그림을 그릴 수 있을까라고 생각해서 붙였지만 말이지요.

이러한 변태성은 물론 어른이 되어서도 그리 쉽게 고쳐지지는 않습니다. 그리고 드디어 이 원화를 직접 볼 수 있는 기회가 찾아왔습니다. 이 사진은 저번에 신주쿠의 기노쿠니야 서점의 갤러리에 전시되었을 때의 기념사진입니다. 게다가 이 날은 내방하셨던 오니시 마사미 화백의 해설로 이 그림을 바로 눈 앞에서 볼 수 있었죠. 정말이지 너무나 대단한 경험이었던 지라, 초등학교 때의 나 자신이 봤다면 즉사할 정도로 기뻐하지 않았을지….

직접 본 타카니씨의 그림은 나는 물론이고 전 세계 누구도 흉내 낼 수 없을 것이라고 다시 확신했습니다. 왜냐하면 이 그림은 나도 어렸을 때부터 사용했던 사쿠라 물감과 같은 수채화용 물감으로 그렸다고 들었기 때문이죠. 거기다 세부적 고증까지 도처에 구현되어 있고요. 양쪽의 능력을 가진 화가는 타카니씨 말고는 존재하지 않을 겁니다. 타카니씨의 3색도 전부 같은 색이 아니라, 각각의 색에 엄청난 종류가 있다는 것을 다들 알겠지요? 칠하고서 너무 화려하다 느껴지면, 다른 색을 섞어서 톤을 낮춥니다. 이 그림에 그려진 티거 전차처럼 타카니씨의 흉내를 내면 틀림없이 잘 그릴 수 있으니까. 최근에 재생된 실물 티거 전차의 도색이 사실적인 것 역시 타카니씨의 그림을 보고 어른이 된 사람들이 도색을 해서 그런 것이 아닐지…?

마무리로 MAX와타나베 군이 발명한 '코픽 모델러' 도색 기법으로 웨더링.
아, 그 전에 래커계 무광 클리어를 뿌려줄 것!

①『모델링북 1』에서도 적었지만, 일단은 코픽 모델러의 W5번(웜 그레이)을 사용해서 어둡게 만들어줍시다. ②패널라인에 따라 색을 입히는 모습. ③0번인 블렌더로 색을 닦아내듯 펴트려 주는데. 딱 사진에 나온 정도로만 웜 그레이를 남겨줍시다. ④배기구 부근은 마치 많이 때가 탄 것처럼 색을 많이 넣어도 OK. 열이 나오는 부분은 기본적으로 돔 더러워져 있는 경우가 많다. ⑤데칼로 표현된 흰색 부분은 너무 도드라져 보일 수 있으므로 주변과 조화를 이루도록 위에다 적당히 색을 칠하는 것이 좋다. 여기서 중요한 것은 반드시 무광이나 반광 클리어를 먼저 뿌려주는 것! 물론, 잘 건조시키는 것은 말할 필요도 없겠죠?

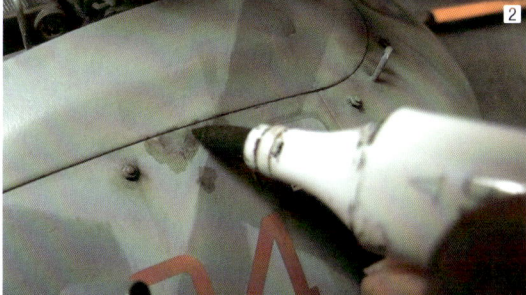
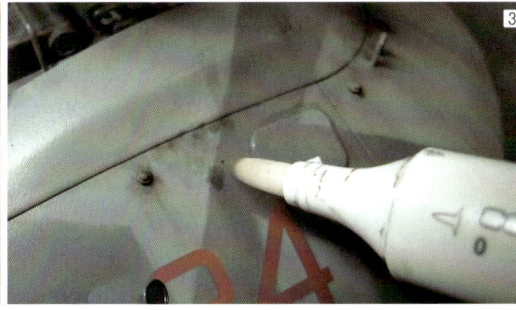
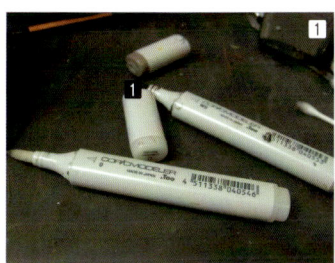

에나멜 도료에 래커를 섞어 마무리를 해주자!

①코픽만으로는 뭔가 좀 뻔히 보인다는 느낌이 든다. 따라서 추가로 에나멜 도료로 깊이를 표현해줍시다. 코픽으로 웨더링을 넣은 뒤에 다시 한 번 도료를 올려주면 칠이 벗겨진 듯한 느낌이 나면서 전투 중의 데미지 등으로 도료 피막이 박리된 것처럼 보이죠. 이번에는 플랫 블랙과 레드 브라운 에나멜 도료를 섞은 것을 은색 주유기에 들어있는 가이아노츠의 희석액(시너)으로 희석시킵니다. 어째서 이런 일을 하는지는 오른쪽의 칼럼에 답이 나와 있습니다. 이렇게 해주면 코픽으로 웨더링을 과하게 넣어줬던 부분도 쉽게 벗겨낼 수 있지요. 주유기의 철컥거리는 소리가 의욕을 북돋아 줍니다. 제 경우엔 도산한 재봉틀 가게에서 하나 받았지만, 요즘은 어디를 찾아봐도 팔지 않더군요. 요즘 나오는 플라스틱으로 만든 기름통을 사용해도 상관없습니다. 한 방울씩 희석액을 떨어뜨려서 사용하는데 한 번에 파바팍~하고 짜내면 꽤 많은 양을 짜낼 수도 있죠. ②③래커 신너로 희석한 에나멜 도료가 아주 약간 남은 상태에서 드라이브러시를 해주면, 딱 알맞은 상태로 완성된다.

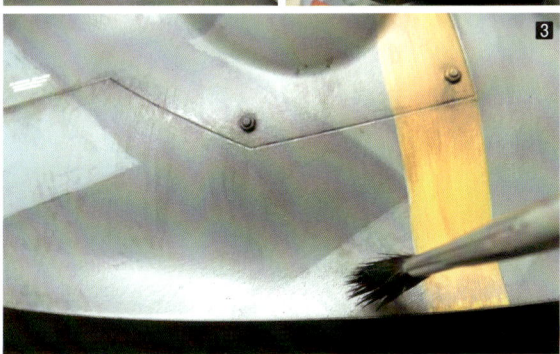

굳은 에나멜 도료는 더 이상 못 쓴다고?

아니지 아니야~ 래커 희석액에는 녹는다니까~

에나멜 도료가 굳어버리면 희석액을 부어줘도 잘 녹지 않지요. 이럴 때는 GSI 크레오스나 가이아노츠의 래커계 희석액으로 녹여서 칠해줍시다. 이렇게 하면 30년 전의 에나멜도 사용할 수 있다니까~. 내 경우엔 툴클리너로 녹여서 칠하기도 하고, 굳어있는 도료가 아니더라도, 이번에 만든 오스카처럼 바탕색이 심하게 벗겨진 느낌을 내고 싶을 때는, 에나멜 도료를 래커 신너로 희석시킨 것을 덧칠하면 효과 만점!

이쪽은 원더 페스티벌에서 판매된 텐보킷사씨의 1/76 오스카와 F-BOOT를 완성시킨 모습. 위와 같은 기법으로 완성시켰습니다. 작기 때문에, 도료도 시간도 적게 들여도 좋죠. 프레이저(Preiser)의 피규어를 추가해주면 좋을 것이다. 오른쪽에 그려놓은 인물처럼 열심히 노력하면 원더 페스티벌에서 구입할 수 있을…지도 모른다.

피규어는 살색이 중요하다는 것은 누구나가 다 알고 있다고!! 인 것이다

브릭웍스제 피규어는 하야시 히로키씨가 원형을 만들고 있습니다. 하야시씨에게 마쉬넨 크리거용 피규어 조형을 부탁한지 어언 7년. 많은 숫자의 여성 피규어를 조형해주셨습니다. 최근에 마쉬넨 크리거를 알게 된 사람 중에서는 '여자밖에 없는 세계인가요?'라고 진지한 질문을 하는 사람이 있을 정도로, 많은 미녀 피규어가 세상에 나왔습니다. 하야시씨의 훌륭한 조형 기술은 이전부터 많은 여성 피규어 제품을 보면서 실감했습니다. 1/20이라는 사이즈에서도 반드시 대단한 피규어를 만들 수 있을 것이라 확신했기에, 원형제작을 부탁했던 것이죠.

사실 마쉬넨 피규어의 팬은, 하야시씨를 필두로, 하마 하야오씨, 히라노 요시타카씨, 사이토 힐씨, 히라타 히데아키씨, 유아사 히로시씨, 미츠요시씨 이외에도 이름을 대자면 끝이 없을 정도로 수많은 훌륭한 조형가 분들과 지금, 동시대를 살고 있습니다. 일단은 이 기쁜 상황에 감사를 드리지 않는다면 천벌을 받을 것입니다. 마쉬넨 이외의 조형에서도 사가에 히로시씨, 다케이치로씨, 로쿠지로씨 등 경악할 만한 조형 실력을 갖춘 분들이 수많은 리얼 피규어를 발매하고 있습니다. 물론 다케야 다카유키씨, 니라사와 야스씨, 테라다 카즈야씨와 같은 고엔지 그룹의 존재도 잊어서는 안 되지요. 또한 이 책의 속표지 사진에서도 사용했습니다만, 여고생 피규어 제작에 있어 세계 제일인 마츠히라 다카히로도 앞으로가 기대되는 조형가입니다. 이름을 열거한 것만으로도 이렇게나 많은 조형가들이 사실적인 피규어를 만들고 있죠. 제품이 된다면 바로 그 조형을 손에 넣을 수 있게 됩니다. 이것은 틀림없이 일본의 문화사에 길이 남을 것 같은 굉장한 일이지만, 언론에서 함부로 보도되면 귀찮은(…) 일이 일어나니, 앞으로도 조용히 그냥 놔두었으면 싶군요.

『Ma.K.』의 피규어 사이즈가 1/20이 된 이유는 타미야제 레이싱팀 피규어의 존재가 전부였다는 것은 여러분도 잘 알고 계시겠죠? 그리고 이만큼 많은 훌륭한 피규어 조형가를 탄생시킨 배경에는, 역시 앞에서와 마찬가지로 타미야가 주최했던 인형 개조 콘테스트가 큰 영향을 미쳤다고 생각합니다. 예전에는 출품작으로 책 1권을 낼 수 있을 정도로 참가자가 많았으며 매번 결과를 즐겁게 기다렸습니다. 높은 수준에 매번 놀랐더랬죠. 콘테스트의 수상자 중에 그 유명한 만화가인 토리야마 아키라씨도 있었다는 사실을 알고 계시는지?

그랬던 콘테스트도 요즘에는 광고지 한 장으로 결과를 보고 할 정도로 참가자가 줄었습니다. 하지만 그 유전자는 지금 리얼 피규어 조형가에게 확실하게 이어지고 있지요. 나를 포함한 여자를 좋아하는 모형 애호가에게 있어서는 이 상황이 그야말로 천국 그 자체입니다. 이제는 Z브러시와 같은 소프트웨어를 사용해서 디지털로 조형되는 작품도 늘어나고 있습니다. 한 가지 테마에서 여러 가지 스케일로 출력하면, 유저들이 좋아하는 사이즈로 손에 넣을 수 있게 됩니다. 점점 더 수요에 맞춘 높은 조형 레벨의 피규어를 손에 넣을 수 있게 되겠지요.

하지만 '호사다마'라고, 즐거운 일이 생기면 곤란한 일도 생기기 마련인데, 레진제 피규어는 발매되면 어느새인가 '범죄자'에 의해 복제(리캐스트)되어 인터넷에 올라옵니다. 가격이 싸다고 해서 범죄자로부터 이런 복제품을 사면, 결국 조형을 하는 사람들을 잃게 됩니다. 이러한 일이 결국에는 자기 자신의 목을 죌 수도 있다는 것을 알아야만 합니다. 인터넷에서 복사된 제품을 발견한 경우에는 구입하지 말고 통신판매중개자에게 통보하도록 합시다.

『모델링북 1』이 나온 후부터 오늘까지, 하야시씨가 수많은 『Ma.K.』피규어를 만들어주셨습니다. 하야시가 만드는 피규어는 나올 때 마다 항상 조형이 진화 합니다. 모형을 손에 넣었을 때 이러한 진화를 실감하는 사람도 많을 것이라 생각합니다. 하지만 제품을 도색할 때, 이런 훌륭한 조형에 부담감을 느껴서, 쉽사리 도색을 시작하지 못하는 사람도 꽤나 있을 것 같습니다. 구입한 사람까지 같이 진화하고 정진해야 할 필요는 없으니 안심하고 도색합시다.

그런 이유로, 지금부터 용기를 가지고 색을 칠할 수 있는 이야기를 하겠습니다. 브릭웍스의 여성 피규어에 국한되지 않고 손에 넣은 것을 자신이 좋아하게 되는 중요한 키워드로 '애착이 생긴다'라는 것이 있습니다. 최근에 자동청소기가 부지런히 방을 청소하는 모습이 귀여워서, 이를 계속해서 보고 있는 사람도 있는 것 같습니다. 게다가 음성까지 나오는 제품도 나와서, 하루 종일 청소기와 대화를 할 정도로 애착이 생길정도라고 합니다. 음성이 나오지 않더라도 자동차나 공구나 청바지라도 사용하다 보면 애착이 생기기 마련입니다. '애착이 생긴다'라는 것은 그 대상이 자신의 기분을 투영하는 일이라 생각합니다. 도색이 된 피규어 역시 '나의 신부'라고 부르며, 다카하시 세이코(※주 : 일본의 참의원. 남자 피겨스케이트 선수인 다카하시 다이스케에게 억지로 키스를 하는 장면이 문제가 되었다)만큼이나 키스를 하는 사람도 있을 정도니까. 하지만 키스를 하거나 머리부터 핥으면 도료가 녹아서 건강에 좋지 않을 수도 있으니 가능한 자제를 합시다.

그렇다면 레진제 미도색 피규어에 어떻게 하면 '애착이 생기는' 도색이 가능한지를 생각해봅시다. 우선 도색 전에 부품을 씻어두는 것을 잊어서는 안 됩니다. 서페이서가 잘 먹지 않으면 공들여 칠한 도료가 완전히 벗겨져서 애착이 문제가 아니게 됩니다. 브릭웍스의 피규어에 관해서 도색 요령 한 가지를 이야기 하자면, 일단은 몰드에 몸을 맡기라는 것이다. 경악할 정도의 정보 밀도를 가진 하야시 히로키씨 조형의 피규어는 표면에 붓을 대면서 움직이는 것만으로 도색이 됩니다. 하지만 이 역시 피규어를 칠한 적이 없는 사람에게는 이해하기 어려운 감각일지도 모르니, 좀 더 알기 쉽게 설명하겠습니다. 실제 머리카락을 빗질 할 때 머리카락 결에 맞춰서 빗질하는 요령과 같습니다. 몰드의 흐름에 따라서 붓을 움직이면 되는 것이죠. 일단은 머리카락에 어두운 부분을 칠해보면 그 감각을 잘 알게 됩니다.

다음으로 살색을 칠할 때의 포인트. 이것을 전달하기 위해 이 책을 썼다 해도 과언이 아닐 정도로 중요한 일입니다. 살색을 단색이라 보고 방심했다간 모처럼 손에 넣은 예쁜 아가씨 피규어가 '진흙 인형'처럼 되고 맙니다. 다시 말하자면 살색은 단색이 아니라는 것입니다. 하지만 실제 사람의 얼굴에서 살색의 종류를 찾는 것은 어려운 일로, 이럴 때는 여성을 찍은 사진이나 회화를 보고 색을 찾아봅시다. 여기서는 오렌지 계열과 그린 계열의 살색이 나오는데, 이 2색이 보이는 사진이나 회화를 찾는 것이 요령입니다. 이를 참고로 바탕이 되는 핑크계열 살색을 칠하고 그 위에, 만들어 놓은 2색의 살색을 칠하게 됩니다만, 현명한 사람이라면 '오렌지와 그린이라는 보색 관계의 색을 동일면에 칠하면 안 되지 않나?'라고 생각할 것입니다. 그렇습니다. 보색을 잘 조합하는 것 이야말로 모든 색을 사용할 때의 중요한 포인트입니다.

화가는 오랜 역사 속에서, 표현하는 살색과 빛을 연구해온 사람들이기에, 어떻게 하면 도료를 가지고 피부처럼 보이게 하는 지를 가장 잘 알고 있습니다. 따라서, 이 사람들이 발견해놓은 살색을 피규어에서도 사용하지 않는다는 건 아까운 일이지요. 여기서 이야기 해두지 않으면 안 되는 것은, 인간의 눈은 명도차를 발견하는 쪽이 색상의 차이를 발견하는 것보다 훨씬 우수하다는 것입니다. 즉 명도가 같다면 보색관계의 색이 바로 옆에 칠해져있어도 신경을 쓰지 못한다는 겁니다. 요점은 이 2색의 살색은 명도, 즉 밝기가 같은 2색이라는 것입니다. 이 2색을 만드는 데는 흰색의 양이 상당히 많은 밝은 살색을 준비하고, 여기에 아주 약간의 그린과 오렌지를 더합니다. 명도의 차이가 없는지 확인하기 위해서는 칠하고 건조 시켰을 때 2색 중에 어두워 보이는 색이 있는지 만을 체크하면 됩니다. 그렇다고는 해도, 이 2색을 처음부터 얼굴에 칠하기에는 용기와 센스가 필요하다 생각하니, 우선은 팔이나 다리에 시험 삼아 칠하고 나서 얼굴에 도전합시다. 극단적으로 말하자면 '3색 위장'의 살색 버전이라 생각하면 됩니다.

피부를 칠할 때, 있으면 편리하다⋯기보다는 꼭 필요하다 할 수 있는 도구가, 바로 칸이 나눠진 꽃모양 도료 접시. 경계면이 꽃잎처럼 되어있는 도료 접시. 모양에 따라 차이가 있지만, 기본적으로 한 번에 몇 가지색을 컨트롤 할 수 있어서 좋다. 피부나 얼굴을 칠할 때에는 양은 적더라도, 종류를 많이 만들어놓는 것이 좋기 때문이다. 도색에 시간이 오래 걸리는 경우에는 먼지가 쌓이는 것을 방지하기 위해서라도 뚜껑이 있는 것을 마련하는 편이 좋다. 그렇다 하더라도, 꽃모양 도료 접시에 뚜껑이 달려있는 제품은 없으니, 적당한 크기의 플라스틱 뚜껑을 사용하고 있습니다.

여성을 그린 서양화를 참고하면 핑크색이 도는 살색 위에 그린색이 도는 살색, 오렌지색이 도는 살색이 한 면에 공존합니다. 어쨌든 면적이 좁은 얼굴 안에, 색상차가 나는 것을 늘어놓는 것은 어려운 일이지만, 이 만큼 피규어를 사실적으로 만들 수 있는 간단한 방법은 없다고 생각합니다. 정밀도가 높은 붓을 준비해서 도전해봅시다.

다음으로 피규어 중에서도 가장 허들이 높다고 여겨지는 얼굴의 도색입니다. 잘 만들어진 브릭웍스의 여성 캐릭터 피규어 입니다만, 눈동자 몰드는 들어가 있지 않습니다. 자신이 좋아하는 위치에 좋아하는 크기로 그려갑니다. 즉 얼굴에는 눈과 입술은 몰드와는 관계없다는 이야기입니다. 남자들이 모이면 좋아하는 여성 취향 이야기를 한다고 생각합니다만, 사실은 얼굴의 조형과 같을 만큼 화장에 좌우되는 것을 아는 남성은 적습니다. 생얼로 취향을 논한 적이 없었던 것입니다. 요즘은 여고생도 화장을 잘 하기에, 초등학생이라면 모르겠지만, 반에서 어떤 아이를 좋아하는지 라는 대화 역시 화장을 빼 놓고는 성립이 안 될지도 모르겠습니다. 이런 경우를 생각하면, 피규어를 도색하는 일은 자기가 좋아하는 취향으로 화장을 한다 생각해도 좋을 것입니다.

여기서부터는 몰드에 몸을 맡기는 것에서 다음 단계로 넘어 갑니다. 눈의 몰드나 입술의 몰드와 도색은 완전 똑같지 않으며, 오히려 몰드를 무시하는 일이 있을 정도로 자신이 좋아하는 취향으로 칠합니다. 브라운 메이크업 역시 이와 마찬가지로 눈 보다 크게 눈 주위에 화장을 하기도 한다. 눈동자도 콘택트렌즈를 껴서 더 커 보이게 만들기도 하고. 입술 역시 크게 칠하거나 작게 칠하는 것은 기본 중의 기본. 평소에 화장을 해 본 적 없는 남자가 많을 것 이니, 피규어라면 고작 뺨을 칠하는 것도 심각한 경우가 많다. 스케일 모델 자료는 엄청나게 사들이면서 피규어 도색용 자료가 없는 것은 말도 안 된다. 여튼 스케일 모델의 정점에 피규어가 있다고 생각해도 좋을 정도로. 뭐, 야한 책을 집에 쌓아놓은 사람은 많을 테니 그걸 자료로 써도 될 것이고. 하지만 야한 책을 보면서 모형을 만드는 건 뭔가 수행을 하는 것 같을 테니, 올 누드 사진은 사용하지 않는 편이 좋을 것 같다.

나는 피규어를 칠할 때 Too의 1번 붓을 쓰는 경우가 많은데, 8년 전에 일러스트레이터인 소라야마 하지메씨가 알려주신 붓이기에, 그분께는 좀 실례겠지만, 일명 '에로 붓'이라는 이름을 붙였습니다. 이 붓에 딱 좋은 농도는 조금 옅은 정도입니다. 점묘를 하듯이 세세하게 색을 얹듯이 칠합니다. 붓 칠 한번이 에어브러시 입자를 1000배로 확장한 것이라고 생각하면, 붓자국 없이 칠할 수 있게 됩니다. 최근에는 일러스트레이터나 디자이너가 폐업을 하거나 디지털로 옮겨가기 때문에, 붓의 주요 판매 타겟이 프라모델과 같은 하비 계열로 접근하고 있습니다. 게다가 여러 가지 좋은 붓이 점점 더 많이 등장하고 있습니다. 이 책에 실린 사진에 나오는 붓도 '에로 붓' 이외에도 있으니, 여러분도 자신에게 맞는 붓을 찾아보는 것을 추천합니다. 물론 어떤 붓이건 다 쓰고 나면 용제로 잘 씻어줍시다.

저는 붓을 크게 두 종류로 나눠 사용합니다. 그건 바로 붓의 종류나 용도가 아닌, 붓털을 고정하고 있는 접착제의 종류입니다. 아교를 사용한 붓은 세척을 할 때 용제에 의외로 강해서, 털이 잘 안 빠지지만, 그 반면에 에폭시계열 접착제로 붓털을 고정하고 있는 것은 어느 순간 확 빠지는 경우가 있죠. 붓이란 것이 결국 '소모품'이기에 어쩔 수 없기는 하지만 비싼 가격의 붓에는 장수를 위해 용제를 사용하는 경우, 주의가 필요합니다.

①②예전의 피규어들이 얼마나 대단한 것이었는지 사진으로 보여드리도록 하죠. 이것은 1970년대에 니치모에서 발매한 1/20 피규어 세트입니다. 동 스케일의 에어로 스바루나 휴이(코브라) 헬기 등에 부속되어있던 것을 별매품으로 내놓은 것이죠. 인터넷 옥션에서 500엔에 입수했습니다. 당연하겠지만 현재는 절판된 제품들이죠. 이 키트에 든 남자아이를 개조해서 『SF3D』의 크뢰테가 등장했던 회(1983년 7월호)에 이치무라 히로우군의 빅크군을 만들었습니다. 에디군의 친구죠. 뭐랄까 『오! 마이키』(※주 : 오・! 마이키, 국내에는 『푸콘 가족』이라는 타이틀로 방영됨)스럽기는 하지만. 타미야에서 레이싱팀 세트를 내놓기 전까지 1/20 스케일 피규어는 이것 밖에 없었으니 뭐⋯. 남은 여성 피규어를 완전 누드로 만들었더니, 제리가 실리렸던 회에서 '그거 절대 못 내보냅니다'라며 퇴짜를 먹었더랬죠. 어때요? 두께가 있는 몸통 부분도 일체 성형으로 근사하게 뽑아냈죠? (당시의)니치모의 기술이 참 대단하다 생각되어 하세가와의 고쿠분씨에게 이 키트를 건네줬더니, 마쉰넨 시리즈의 피규어를 설계하면서 부품을 전후로 분할하지 않게 되었죠. 과거의 기술이라도 종종 이렇게 굉장한 것이 있다는 얘기입니다. ③ 이쪽은 70년대에 발매된 1/32스케일 항공기 키트에 들어간 피규어다. 이 모양이어선 아무도 비행기에 파일럿을 올려두고 싶단 생각이 안 들겠는 걸? 앞줄 한 가운데는 부동의 '센터'구먼. 팔다리는 물론 얼굴도 그야말로 '완벽' 그 자체다. 지금이라면 초음파 커터로 확실히 성형 수술을 시켜줄 수 있을 테지. 요즘 키트의 피규어를 보면 얼마나 세상이 좋아진 것인지 확실히 깨달을 수 있을 것이다.

이렇게 피규어에 자신이 좋아하는 스타일의 얼굴로 화장을 하듯이 도색을 한 것입니다. 어떤가요? 도색을 하기 전 보다 애착이 생겼나요? 피규어에 국한되지 않고 모형 도색은 '사랑'이라니까.

고교시절, 발렌타인데이에 학교를 가보니, 아이돌이 될 정도로 귀여운 아이나 학교에서 엄청 인기가 많은 아이, 몇 명이 내 책상에 와서 초콜릿을 쌓아놓았습니다. '한꺼번에 같이 주면 누가 준 것인지 모르잖아. 순서대로 줄을 서서 주란 말야'라고 그 애들한테 말한 순간, 잠에서 깨어났습니다. 8년 전에 꾸었던 꿈 얘기죠. 어딘가 맛이 갔다고 생각할 수밖에 없는 꿈을 지금 이 나이가 돼서도 꾸고 있지만⋯. 모교인 미술대학에서 가르치고 있는 것은 '그림을 그릴 때 유용한 보편적 이론의 해설과 실전'입니다. 수업을 들은 학생 몇 명이 크리에이터로 데뷔를 했으니, 꽤나 도움이 되는 수업이라 자부하고 있습니다. 빛, 구도, 배색, 실감재현 등을 효율적으로 표현할 수 있는 능력을 배양하는데, 이는 피규어를 칠할 때도 작용 가능합니다. 이러한 내용을 지금부터 알기 쉽게 설명하겠습니다. 피규어는 1개를 완성시키고 다음 작업을 진행하는 것은 작업 효율 상 좋지 않기에 동시에 작업을 진행합니다. 가장 이상적인 것은 같은 것을 동시에 완성시키는 '땅콩 색칠'이지만 말이지요. 같은 일을 거의 동시에 반복하기에, 반드시 나중에 칠하는 쪽이 먼저 칠했던 것보다 나은 결과물이 나옵니다.

레진제 아가씨 피규어의 살색과 눈의 도색

아가씨 피규어에서 중요한 것은 살색과 눈의 도색. 단색으로 칠하지 말고, 바탕색을 칠하고서 칸이 나뉜 도료 접시를 사용해서 여러 가지 살색을 칠해주자.

우선은 불필요한 부품을 깎아내고 몰드를 되살립니다

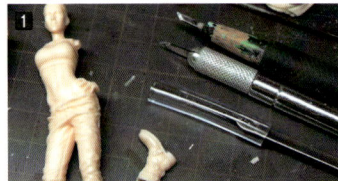
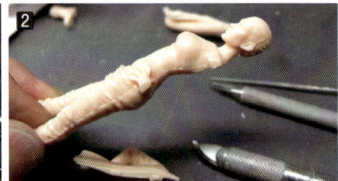
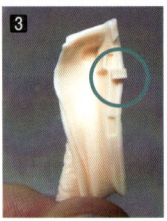
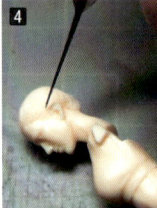
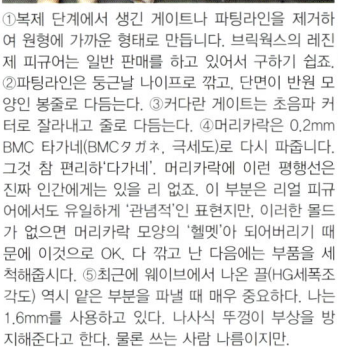

①복제 단계에서 생긴 게이트나 파팅라인을 제거하여 원형에 가까운 형태로 만듭니다. 브릭웍스의 레진제 피규어는 일반 판매를 하고 있어서 구하기 쉽죠. ②파팅라인은 둥근날 나이프로 깎고, 단면이 반원 모양인 봉줄로 다듬는다. ③커다란 게이트는 초음파 커터로 잘라내고 줄로 다듬는다. ④머리카락은 0.2mm BMC 타가네(BMCタガネ, 극세도)로 다시 파웁니다. 그것 참 편리하'다가네'. 머리카락에 이런 평행선은 진짜 인간에게는 있을 리 없죠. 이 부분은 리얼 피규어에서 유일하게 '관념적'인 표현이지만, 이러한 몰드가 없으면 머리카락 모양의 '헬멧'이 되어버리기 때문에 이것으로 OK. 다 깎고 난 다음에는 부품을 세척해줍시다. ⑤최근에 웨이브에서 나온 끌(HG세폭조각도) 역시 얕은 부분을 파낼 때 매우 중요하다. 나는 1.6mm를 사용하고 있다. 나사식 뚜껑이 부상을 방지해준다고 한다. 물론 쓰는 사람 나름이지만.

레진 전용 프라이머를 칠하자

①1/20 피규어를 칠하기 전에는 GSI 크레오스의 레진용 프라이머를 붓으로 칠해줍니다. 이거 원더 페스티벌이 다가올 즈음엔 가게에서 사라지더라고요. ②스푼 형태의 스파츌라로 떠서 1번 붓으로 칠합니다. ③칠하는 색에 따라 다르지만, 프라이머는 두껍게 칠하지 말고 몰드를 즐기는 것도 좋겠죠.

바탕색에 따라 마무리도 바뀝니다.

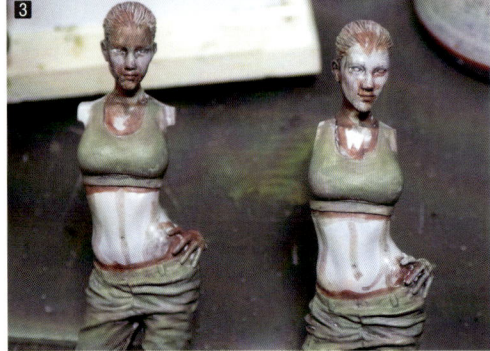

①내 경우엔 먼저 어두운 색으로 바탕색을 칠하는데, 바탕에 적색 계열을 사용하는 사람도 있지만, 빨간색은 눈에 너무 강한 색이라, 개인적으론 마호가니 색을 칠하는 경우가 많다. ②광택제거제인 탄산마그네슘이 들어간 그린 그레이를 옷에 칠한다. 천 부분은 무광으로 칠하면 피부와의 질감 차이를 손쉽게 낼 수 있다. 피부는 반광택이나 광택 쪽이 보다 '섹시'하게 마무리 된다. ③혈관이 많은 부분의 표현은 탁한 핑크 계열 색으로 칠한다.

인그레이버의 수수께끼

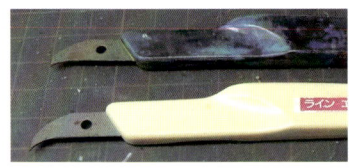

P커터나 인그레이버와 같은 홈을 파는 도구는 날이 무뎌지면, 파는 면에 처음에 닿는 곳을 갈아주지 않고 반대쪽을 갈아준다. 다만 어째서 이쪽을 가는 원리를 아직까지 잘 모르겠습니다. 누군가 알고 있는 사람이 있다면 알려주세요.

황동선으로 확실히 축을 심어주자

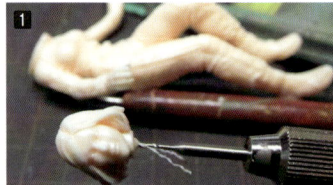
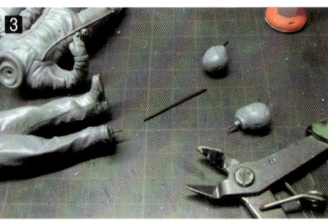

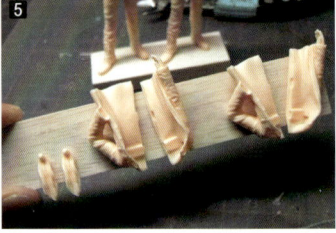

①부품과 부품을 황동선으로 연결한다. 철필로 찍어 가이드를 잡아주고 드릴로 구멍을 내주는 것은 이제 설명이 필요 없는 필수 공작이다. ②황동선은 반대쪽에도 부품을 끼워 넣고 난 후 금속용 니퍼로 잘라낸다. 한 개씩 다른 황동선을 끼우는 경우에 비해 시간이 절반으로 줄어든다. 이것은 몸과 머리가 다르지만, 양쪽 다 횔군이 원형을 만든 아저씨 피규어다. ③남은 황동선의 양쪽 끝단은 다른 부품 연결에 사용하자. 이렇게 계속 반복하면 효율이 좋아진다. ④장식대에 전시 할 때는 구두 바닥의 몰드를 피해 위치를 잡도록 하자. 몰드에 흠집을 내는 것이 아까워서 그렇긴 하지만 말이다. ⑤나무 조각에 양면테이프를 붙여 도색 준비가 끝이 났다.

옷이나 피부색을 바꿔서 완성시킨 2체. 용병군의 테스트 파일럿이라는 설정이다. 여자 축구의 호프 솔로를 생각해서 만들었기에, 나는 호프양(…)이라고 불렀습니다.

④피부 도색에는 꽃모양 접시가 정말 편리하다. 지금까지 조색한 살색과 흰색을 덜어놓고, 조금씩 섞어주면서 칠합친다. ⑤오렌지 계열의 살색을 중심으로 한 것과 그린 계열 중심의 것, 스타트라인을 반대로 해서 칠해간다. 어느 쪽이 잘될지는 그 날의 운에 따른다. 각 개체별로 같은 곳은 한군데도 존재하지 않으니 이걸로 된 것이다. ⑥남은 색은 같은 시기에 만든 유인형 스카우트플라이어의 탄 아저씨를 칠한다. 아저씨의 머리는 남은 색으로 슥슥 칠해주면, 그럴듯해진다.

얼굴에는 조금씩 피부색을 얹어주자

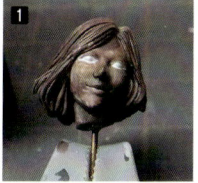

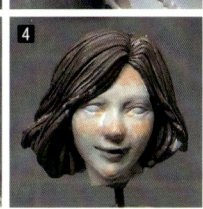

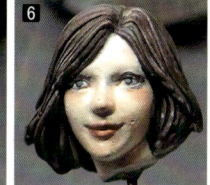
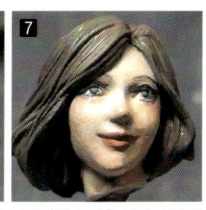

①드디어 얼굴 도색이다. 칠하는 것은 브릭웍스의 신작, 부유상태의 우주 파일럿. X담에 나오는 모 아가씨를 오마주했다고 한다. 웅담이 아니라고. 일단은 브라운 계열로 바탕색을 칠하고 눈 흰자위부분을 칠한다. 작은 부품은 황동선을 끼워 넣고 빨래집게로 끼운다. ②③눈 주변을 핑크 계열로 칠하고서 흰색에 가까운 살색을 전체적으로 엷게 칠하고, 오렌지를 조금 섞은 것을 부분적으로 얹는다. 도색 손잡이를 빨래집게에서 지우개로 변경. 좋아하는 앵글을 유지할 수 있다. ④오렌지를 강하게 만든 색을 칠한다. ⑤도료접시에 조색을 하며, 계속해서 색을 얹어준다. 자연스러운 느낌으로 말이지. ⑥눈동자의 도색. 끝을 평평하게 만든 이쑤시개로 파란색 계열 도료를 묻히고 도장을 찍듯 색을 얹는다. 검은색에 가까운 회색으로 가장자리를 칠해주자. ⑦눈썹과 눈 주변을 그린다. 섬세하게 그리기보다 화려하게 화장하는 기분으로 그려주자. 머리카락은 노란색을 섞은 갈색으로 칠한다. 이 다음에 눈의 캐치 라이트를 표현해보자.

브릭웍스의 스기사키군은 '둥실 아가씨'라는 들떠서 놀러 다니는 아가씨 같은 코드 네임으로 불렸지만, 정식적인 제품명은 '용병군 여성 우주 파일럿(B)"부유"〈저중력/유산소환경〉'이라고 한다. 쓸데없이 장황하니 앞으로도 그냥 '둥실 아가씨'라고 불러야겠다.

눈동자에 점을 찍어 더욱 또렷하게 만들자

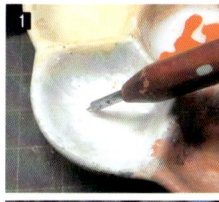

①그라비아에서 눈에 반사되는 캐치라이트라 불리는 둥그런 빛을 표현하기 위해 철필을 사용합니다. 철필에 흰색 도료를 찍어서 눈동자 중심을 콕찍어줍니다. ②이렇게 해주는 것만으로 포인트를 찍어줌과 동시에 흰색 도색이 되니, 꼭 한번 시험해 보시길. 동그란 원으로 캐치 라이트를 표현할 수 있다. 피부의 윤기에 대해서도 사람마다 취향이 있으니, 어느 정도가 자기 취향인지, 몇 가지인가 칠해보고 알아보도록 하자. 참고로 무광일수록 사진이 예쁘게 찍힌다. ③이번에는 슈트를 다크 옐로우 계열로 칠해보았다.

헬멧의 코드를 재현

①『헤비메탈』제262호의 표지를 장식한 여성 파일럿. 원더페스티벌 행사장에서 옆 테이블에 있었던 아이 아이양의 사인을 받았다. ②2체 째의 위장 무늬는 조금 패턴을 바꿔봤다. 아니 똑같이 만드는 것 자체가 무리쇼. ③표지 일러스트를 참고로 헬멧에서 뻗어나오는 플러그 코드를 재현. 직경 0.5mm의 구리선과 황동 파이프로 플러그코드를 만든다. 도색 전에 가이아의 프라이머를 발라줬습니다.

라푼, 랩터와 같이 옥외에서 촬영. 키트에는 팔에 붙이는 타투 데칼과 SAFS에 붙이는 큰 사이즈의 것이 들어있다. 물론 큰 사이즈의 피규어에 붙여도 된다.

피규어의 머리를 교환했습니다

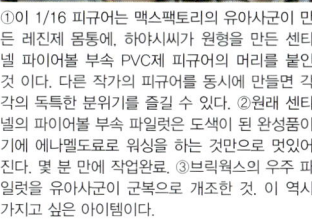

①이 1/16 피규어는 맥스팩토리의 유아사군이 만든 레진제 몸통에, 하야시씨가 원형을 만든 센티넬 파이어볼 부속 PVC제 피규어의 머리를 붙인 것이다. 다른 작가의 피규어를 동시에 만들면 각각의 독특한 분위기를 즐길 수 있다. ②원래 센티넬의 파이어볼 부속 파일럿은 도색이 된 완성품이기에 에나멜도료로 워싱을 하는 것만으로 멋있어진다. 몇 분 만에 작업완료. ③브릭웍스의 우주 파일럿을 유아사군이 군복으로 개조한 것. 이 역시 가지고 싶은 아이템이다.

장갑 슈트와 아가씨

오리지널 시피그나 라푼, 화이트 나이트 등 같은 스케일의 피규어와 같이 전시하면 더욱 사실적인 분위기를 낸다. 피규어가 있어야만 메카도 살아나므로, 같이 전시해놓아야만 진짜 '완성'이다. 투박한 실루엣과 아가씨 피규어의 대비가 재미있다. MK44급으로 육덕(!!)한 아가씨도 있긴 하지만. 이렇게 놓고 보면 나란 인간도 피규어가 아닌 아가씨들을 좋아하는 것처럼 보이는구만. …아니, 뭐~ 상관없지만.

photo by Akishige Hommatsu (STUDIO R)

피규어를 칠하는 힌트
아직 끝난 게 아니거든요~?

지금까지의 페이지에서 나오지 않았던 도색이나 공작의 힌트를 소개합니다.

● 스타킹을 칠하는 법

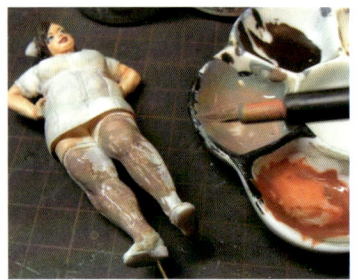

살색을 칠하고서 회색을 에어브러시로 뿌려서 비치도록 만든다고 생각할지도 모르겠지만, 살색과 회색을 섞고 붓으로 칠하면 된다. 스타킹으로 보이도록, 명도의 조절만 신중하게 해주자. 스타킹을 좋아하는 사람은 피규어의 전신을 전부 이 색으로 칠해도 괜찮다.

● 황동선을 잘 사용하자

직립하고 있는 피규어는 발바닥에 축을 끼워 넣고 나무 조각에 고정을 시킨 상태로 칠하지만, 사진과 같은 포즈의 피규어라면 이런 방법으로는 안 된다. 이럴 때는 나무 조각에 고정시키지 않고, 황동선을 끼워 자립시키는 것도 좋은 방법. 건조될 때까지 넘어질까 걱정하지 않아도 된다.

브릭웍스의 슈트랄 여성 사관도 스타킹은 단색으로 칠했습니다. 다리의 파팅라인을 스타킹의 봉제선처럼 보이도록 살짝 남겨둬도 느낌이 산다.

이 일러스트는 아주 오래전에 그린 여성 정비병이다. 고글이 붙은 가스마스크가 멋지지 않은지?

● 수염 칠하는 법

수염을 표현할 때는, 다크 그린으로 칠하면 분위기가 산다. 카멜 파일럿의 수염은 살색과 모자의 녹색을 섞어서 칠했습니다.

● 접사 렌즈를 활용

카메라에 접사 렌즈를 붙여서 피규어의 얼굴이나 세세한 부분을 촬영하고, PC상에서 확대해서 보는 경우가 자주 있다. 크게 보이는 만큼 새로 깨닫는 것도 많고 현미경 같아서 즐겁다.

개조 피규어 "악마 아가씨"
여러 가지 기술이 나옵니다

브릭웍스의 우주 파일럿을 개조해서 악마 아가씨를 만들었다.
초음파 커터의 사용 시범용으로 만든 악마 아가씨라고.

가슴을 깎고 머리카락을 잘라 이미지 체인지!

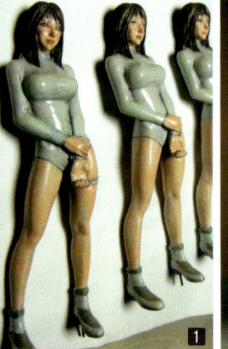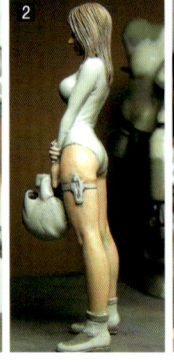

①브릭웍스의 인너 슈트를 착용한 우주 파일럿을 개조합니다. 이미 3체 완성시켰지만, 또 1체 준비했습니다. ②옆에서 보면 알겠지만, 원래 피규어는 브릭웍스의 스기사키군의 취향에 따라 상당한 거유로 만들어졌다. ③일단 가슴을 깎아서 '딱 좋은 크기'로 만든다. 여기서 말하는 '딱 좋은 크기'란, 자기 취향을 기준으로 한 크기다. 머리카락은 초음파 커터로 잘라준다. 하는 김에 뺨도 부풀려서 도톰하게 만들어줬습니다. 이것으로 인상이 꽤 많이 바뀌었죠?

캐노피의 3차원 곡면이란 정말로 좋은 라인이다

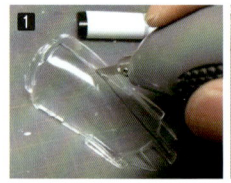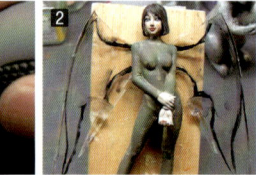

①에어픽스제 1/24스케일 시해리어의 캐노피는 2종류가 들어있어서, 형식이 다른 캐노피가 하나 남습니다. 이 3차원 곡면을 사용해서 투명한 날개를 만듭니다. 프라모델을 오랫동안 만들어본 분들은 다 알고 있을 테지만, 투명 플라스틱은 단단하지 못해 좀 뻣뻣하기 때문에, 자르거나 깎아내는 도중에 크랙이 들어가기 십상입니다. 하지만 초음파 커터를 사용하면, 미묘한 부분까지 깨지지 않고 잘라낼 수 있다는 것을 보여주고 싶었습니다. 일단은 초음파 커터로 캐노피를 반으로 가르고, 이것을 이용해 좌우 대칭의 날개를 만듭니다. 밑그림을 그려두면 간단하게 잘라낼 수 있습니다. 여기서는 코픽으로 라인을 그려놨습니다. ②나무판에 양면테이프로 고정해놓고 잘라낼 형태를 디자인하고 있는 모습. ③초음파커터를 사용해서 잘라내고, 가장자리를 줄로 다듬습니다. 도중에 크랙이 들어갔지만 별로 신경 쓰지 않습니다. 악마의 날개이니, 혈관 같이 보이도록 만들어줍니다. ④소독용 에탄올로 코픽으로 그은 라인을 지워준다. ⑤등 뒤에 날개를 에폭시 퍼티로 붙여준다. 투명 런너를 버너로 가열하고 늘여준 것을 날개의 뼈처럼 접착했습니다.

악마스러운 색을 칠해줍니다

①꼬리 끝이나 기타 돌출부위는 런너로 추가 가공했다. ②클리어 계열 도료로 날개를 칠한다. 녹색을 더한 파란색에 오렌지를 섞으면 느낌이 좋은 스모크 올리브색이 된다. ③전시대에 고정하고 칠한다. 왠지 무슨 악마의 의식 같지 않으신지? ④빨간 색을 칠하고 나서 몸을 보라색 계열로 칠한다. 살짝 보라색이 너무 강조가 되었기에 기 위에다 흰색을 덧칠해주었다. 신기하게도, 흰색과 빨간색을 조합하면 섹시한 느낌을 줄 수 있더군요.

색깔 구분을 하긴 했는데…

줄 역시 오래된 것을 버리지 못하기에 꽤나 늘어났습니다. 자루가 파랗고 굵은 것이 최근에 다이소에서 산 줄이다. 100엔이지만 레진과의 상성이 묘하게 좋다. 종류가 늘어나서, 둥근 것과 평평한 것 등을 색칠을 해서 분류는 했지만, 너무나도 복잡해서 어떤 색이 무엇이었는지 완전히 잊어버렸다.

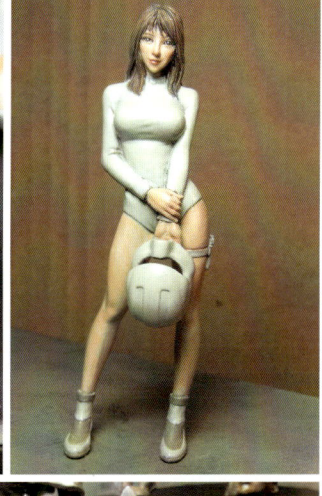

DEVIL GIRL
악마 아가씨 2014년 제작

BRICK WORKS 1/20 scale
resin kit conversion
modeled by Kow Yokoyama

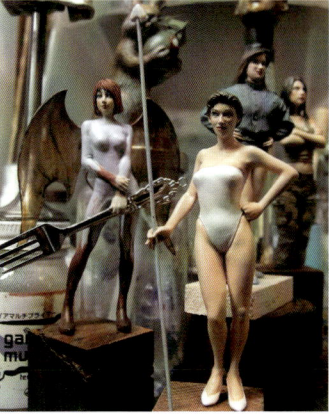

photo by Akishige Hommatsu
(STUDIO R)

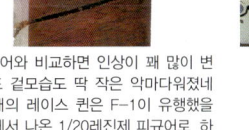

개조 전의 피규어와 비교하면 인상이 꽤 많이 변했죠? 사이즈도 겉모습도 딱 작은 악마다웠네요. 오른쪽 아래의 레이스 퀸이 F-1이 유행했을 때에 모델러즈에서 나온 1/20레진제 피규어로, 하야시씨 작품 분위기가 나지만 본인에게 물어봤더니 아니라고. 데빌 아가씨의 꼬리와 같은 하트를 창으로 만들어서 들게 해봤습니다. 하트는 런너 늘인 것이 아직 뜨거울 때 꾹 눌러서 만들었습니다.

번외편 인간 이외의 피규어도 꽤나 많습니다

악마 아가씨와 함께 세워놓을 수 있을 만한 '인간 이외'의 피규어를 모아봤습니다. 펑키한 아가씨의 반신상은 테라다 가즈야군의 조형. 이건 절대로 그냥 인간이 아닐 거야(…). 테라다 군은 그림도 잘 그리지만 입체 조형도 정말 잘한다니까. 파리인간과 『아우터 리미트』에 나온 것 같은 캐릭터는 2개 세트로 원더 페스티벌에서 판매했던 것이다. 자세한 건 모르지만 대략적인 느낌으로 칠했습니다. 'KOW피'도 천사니까 이 페이지에 실어야겠다. 악마 아가씨와 MK44군단의 사진은 카오스 상태다. 내 피규어와 모델러즈 개조의 하나 중위를 같이 늘어놓았다. 하야시씨의 원형이 등장하는 것을 못 기다려서 아예 직접 만들었습니다.

소프트 비닐이나 폴리스톤 피규어도 개조 & 수리

레진 이외의 소재로 된 피규어도 물론 만듭니다. 언젠간 해야겠다고 생각했던 개조작업이나 수리 작업을 1개씩 정리해가면 달성감이 있다니까.

블레이드와 런너

①아오시마에서 나왔던 '에일리언'의 우주비행사 피규어는 PVC제 무크로 되어있다. 얼굴의 조형이 못생겨서 다 안 팔렸습니다. ②초음파 커터로 얼굴 부분을 깎아냈습니다. ③여기에 타미야의 1/12 피규어를 붙이고 에폭시퍼티로 다듬습니다. ④등 쪽의 코드가 나오는 부분도 최신 입체자료, 우주복 뽑기 인형을 보고 적당하게 개조했다. 두꺼운 런너로 밑동 부분을 만듭니다. ⑤⑥줄로 형태를 다듬고 난 후, 파이프 스프링을 붙여줍니다. 에일리언 피규어이지만, 초음파 커터의 블레이드와 (프라모델의)런너로 고쳤으니 '블레이드와 런너'라는 거지요. 감독도 같은 리들리 스콧이니 그야말로 '딱'이네요.

The crew of Nostromo
노스트로모호 우주 비행사
2014년 제작

AOSHIMA 1/12 scale figure conversion
modeled by Kow Yokoyama

NAKUNATTE KNIGHT
안 잃어버렸기사
2013년 제작

modeled by Kow Yokoyama

안 잃어버렸기사(나이트)

 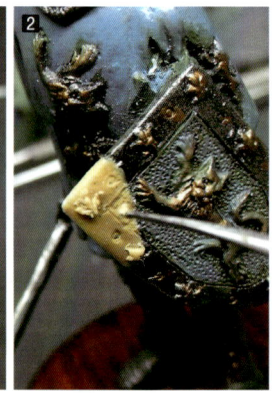

①이 콜드 캐스트제 기사 피규어는 떨어트렸을 때 방패 끝 부분이 떨어져 나갔다. 찾아도 나오지 않았기에, 수리하기로 했습니다. 우선은 떨어져 나간 곳에 프라판을 접착합니다. ②에폭시 퍼티로 몰드가 남아있는 부분을 참고해서 재현합니다. ③완성 후, 몇 달이 지나고 떨어져나간 부분이 발견된 점이 반전이다. 그야말로 '안 잃어버렸기사'다. 참고로 파편을 쥐고 있는 것은 담당편집자인 오니기리군의 손가락이다. 같이 전시해놓은 피규어는 히라노 요시타카씨의 원형인 1/35 독일 공군사관 여성으로, 거대한 기사가 여성을 지켜주는 느낌을 만들었습니다. 뭔가 초현실적인 느낌이 근사하지 않나요?

청소 헝겊 만드는 법

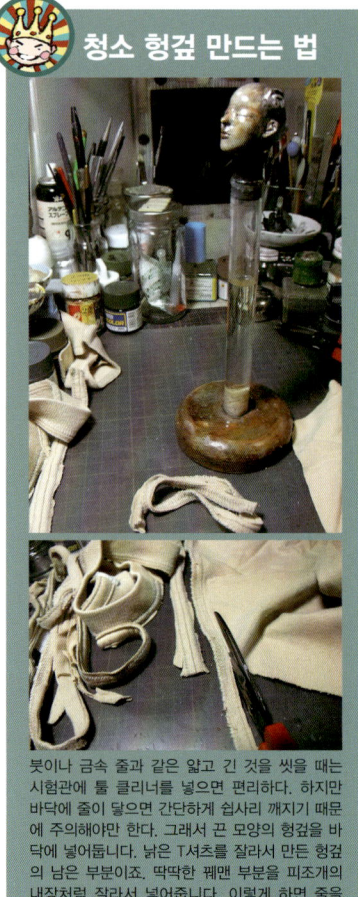

붓이나 금속 줄과 같은 얇고 긴 것을 씻을 때는 시험관에 툴 클리너를 넣으면 편리하다. 하지만 바닥에 줄이 닿으면 간단하게 쉽사리 깨지기 때문에 주의해야만 한다. 그래서 끈 모양의 헝겊을 바닥에 넣어둡니다. 낡은 T셔츠를 잘라서 만든 헝겊의 남은 부분이죠. 딱딱한 꿰맨 부분을 피조개의 내장처럼 잘라서 넣어줍니다. 이렇게 하면 줄을 넣어도 깨지지 않습니다. 아, 물론 시험관 한 개를 깨먹고 난 후에야 겨우 생각해낸 것이지만요.

1/6스케일의 초 리얼한 거대 여고생 피규어를 만들어보자

이 사실적인 여고생은 모델러인 마츠히라씨가 작성한 3D데이터를 출력한 것 이다. 확실한 데생 실력을 가진 사람이 디지털 3D조형을 손에 넣으면 범 등에 날개를 달아준 셈이다.

이것이 PC로 조형한 미소녀인 것이다!

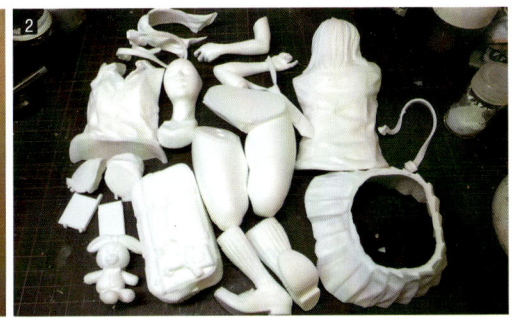

①이것이 레진 키트 상자. 실제 모델을 스캔한 것이라 여겨질 정도로 사실적인 조형이다. 몸이나 얼굴은 물론 의상이나 가방까지 모든 것을 마츠히라씨가 PC로 조형한 존재하지 않는 미소녀로, 그 망상을 실현하기 위해 무서울 정도의 데생 실력을 발휘하고 있다. 이번에는 그 디지털데이터를, 3D프린터로 출력한 흔적을 다듬어서 원형으로 삼았고, 이것을 다시 레진으로 복제한 것이 제품 버전인 것이다. 키트의 뒤쪽에는 지문과 같은 것이 있었지만, 3D출력 때 생긴 적층이었습니다. 이 적층이 디지털의 증거겠지요.

죠몬식 군살 제거법이다

①레진이 경화하면서 발생한 열로 조금 변형되었지만, 두께가 상당히 두꺼워서 드라이어로 가열해주는 것 가지고는 뒤틀린 것이 바로 잡히질 않는다. 따라서 부품 안쪽으로 '군살'을 제거하는 처리를 합니다. 죠몬 시대의 토지 구획 흔적 같이 블록 형태로 라우터를 사용해서 파냅시다. 군살을 빼주는 것 같군요. ②레진 가루를 마시면 만수무강에 지장이 있으니, 반드시 마스크를 착용할 것!. 제 경우엔 필터를 끼운 날짜를 적어놓습니다. 슬슬 교환할 때가 되었군요. ③가루를 청소기로 빨아들이고 캐러멜 형태로 남은 부분을 니퍼로 잘라냅니다. 전부 가루로 만드는 것보다 효율 좋게 군살을 제거할 수 있지요.

거대키트의 축을 넣는 방법

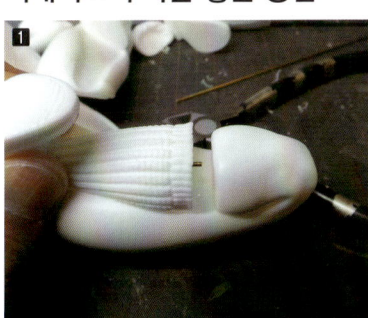

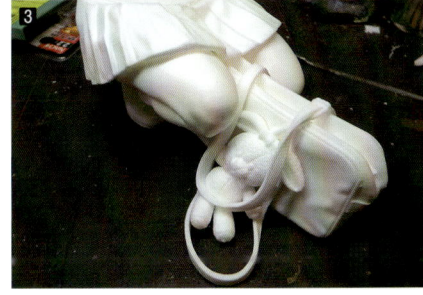

①한쪽 부품을 황동선이 약간만 튀어나온 형태로 만들고, 꾹꾹하고 밀어 넣습니다. 이렇게 하면 자국이 남아서 다른 한쪽에 정확하게 구멍을 낼 수 있다. 튀어나온 부분이 너무 짧으면 안으로 들어가 버리고 마니 주의할 것. ②큰 부품은 축을 2개 이상 써서 연결하자. ③가방이 다리 사이에 끼워지면서 팬티를 보이지 않게 만든 절묘한 섹시 설계. 가방은 스티치나 지퍼도 완벽하게 재현되어 있으니, 1/6 가방의 모형으로서도 세계 최고! 이렇게까지 입체적인 데이터를 만들 수 있는 시대가 올 줄이야… 나 같은 노친네로선 상상조차 못했는데 말이지.

보고 있는 쪽이 더 머리가 아플 것만 같은 공작

고문(…)하고 있는 것을 재현하고 있는 것은 아니고, 접착한 부분을 클램프로 꾸욱하고 조여 주는 모습이다. 클램프는 시중에서 쉽게 구입할 수 있다. 대형 키트를 만들 때는 반드시 필요한 도구로, 서서히 조여서 고정한다. 그리고 버튼 하나만 눌러주면 해제할 수 있는 것이 좋다.

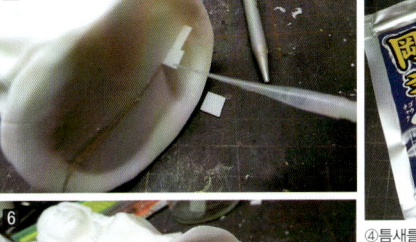
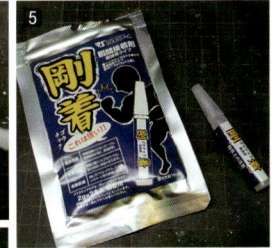

④틈새를 채울 때는 끝 부분을 얇게 만든 쐐기 형태의 프라판을 끼우고 깎아내면 된다. 레진 파편으로 작업해도 괜찮다. 목수가 하는 작업과 같은 방법이다. ⑤최근에는 보크스의 '강착(剛着)'이라는 순간접착제가 마음에 듭니다. ⑥경화 후에 보크스의 세라믹 대패로 깎아서 평평하게 만듭니다.

디지털 조형이기에 같은 데이터로 출력한 1/12도 제작되어 있으며 양쪽 모두 구입 가능하다. 손거울 너머의 머리카락에 시선이 가듯이 조형된 것은 마츠히라 씨의 데생 실력과 기획이 확실하기에 가능한 일이다. 이러한 실력으로 디지털로 제작을 하니, 조형법의 새 시대가 드디어 온 겁니다. 3DCG가 만들어진 시대도 그랬지만, 결국 맨 마지막에 남는 것은 아날로그적인 재능이기에, 지금부터 업계에 뛰어들고 싶은 분들은 당황하지 말고 데생 능력을 먼저 갈고 닦읍시다.

1/6스케일과 1/12스케일의 여고생 피규어는 통신 판매중(2014년 10월 현재). 자세한 사항은 사이트를 봐주세요(http://mk2.storea.jp/#!/).

색 이야기

'색'과 '모형'의 관계

투명한 플라스틱에 몰드된 피규어나 프라모델은 어떤 형태이고 어떤 몰드가 되어있는지 잘 모른다. 하지만 여기에 '색'을 칠하는 것으로 형태를 인식할 수 있게 된다. 마치 투명인간의 정체를 폭로하듯이. 이러한 고마운 역할을 하는 '색'과 '모형'의 관계에 대해 이야기를 해 보자.

어떠한 것이든 그것이 '투명'하다면 형태를 파악하기가 어렵다. 공기의 고마움을 잘 느끼지 못하는 것은 눈에 보이지 않아서 그럴 것이다. 이러한 보이지 않는 공기의 존재를 잘 표현한 연출로 굉장하다 느낀 것이, 영화 『그래비티』입니다. 공기가 없어진 순간 소리가 없어지는 당연한 표현. 이는 지금까지 많은 SF영화에서 표현되어온 수법이긴 하지만요. 멋진 영화와 마쉬넨에 나오는 여자들처럼 우주복을 벗으면 속옷이라는 점이 리플리 이후로 스페이스 섹시 스타일이었다.

남자란 동물들은 전부 바보라서 '만약 투명인간이 된다면, 여탕이나 여자 탈의실에 들어가 보고 싶다'라는 성범죄자급의 어처구니없는 망상으로 이야기꽃을 피우곤 합니다. 투명인간 영화 역시 많이 나와 있고요. 아마 '투명'이야말로 '궁극의 위장색'이라고 다들 생각하기에 그런 것이겠지. 대부분 마지막에는 색이 뿌려져서 정체가 탄로 난다는 결말이겠지요.

내가 처음으로 프라모델에 색을 칠한 것이 언제이며 어떤 키트였는지 정확하게는 기억하고 있지 않다. 다만 그것이 초등학생 때였던 것만은 확실하다. 유성으로 된 색칠할 수 있는 것이 매직 잉크와 페인트 정도 밖에 없었기에 타이어만 검은 비행기나 차가 늘어서있었다. 당시에도 마루산의 프라 컬러라는 프라모델 전용 도료는 팔고는 있었지만, 빨강, 파랑, 노란색, 흰색, 검은색과 같은 원색이 모인 세트였습니다. 혼색지식 같은 것은 그림을 그릴 때 조금 사용했습니다. 흰색과 검은색으로 회색이라는 쥐색, 파란색과 빨간색을 섞으면 보라색, 노란색과 파란색으로 녹색이라는 정도로는 설사 도료 세트를 손에 넣더라도 '미디엄 시 그레이'나 '다크 어스', '덕 에그 그린'을 만드는 일은 꿈도 꾸지 못할 정도로 어려운 일이었습니다.

하지만 정말로 괴수의 눈알이나 인체 모형의 내장만큼은 색을 입히고 싶었기에, 포스터 컬러와 같은 수채화 물감을 래커계 페인트 희석액으로 녹여서 칠했습니다. 지금 생각하면 참 무식한 짓을 했다고 생각합니다. 용제로 인해 프라 표면이 다 울기는 했지만 색 자체는 엄청 잘 먹었다. 그렇게 완성시킨 것을 보고 '멋진걸? 도색이란 정말 재미있네'라고 생각했습니다.

그 때 타미야에서 전차용으로 발매한 다크 옐로우와 올리브 그린과 레드 브라운(…아마도)의 캔 스프레이는 초등학생이었던 나에게 있어서 그야 말로 '리썰 웨폰'이었습니다. 다만 레드 브라운은 빨간색이란 느낌이 들어서 구입을 하지는 않았습니다. 그 때부터 이 색이 사용하기 어려운 색이란 것을 알고 있었단 것이겠지요. 본능이란 참 대단해요. 가격이 어린애한테 있어서는 키트를 몇 개나 살 수 있는 가격이던 것과 색상의 수가 적었던 것이 걸림돌이 되었을지도 모르겠습니다만, 결국에는 아버지께서 사주셨습니다. 이걸 사용해서 칠하면 그냥 조립만 해도 사실적이었던 초대 티거 전차가 엄청나게 진짜처럼 보였던 것을 지금도 기억하고 있습니다.

하지만 어떤 전차도 이 2색 이외의 색으로 칠하는 일은 없었기에, 모든 전차가 올리브 그린에 다크 옐로우로 웨더링을 한 상태로 늘어서있었습니다. 전차가 다 똑같아 보인다고 그때부터 생각했습니다만 멋있으니 상관없다고도 생각했습니다. 이 '자기만족력' 혹은 '납득력'이란 것 역시 꽤나 중요한 것이지요.

3색 스프레이도 대단하다 생각했었는데 1970년에 열린 엑스포에 당시 군제산업, 현 GSI 크레오스에서 '레벨 컬러'라는 이름의 프라모델 전용 컬러가 발매되었습니다. 당시 군제 산업은 미국의 프라모델 메이커인 레벨사제 비행기 키트를 일본에서 패키징 한 것을 판매하고 있었는데, 이런 레벨사의 로고가 들어간 라벨을 보고 이 도료 역시 미국제라고 멋대로 생각했었죠. 아니, 생각했다기 보다… 보통 다들 그렇게 생각하지 않나? 게다가 설명서에 적혀있는 번호의 병에 붓을 담가서 그냥 조립한 키트에 칠하는 것만으로 어떤 비행기든 진짜처럼 되는 것은 그야말로 마술의 영역에 들어가는 제품이었던 것입니다. 이 시점에서부터의 나라는 인간은 프라모델은 조립하는 것보다 도색을 하는 것이 즐겁다고 생각하게 되었죠.

하지만 운명은 놀라운 방향으로 나아갔습니다. 당시 창간된 모형전문지 『모델 아트』에 게재되어있는 작례가 근처의 야하타 모형이라는 프라모델 가게와 이즈츠야 백화점에 전시되어있었습니다. 중학생이 되어서도 학교에서 돌아올 때 매일같이 작례가 전시되는 쇼윈도우를 보러 갔습니다. 모델 아트의 작례는 동급생인 가와노군의 아버지가 만드셨기에 집으로 직접 보러가기도 했습니다. 예전에 TV방송을 보면서 괴수를 스케치했던 에너지를 이번에는 프라모델 제작에 사용했습니다. 도색되어있는 색이나 데칼의 부착법을 뚫어지게 살펴보고, 집에 돌아와서 바로 그 작례와 같은 키트를 만들었습니다. 인간 비디오 녹화기 같은 아이였지요. 하지만 이윽고 한 가지 의문이 생겨났습니다. 그것은 니치모의 1/65 포케볼프190의 작례를 보고 바로 색칠을 했던 때였습니다. 틀림없이 멋지게 완성이 될 레벨 컬러를 사용해도 가와노씨의 작례에 도색되어있는 색이 되지 않는 것이었습니다. 다크 그린과 블랙 그린의 2색이 가와노씨가 혼색한 오리지널이라고 안 것은 그 때였습니다. 보고 온 색을 떠올리며 색을 자작해서 완성 했습니다(사실은 블랙 그린도 다크 그린도 종류가 많이 있어서 레벨 컬러의 제품은 초기 독일기의 색이었다는 알게 된 것은 그 후로 10년 정

도가 지난 뒤였습니다).

하지만, 색이란 것은 단순히 기억만으로는 그리 쉽게 재현할 수 없기 마련입니다. 역시 견본이 되는 색을 보면서 만들려고, 근처에 있는 색을 찾았습니다. 어느 일요일 아침, 당시 살고 있던 사택의 창에서 남쪽 방향으로 보이는 사라쿠라산 수풀의 녹색이 가와노씨가 자작한 다크 그린이나 블랙 그린과 꼭 닮았다는 것을 발견하고, 바로 레벨 컬러의 녹색이나 회색을 더해봤습니다. 이것을 이미 칠해놓은 곳 위에다 덧칠을 했습니다. 그러자 놀라운 일이 일어났습니다. 나 자신도 깜짝 놀랄 정도로 멋진 색의 포케볼프가 완성되는 것이 아니겠습니까. 역시 색을 만드는 것은 자연을 관찰하면서 자연광 아래에서 하는 것이 가장 좋다는 것을 깨달은 13살의 요코야마 코우였습니다. 발튀스(※주：Balthus, 프랑스 화가 자연주의 화풍의 풍경화, 실내화를 주로 그림)도 '북쪽에서 들어오는 자연광이 없는 곳에서는 창작활동을 못 하겠어'라고 말씀하셨다 하니 꽤나 중요한 것 일지도 모르겠습니다. 하지만 한 밤중에 모형을 만드는 일이 많은 것이 현실. 이럴 때 위력을 발휘하는 것이 풀 스펙트럼 램프라는 자연광에 최대한 가까운 형광등. 물론 나는 이걸 사용해서 한밤중에 즐겁게 색을 칠합니다. 그 후에도 이 니치모의 포케볼프는 몇 번이고 계속 덧칠을 해서 이 상태로 본가에 남아있습니다. 더욱 놀라운 것은 이때 혼색할 때 사용했던 레벨 컬러의 녹색 병을 40여 년 동안 계속 사용한 것일지도 모릅니다. 최근에 나오는 병의 2배는 들어가기에 혼색해서 양이 늘어난 도료를 넣는데 정말 편리하다니까요.

하지만 이렇게 즐거운 '색'이 프라모델을 만드는데 있어서 족쇄가 되는 경우가 있다고 하니 놀랍습니다. 어떤 장르의 모델링에서도 오랫동안 작업을 하면 지식이 늘어나서 오히려 작업을 할 수 없는 경우가 있습니다. 역사적인 조사가 진행되어, 그 병기에 어떤 도료가 칠해졌는지 새로이 판명되면 그거 참 큰일입니다. 지금까지 만들어온 것을 전부 부정하는 것도 마다하지 않을 기세입니다. 거기다 도료 메이커는 실물에 칠해져있는 도료를 바탕으로 한 말 그대로 그 색을 만들기도 합니다. 실은 이러한 일이 모형을 칠할 때 매우 큰 장애가 되는 경우가 있습니다. 도료나 붓을 살 돈이 없으니까 색을 칠하지 않는다던가, 귀신이 나오니 밤에는 도색을 하지 않는(…)라는 고민이라면 바로 해결해드립니다. 하지만 반대편이나 전체를 찍은 사진이 없다 라던가, 컬러 사진이 없다는 이유로, 도색을 할 수 없다고 하면 이를 해결할 수 있는 좋은 방법이 떠오르지 않습니다. 실제 기체의 사진(흑백사진이라도 문제없음)이 존재하는데도, '실물의 색'을 그대로 칠해서, 반대로 사진의 실제 기체와는 전혀 닮지 않은 모형이 완성되는 아쉬운 일이 일어납니다. 물론 이런 일을 반복하면 모형 공작이 즐거워지지 않는 것도 무리는 아니겠지요?

몇 번이고 말합니다만, 색은 작은 면적의 경우 밝기가 한 번에 어두워진다는 것을 기억해두기 바랍니다. 반대로 어둡게 도색된 모형은 그 위에다 칠해져있는 색을 밝게 해서 덧칠하는 것만으로, 깊이가 확 살아나게 됩니다. 이 역시 흔히 말하는 '실패는 성공의 어머니'의 좋은 예일지도 모르겠습니다. 인생도 모형도 부끄러움이나 색을 덧칠해가는 편이 좋지 않은가라고 생각합니다. 프라모델은 조립하는 공정이 즐거운 것도 모르지는 않습니다만, 색을 칠하는 즐거움은 또한 각별합니다. 색에 관한 몇 가지 사실만을 알아두면, 내일부터 색의 '캡짱'이 될 수 있습니다. 아니, 색의 '캡짱'이라는 어감이 좀 유치하다 싶은 분이라면 색의 '명인' 정도가 어떠실지?

photo by Yuuzi Takase

GOREM bis

골렘 개(改) 1988년 제작

1/20 scale
TOMY 1/24 scale GOREM conversion
modeled by Kow Yokoyama

1980년대 후반의 모형 사진을 꺼내 봤습니다. SF 소설이나 미스터리 소설로 유명한 하야카와 쇼보에서 30년 전 즈음에 나올 예정이었던 SF 모형 서적의 기획이 있어서, 내가 만든 모형을 많이 촬영했었죠. 디지털 카메라가 보급되어 있지 않은 시대였던지라 정말 보통 일이 아니었던 기억이 납니다. 그런 시대에 찍은 귀중한 사진을 잘 봐주세요. 먼저 인기가 있는 골렘 개조 모델을 수 페이지에 걸쳐 보내드리겠습니다.

바탕이 되었던 골렘은 내가 디자인을 맡았던, 타카라 토미의 「조이드24」 시리즈의 고릴라형 메카입니다. 멋진 디자인의 완구로 전갈형 메카와 함께 브루투스(Brutus)의 굿 디자인상을 받았죠. 당시 토미에서는 아무런 연락이 없었지만, 10년 정도 전에, 「판저 티어(Panzet Tier)」라고 이름을 바꿔서 웨이브에서 판매되었으니, 가지고 있는 사람도 있지 않을지?

어째서 골렘을 커스터마이즈 하게 되었을까? 제품화된 것은 아무래도 가동 완구로서 어쩔 수 없이 적당한 선에서 타협한 수준의 디테일이 여기저기 보이지만, SF소품 분위기로 만들기에는 납득 가는 것이 아니었죠. 그래서 납득이 갈 때 까지 이것저것 만져가며 자기가 원하는 것을 만들어봤습니다. 덕분에 제품판과는 전혀 다른 물건이 되었군요. 언젠가 풀 디테일 제품을 만들고 싶다는 메이커가 있으시다면 언제든 연락주세요.

요즘도 활약하고 있는 다카세 유지군이 다음 페이지에 나오는 큰 사진을 촬영해줬습니다. 도색은 당시 좋아했었던 엔키 빌랄(※주 : Enki Bilal, 유고슬라비아 출신의 프랑스 SF 만화 작가)이라는 BD작가의 영향을 받았죠. 또한, 가동 완구인 조이드만이 지닌 특유의 맛을 사진에 담고 싶어서, 걷고 있는 모습도 사진을 찍었습니다. 보시다시피 엄청 멋진 사진이 나왔습니다만, 이러고서 몇 초 뒤, 촬영대의 끝까지 걸어간 후 바닥으로 추락! '큰 원숭이(고릴라)도 대에서 떨어진다' …라고 해야 하려나? 크게 부서지지는 않았기에 조금씩 수리를 하면서 지금도 건재합니다. 힐 군이 만든 레플리카가 완성되면 같이 놓고서 도색할 예정입니다.

베이스가 된 토미의 골렘. 1987년에 발매되었더랬지….

여기에 실린 완성품이나 일러스트는 30년 정도 전에 만들었거나 그린 것들입니다. 시간이 흘러, 지금은 훨씬 더 멋진 것을 만들 수 있지만, 이러한 과거의 작품이 지금의 나 자신을 지탱해주기 때문일 것입니다.

①⑦전투요정 유키카제·요코야마 코우 ver. (TAC & 챠완무시제 1/144스케일 레진 키트) ②로테 블리츠 ⑥로테 브릿츠(별색 ver.) (이상, 「화성갑각단」에서) ③⑤폴리스 스피너 (제너럴 프로덕츠제 1/24 스프트비닐 키트) ④AT-ST(mpc제 플라스틱 키트)

photo by Yuuzi Takase   ©&TM Lucasfilm Ltd.

골렘 개의 귀중한 제작과정사진을 발굴!

하야카와 쇼보의 SF 모형 서적은 이른바 'How to' 서적으로 만들었기에, 담당편집자인 호소이 에츠코씨가 경과를 따라서 제작 도중의 사진을 확실히 찍었습니다. 지금처럼 디지털카메라도 DTP도 보급되지 않기에, 그래픽적 요소가 가득 담긴 내용은 최종적인 서적으로 결실을 맺지는 못했습니다. 하지만 30년 정도 전의 귀중한 순간을 담은 사진은 그 무엇과도 바꿀 수 없는 귀중한 기록이 되었죠. 사진을 보고 있노라면, 마치 어제 일처럼 당시를 떠오르게 됩니다. 여러분을 1980년대 하비의 세계로 안내해드리겠습니다.

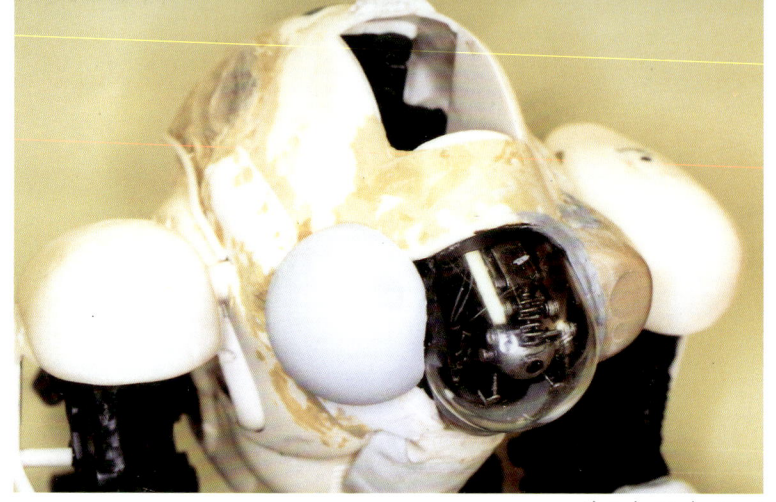

Photo by Etsuko Hosoi

1. 점토를 발라서 간단 히트 프레스

토미의 아이언 콩이라는 고릴라 형 조이드의 개조를 한 것이 계기로 조이드24라는 상품의 디자인을 맡게 되었다. 상품으로 나온 것은 잘 만들어졌지만 좀 더 사실적인 것으로 개조하기 위한 기획이다.

①조립만 한 상태의 골렘에 손을 대서 가동을 활용해준 개조를 생각하고 있습니다. ②일단 만화에 나오는 고기에 붙어있는 뼈처럼 생긴 앞다리 아머를 자작한 부품으로 교체하기로 했습니다. 원래 부품에 유토를 바르기만 한 장난 같은 원형이지만 이걸로 문제없다. 자작 버큠폼틀을 사용한 히트 프레스 기법에 대해서는 오른쪽 칼럼을 읽어보자.

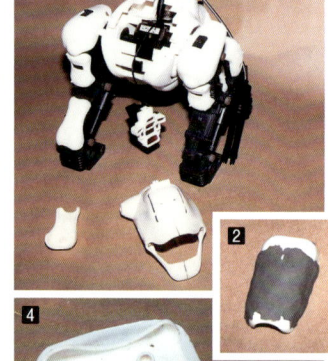

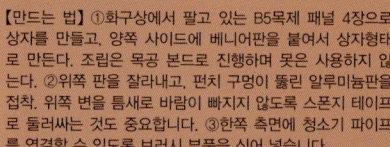
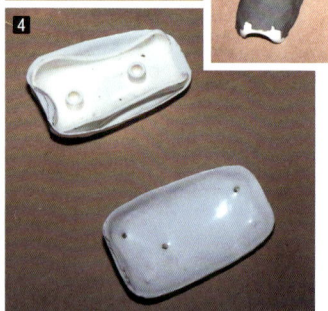

③우와~ 젊구먼. 유토를 스푼으로 긁어내고 있다. 마치 엊그제 일 같다. 멍~하게 있노라면 30년 정도는 눈 깜짝할 새다. ④원래 부품에 히트 프레스를 한 플라스틱을 접착하면 대형 아머 완성!

사진 패널로 만든 버큠폼용 틀

이 버큠폼용 틀은 코바야시 마코토군에게서 제작방법을 배워서 자작한 것이다. 청소기를 연결해서 진공으로 만드는 방식이다.

【준비물】 ●B5목제 패널 5장 ●베니어판 1장 ●알루미늄 펀칭판 1장 ●청소기 노즐 ●전기청소기

【만드는 법】 ①화구상에서 팔고 있는 B5목제 패널 4장으로 상자를 만들고, 양쪽 사이드에 베니어판을 붙여서 상자형태로 만든다. 조립은 목공 본드로 진행하며 못은 사용하지 않는다. ②위쪽 판을 잘라내고, 펀치 구멍이 뚫린 알루미늄판을 접착. 위쪽 변을 틈새로 바람이 빠지지 않도록 스폰지 테이프로 둘러싸는 것도 중요합니다. ③한쪽 측면에 청소기 파이프를 연결할 수 있도록 브러시 부품을 심어 넣습니다.

【사용법】 위쪽 판에 원형을 놓으면 준비완료. 다음으로 5장째 패널의 네 귀퉁이에 구멍을 뚫고 프라판을 테이프로 붙입니다. 이것을 목장갑을 끼고 가스레인지 불로 달궈줍니다. 몇 번인가 목장갑을 태워먹은 뻔해서, 물을 적셔두면 이를 방지할 수 있다는 것을 배웠다. 프라판이 개구리의 배처럼 늘어지면 발가락으로 청소기의 스위치를 넣는다. 원형을 늘어놓은 곳에 늘어진 프라판을 재빠르게 놓습니다. 이 순간에 원형대로 형태가 만들어집니다. 점토를 원형으로 하면, 만들어진 것에서 점토를 긁어내는 공정이 추가되지만 별 것 없다. 물론 원형을 발사 나무나 퍼티로 만들면 이러한 수고는 없어지지만, 이 후에도 히트프레스 공작은, 계속 이걸로 진행했습니다. 오리지널 SAFS 때에는 양초로 달군 프라판을 작은 원형에 덮어씌우는 정도였더랬죠.

2. 전체 형태를 조절합니다

①니퍼로 불필요한 부분을 잘라내고 쓰레기통에 버리는 모습. ②원래 키트보다 머리 위치를 앞으로 이동시켰다. ③적당히 잘라낸 프라판으로 틈새를 메우고서 퍼티를 발라주면 무게를 많이 줄일 수 있다. ④아까 히트프레스 부품을 가슴에도 붙였었죠? 가동축인 고무 캡이 방해가 되기에 잘라내고 돌출부 없이 평평하게 만들어줬습니다.

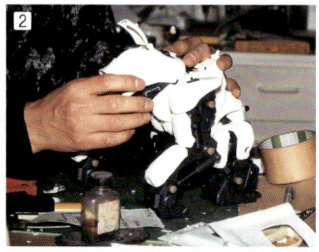
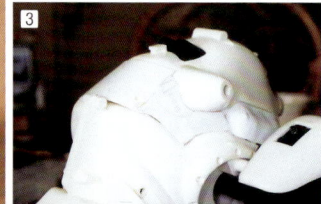

3. 유용 부품과 퍼티로 마무리

①프라판을 붙여뒀기에 바르는 퍼티 양을 절약할 수 있다. 『내일의 조』에 나오는 리키이시 토오루처럼 감량을 하는 모습. 구스타프의 부품을 붙였네요. ②후두부는 비행기의 스탠드다. ③꽤나 복잡하게 만들었습니다. 완구로는 양산되기 어려울 것 같은 디테일이 되어버렸군요.

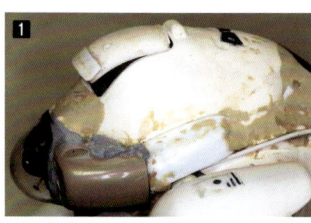

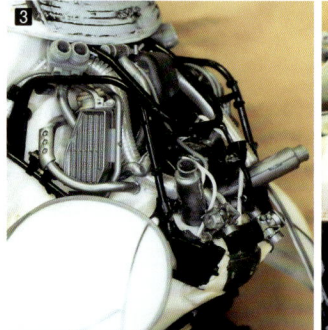

완성!

금단의 레플리카 모델링

photo by Takanori Katsura (Inoue photo studio)

이번에도 'Ma.K.'의 키트나 완성품에 딸려있는 피규어의 원형을 만들고 있는 사이토 힐군이 등장. 나의 오리지널과 똑같은 레플리카를 만드는데 인생을 거는 한명이다. 골렘 개의 레플리카도 몇 년에 걸쳐서 만들고 있었기에, 도색 전의 상태로 내 오리지널과 비교해봤습니다.

사진을 보시면 일목요연이지만, 웃음이 나올 정도로 똑같다. 힐군이 레플리카를 만드는 즐거움이나 고생에 대해 열변을 토하기에, 우선은 그 이야기를 들어보기로 합시다. 본문에 나오는 '선생님'이란 것은 물론 제 이야기입니다.

약간의 퍼티와 프라판이 있고 부품을 전부 모으면 만들 수 있습니다

사이토 힐: 레플리카를 만드는데 있어서, 선생님으로부터 골렘 개를 빌렸습니다만, 일단은 어떤 부품을 사용했는지를 찾아보는게 우선이었죠. 고생한 것이라면, 얼굴의 정면의 투명 부품. 밖에서 보기만 해서는 알 수가 없었기에, 어떻게 했는가 하면, 빛을 비춰보아서 커팅라인이 어떻게 되었는지를 살펴봤습니다. 그러자 층이 져있는 부분이 보여서, 로비 더 로봇의 후드라고 판명되었습니다. 하지만 어떤 메이커의 것인지는 알 도리가 없었죠. 시중에 나와있던 모든 로비 프라모델을 대조해봤지만, 그 어떤 것도 맞지 않았습니다. '이게 어떻게 된 거야'라며 인터넷 옥션을 찾아봤을 때, 아라레짱의 로비에 도달했습니다. '설마?!'라고 낙찰 받았는데, 이것이 정답이었더군요(웃음). 현재의 레플리카 재현도는 95%정도. 비슷한 부품이 많은 것은 찾기가 어렵네요.

오리지널의 뒷면을 보면 알겠지만, 선생님은 세밀한 작업을 정말 잘 하십니다. 잘 하시면서 일부러 이음매를 지우지 않으니까, 모르는 사람들은 '덤벙대는 것 아냐?'라고 생각할지도 모르겠지만, 절대 그렇지 않았어요. 레플리카의 갈색 퍼티 부분 이외에는 거의 원래 골렘이지만, 선생님은 0.5mm 프라판에 변형을 주고 가장자리 부분에 붙여주어서 어울리게 만든다. 이것 하나만으로 진짜 근사해지더라고 얘기 할 정도로 인상이 바뀌는 겁니다.

이 골렘 개는 부품을 전부 모아서

 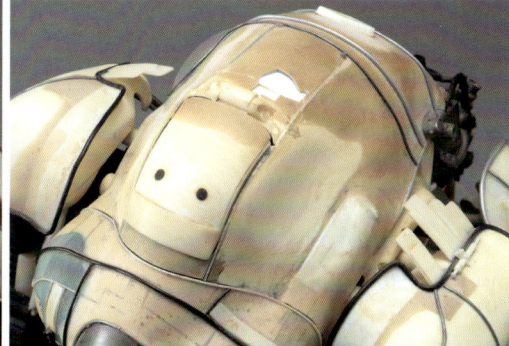

 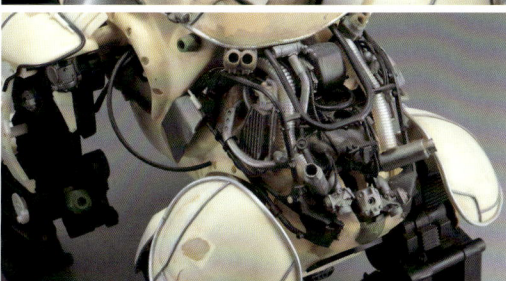

LOVE LOVE GARDEN 1/20 스케일 레진 피규어
http://lovelovegardenheel.blog50.fc2.com/

(웃음), 똑같이 만든다면, 얼마나 대단한 방법으로 만들어진 것인지 알 수 있을 것입니다. 부품을 전부 모으고 약간의 퍼티와 약간의 프라판이 있으면 가능하기는 합니다. 제 방에 있는 마쉬넨 이외의 시판 키트는 전부 마쉬넨 레플리카를 만들기 위한 키트들이죠. 이 이외의 목적으로 프라모델 산적은 한 번도 없는데. 뭐, 정상은 아니겠지요(웃음).

요코야마: 네. 충분히 '정상'이 아니에요. 그런 사람은 다른데 없습니다. 라고 이야기하고 싶지만 똑같을 만큼 정상이 아닌 사람을 이외에도 몇 명은 알고 있어요. 고마운 일이겠지만 이런 사람들한테 존경을 받는 내가 얼마나 변태인지가 조금 걱정이 되는 이 상황에서, 중요한 공지. 힐 군의 「LOVE LOVE GARDEN」의 1/20 레진 피규어는 모형점에서 예약이 가능하게 되었습니다. 신작 피규어는 모두 독자적인 조형미를 가진 제품으로 완성되었죠(2014년 10월 현재 예약 접수 중. 10월 하순 발매 예정).

※Mr.웨이브나 하세가와, 센티넬에서 내가 만든 메카닉들을 제품화 하고 있는 것도 따지고 보면 '금단의 레플리카 모델링'이랑 마찬가지 아니려나?

VENUSUIT

비너슈트
첫 공개 : 월간 모델그래픽스
1985년 10월호

1/20 scale
scratch built by Kow Yokoyama
photo by Yuuzi Takase

1/2 모델링이다

'비너슈트'라는 것은 가와마타 치아키씨의 소설 『창세기』에 나오는 금성에서 활약하는 방호복입니다. 금성이 '비너스'니까, 슈트와 붙여서 비너슈트 라고 하더라. 일단은 소설을 읽고 그 문장에서 떠오르는 이미지로 조형을 했습니다. 물론 소설의 저자인 가와마타 선생님과 제대로 협의를 거쳤습니다. '최근의 프라모델은 어떠떠어떠한 것이 좋더라…'라는 이야기를 했던 것이 기억납니다. 가와마타씨의 소설의 표지에 입체를 사용하기 시작한 것은 이때부터였습니다. 이번에는 지금까지 공개되지 않았던 각도의 사진이 많이 게재되어 있으니, 30년 전의 공작을 자세히 관찰해보시길 바랍니다. 20대 시절 최후의 모델링이라고요. 지금 나이의 약 절반이니, 말 그대로 1/2모델링 이랄까?

왼쪽 위의 사진은 하야카와 쇼보에서 나온 소설 『창세기』의 표지용 비주얼로 촬영한 것. 기압이 높은 곳에서 보면 형태가 일그러진다는 가와마타씨의 소설의 설정을 전제로 비주얼을 고안했습니다. 이 설정을 바탕으로 카메라맨인 다카세씨의 아이디어로 효과를 내봤습니다. 고마워요 다카세씨. 버섯 같은 것은 머쉬볼이라 하며, 우산이 닫힌 상태에서 쏘아 올려지고, 그 후에, 우산이 펴지면서 낙하하며 부유비행을 하는 메카다. 이거, 엄청 작은 모델입니다. 간단히 만들었어요.

디자인화에 그렸을 때에 심해작업용 슈트와 같은 형태로 만들었기에, 소재에는 망설임 없이 『특장기병 돌박』의 키트를 사용했습니다. 돌박의 키트는 SAFS나 구스타프에 비해 팔이나 다리가 두껍기에 짜리몽땅한 형태를 만들 때 정말 유용합니다. 이후의 몇 개의 메카에도 많이 사용했다. 정말로 돌박의 키트 많이 사용했지. 했던 말을 계속하는 것 같지만 재판되었으니, 여러분들도 사두는 편이 좋을 거라고~. 다리라던가 탱크는 닛토의 『SF3D』키트의 부품. 얼굴에 렌즈나 센서를 중심에 모아놓은 레이아웃으로 만드는 것으로, 기존의 페이스와 다른 인상을 줄 수 있다고 생각한 것이 이 외눈박이 빨간 대머리.

보디 표면에 눌러붙인 것 같은 웨더링 표현이 근사하지 않나요? 전체를 래커계 도료로 두껍게 칠하고 거기에 타미야의 에나멜로 웨더링 도색을 넣었습니다. 회화에 비유하자면 '터치'라고 할 수 있는 이러한 것은 작자의 독자적인 것입니다. 화상(畫商)들은 그러한 것에서 장래성을 발견하고 그림을 사들이는 것이죠. 너무 심하게 하면 오히려 하지 않은 것만 못하다는 것 역시, 터치와 웨더링의 닮은 점이라고 할까요?

천둥이 울리는 금성의 구름 속을 부유 비행하는 머쉬볼

Ma.K. Modeling Book 069

로비는 미국으로 돌아갔습니다.
다른 로봇은 아직 여기 있습니다.

하야카와 쇼보에서 나올 예정이었던 모형 서적에 실으려고 만든 작품은 아직도 남아 있습니다. 이 기회에 전부 다 공개해보겠습니다. 마스다야의 로비 더 로봇을 개조한 디오라마나 스크래치 작품 등 평소의 내 테이스트와는 다른 것을 모아봤습니다. 그건 그렇다 치더라도 나란 인간은 정말 로봇을 좋아했구먼요.

Robby The Robot Diorama

로비 더 로봇 디오라마
1989년 제작

1/20 scale
Masudaya windup toy conversion
modeled by Kow Yokoyama

①가슴의 해치를 열고 메카닉을 그럴 듯하게 조립해 봤습니다. ②최종적인 디오라마는 컴팩트하게 모아놓고 풀을 심었습니다. 다른 사람에게 선물 할 때는 둥그런 장식대를 사용하는 것이 철칙이다. 여기서 에너지를 주입하는 설정이다. ③라이터는 MK52G에 사용한 것과는 또 다른 형태다. 볼펜으로 유명한 프랑스의 BIC제, 방추형의 단면이 멋지죠. 카멜의 등에도 같은 것이 붙어있어요. 얼핏 보기에 라이터로 보이지 않는 형태가 마음에 든다. ④로비에 연료를 보급하는 아저씨. 호스는 비닐코드에 에나멜선을 감아서 주유소의 호스를 표현했습니다. ⑤로비의 제품은 매우 심플한 구조다. 대략 1/20인 것이 맘에 드는 모델이다. ⑥라이터 윗면은 이런 느낌.

이 로비, 빨간색이 좋지 않나요? 태엽으로 걸어 다니는 마스다야의 장난감을 개조했습니다. 로비란, 영화『금단의 행성(Forbidden Planet)』에 등장한 로봇으로, 이 영화는 1956년에 처음 공개되었습니다. 내가 태어난 해군요. 일전에 후쿠오카에서 초등학교 동창생들이 담임선생님과 같이 상경했었죠. 선생님 이외에는 모두 로비와 같은 나이라서 '금단의 동창회'라고 이름 붙이니 기뻐하는 사람이 3명 정도 있었다고 합니다.

로비는 태엽부분을 제외한 나머지는 스티롤 수지라서, 일반적인 프라모델과 같은 공작으로 만들 수 있습니다. 가슴의 뚜껑을 멋대로 열 수 있다라고 설정하고, 빨간 색 보디컬러로 칠했습니다. 안테나 내부에 양은선이나 전철 모형의 자기 코일을 심어 넣어 정밀한 기계느낌을 주었습니다.

로비는 이후에도 잘 만들어진 토이가 계속 나오고 있습니다. 역시 가장 인기가 있는 로봇인 것 같군요. 아 그렇지, 로비를 디자인한 사람이 일본계라고 들은 적이 있는데 진짜라면 정말 기쁘겠네요.

이 당시 만든 모형에 항상 등장하는 라이터를 '에너지 보급기'라고 설정하고, 남는 부품으로 적당히 디테일 업을 했습니다. 피규어는 닛토제 SAFS의 반바지 아저씨 위에다 퍼티를 붙여서 만들었습니다. 뫼비우스씨가 그린 BD에 등장하는 캐릭터를 의식했습니다. 왜냐하면, 몇 년 전 CM에서 뫼비우스씨가 디자인한 것을 입체화하는 작업을 했었기 때문입니다. 천재의 작업을 가까이서 볼 수 있었던 것에 정말 감사할 따름입니다.

처음에는 왼쪽의 네모난 디오라마 베이스에 설치했었지요. 그 후로 10년 정도 지나고, 둥근 디오라마 베이스에 다시 배치했습니다.

왜냐면 2003년에 나이키의 사장인, 마크 파커씨와 2002년 월드컵에서 우승한 브라질의 호나우두 선수전용 스파이크를 로비의 디오라마와 교환했기 때문입니다. 그래서 이 디오라마는 미국 포틀랜드의 마크씨의 집에 있습니다. 스파이크는 내 발에 맞지 않아서, 사용하지 않고 잘 보관해두고 있으니 안심하시길.

photo by Yuuzi Takase, Etsuko Hosoi

Powered Suit

요코야마 코우 오리저널 파워드 슈트

첫 공개 : B-CLUB 35호(1988년)

1/12 scale
BANDAI 1/15 scale Star Ship Troopers
Powered Suit resin kit conversion
modeled by Kow Yokoyama

당시, 『스타쉽 트루퍼스(Starship Troopers)』의 OVA가 나오면서, 이를 팍하고 띄워보자는 기획이 있었는데, 당연하게도 반다이에서는 스튜디오 누에가 디자인한 파워드 슈트의 소프트 비닐 키트를 내놓았습니다. 이걸 가지고 개조한 모형을 B-CLUB에 게재하는 계획이었죠. 키트로 나온 소프트 비닐이 아니라 키트를 원형으로 한 레진 캐스트 버전을 제공받아, 이를 개조했습니다. 완성되었을 때는, 팔꿈치부터 손 끝 까지는 원형을 보존했습니다만, 이외의 부분은 상당히 제 멋대로 개조를 했기에, 거의 다른 물건이 되었습니다.

『스타쉽 트루퍼스』의 파워드 슈트는 가토 나오유키씨가 어떤 시대나 항상 멋진 일러스트를 그리고 있다. 지금까지 그려온 그림을 보고서 생각한 것은, 팔 부분이 아이덴티티 아닐까 라는 점입니다.

아 맞다, 이 키트는 1/15였지만, 이 스케일로 만들어진 플라스틱제 피규어를 찾아보기가 어려운 지라, 1/12 피규어를 넣고 타이트하게 딱 맞췄다는 설정으로 만들었지요. 가토씨의 메카 디자인은 뒤에 나오는 버서커도 그렇고, 저로서는 절대로 생각해내지 못할 형태입니다. 그렇기 때문에 키트로 만들면 재미있는 것이죠.

photo by Yuuzi Takase

Caterpillar Robot

캐터필러 로봇 1988년 제작

1/20 scale
scratch built by Kow Yokoyama

photo by Akishige Hommatsu (STUDIO R)

이것은 런너를 이용해 ESCI의 1/72 메르카바 전차의 로드휠을 좌우로 조립하고, 여기에 캐터필러를 접착하는 것부터 시작했습니다. 캐터필러가 위로 올라간 것이 재미있는데, 플라스틱제 세미 커넥팅 방식 캐터필러라서 이런 식으로 만들 수 있는 것이죠.

당시, 스위치를 넣으면 신기하게도 위쪽의 비행기 프로펠러가 빙글빙글 도는 제품이 있었는데 하세가와의 '램 파워'라는 제품이 바로 그것이었죠. 베이스 밑에 커다란 모터가 있어 강력한 자석을 회전시키는 구조입니다. 이걸로 장식대 위에 있는 프로펠러의 축에 장착된 자석도 자기로 인해 S와 N을 반복해서 반응하니까 프로펠러가 빙글빙글 돌아가는 것이죠. 참 잘 만들었지 싶어요.

그래서 그 자석을 심어서 움직이는 것을 만들려고, 이 캐터필러 로봇을 만들었습니다. 작업용 얇은 팔이 빙글빙글 돌아가고, 축이 돌아갔죠. 지금은 안에 있는 전지에서 누액이 발생, 여러 부분이 썩어버린 바람에 더 이상 움직이지 않지만, 캐터필러 로봇만은 제대로 남아있었기에 이번에도 제대로 촬영할 수 있어서 다행입니다. 램 파워를 또 발견하면 다시 움직이게 만들어봐야겠다.

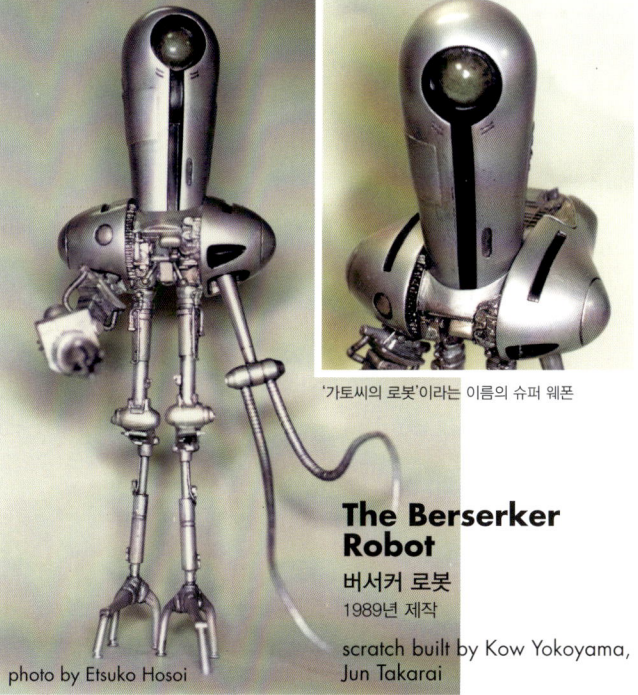

'가토씨의 로봇'이라는 이름의 슈퍼 웨폰

The Berserker Robot

버서커 로봇

1989년 제작

scratch built by Kow Yokoyama, Jun Takarai

photo by Etsuko Hosoi

이 역시 가토 나오유키가 디자인 한 '버서커'로봇. 이것을 원형으로 해서 1989년에 코토부키야에서 레진 키트가 소수 판매되었다. 그 후, 이와이 히데가 키트를 복구해서 2007년에 열린 가토 나오유키씨의 전시회에서 재판매 되었습니다.

당시 나는 가토씨의 책을 보고 원치수의 설계도를 그렸습니다. 머리는 플라스틱을 히트프레스로 만든 구슬과 프라판의 직사각형 형태. 보디는 프라판을 히트프레스시켰습니다. 세세한 부분은 일러스트판 유키카제를 만든 TAC & 챠왕무시의 타카라이군이 완성시켜줬다. 그렇다는 것은 히데는 버서커의 2대째 어시스트라는 것이군. 코토부키야의 키트 완성품을 만들어서 가토씨에게 전달했지만, 다리를 그냥 레진으로만 만들어서는 한계가 있었던지라, 1호는 가토씨의 집에서 산산조각 났다고 한다. 이 후에 조립한 2호작은 이전의 실패에서 얻은 교훈에 따라 가랑이 부분에서 축이 뻗어나고 지지하고 있는

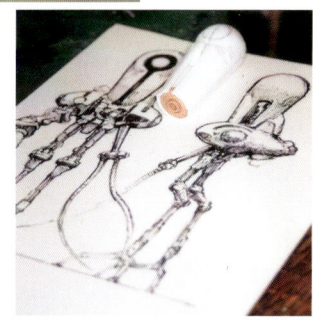

구조로 만들었죠. 도색은 금색과 은색을 1:1로 섞은 것.

- 스핑크스의 남은 데칼
- 지레네(※주 : Sirene, 사이렌의 독일어 발음. 모델링북1에서 소개된 모형)에 사용한 M&M 초콜릿의 하트 모양 케이스의 남은 쪽(구입품)
- 서도호씨의 아트 작품「추락성」에 사용된 1/5사이즈의 크라펜포겔 박스
- 길에서 주워 온 액세서리

'페인트 솔저'의 콘셉트 비주얼이다. 디자인을 변경해가며 만들어가는 것이 아상블라주의 진정한 재미랄까요?

예! 기타미야군은 우수한 학생이었습니다.

「저는 기타미야군에게 디자인을 가르쳤던 강사입니다. 그의 입체 조형 능력, 대단하지 않나요? 지금은 만화가를 하고 있다는데 잘 되었으면 좋겠군요」

이번에 표지 모델이 된 '페인트 솔저'의 등장. 『모델링북 1』에서 라푼의 붓이나 에어브러시를 장비하고 스파출라를 쥔 사진을 표지로 사용했는데, 충분히 멋진 비주얼이었지만 마음에 걸리는 부분이 있었다. 8년이 지난 이번에는 실제 도구를 장비할 수 있어서 저번보다 더 강한 임팩트를 주고 싶어서 페인트 솔저를 완성시켰습니다.

이 '페인트 솔저'의 대단한 점이라면, 거의 받아온 물건과 주워온 물건으로 만들어졌다는 점입니다.

아녜스 바르다 감독의 『이삭줍기』라는 프랑스 영화가 있습니다. 원래 구약성서에서 가난한 사람이 주울 수 있도록 이삭을 남겨두라고 적혀있을 정도의 전통 있는 관습입니다. 물론 밀레의 회화의 모티브가 되었기에, 이만큼 유명한 단어가 되었습니다. 영화에서는 여성감독이 가지는 특유의 시점으로 촬영 되었습니다. 먼저 길에 떨어져있는 단추를 주워 모으는 것부터 시작합니다. 다음으로 청과물 시장에 가면 먹을 수 있는 채소가 버려져있는데, 이걸 적당히 주워 모으는 것만으로도 요리가 가능한 것을 보여준다. 이렇게 여러 가지를 주는 사람을 만나는 것으로, 현대 문명을 다시 돌아보자는 테마의 작품이었죠.

아쉽게도 DVD가 절판되었으니, 대여점을 찾아봅시다.

원래 '주워온 물건'이라는 것은 『SF 3D』시대 때부터의 특기로, 이야기 하자면 '장기'인 것이다. 30년도 더 전부터 여러 가지를 주어서 조형을 했다. 원래 시초는 학생 때로 거슬러 올라간다. 만들다만 F1등의 프라모델 키트가 상자 째로 쌓여져서 버려진 것을 주워 와서는 이것으로 SF풍의 메카로 만든 것부터 시작된다. 이것을 도색해서 몇 명한테 보여줬는데 많은 칭찬을 받았다. 그 후로 30년이 지나서도 이를 계속하고 있다는 얘기로, 말하자면 '이삭줍기'의 달인인 셈이다. 그리고 이 페인트 솔저는 바로 이러한 '이삭줍기'의 집대성인 것이다.

재료가 되는 '좋은 것'을 주우려면 '운'이 중요하다. 자, 어떻게 하면 '운'을 올릴 수 있냐면, 전철에서 할머니에게 자리를 양보하는 것처럼 좋은 일을 하지 않으면, 좋은 것을 주울 수 없다. 그럴지도 모른다. 다른 사람에게 친절하게 하면 자신에게 돌아오니, 여러분들도 그런 양심에 찔리는 기분이라도 좋으니, 다른 사람을 친절하게 대하는 생활을 보내는 것이 좋다. 파워 스톤을 사는 것 보다 확실하게 운이 올라간다고.

우선 이 박력 만점의 피규어 헤드를 받은 것부터 이야기를 하겠다. 지금으로부터 10년 전의 원더 페스티벌에서 사인을 하고 있었는데, 어느 청년이 '이거 받아주세요'라면서 파란색 레진으로 복제한 이 머리를 가방에서 꺼냈다. 퍼런색 할아버지에는 꽤나 놀랐지만 '고마워. 어딘가에 잘 쓸게'라며 받았습니다. 이 청년 '기타미야군'(만화가를 하고 있는 것 같으니 필명으로)은, 당시 SF 일러스트레이터인 하세가와 마사하루씨가 가르치고 있던 전문학교의 학생으로 원더 페스티벌에 하세가와 선생님과 같이 왔었다. 조형의 공부로 같은 전문학교에서 디자인을 가르치던 T선생님의 머리를 만들어봤다고 한다. 그걸 어째서인지 파란색 레진으로 복제해서 나한테 선물한 것이다. 하지만 받아서 집에 돌아와도 머리에 맞는 동체가 없다. 헤드의 스케일은 1/5정도이기에, 시판하는 『G.I. Joe(G.I. 조)』 피규어의 동체에 끼우기에는 너무 크다. 아무 것도 하지 않고 한동안 그대로 보관해두었다.

하지만 신기하게도 그리고 나서 얼마 뒤에 홍콩의 피규어 메이커에서 『구항대전』이라는 타이틀의 '적발귀'라는 피규어를 받았다. 타이틀도 콘셉트도 어디선가 본 것 같은 느낌이 폴폴 풍기는 피규어로 마쉬넨에 삼국지를 더해서 구츠자와씨의 만화를 끼얹은 듯한 느낌이라 해야 하려나? 디자인을 한 Yin씨가 마쉬넨을 좋아하는 것 같아서 어쩔 수는 없었지만, 옷과 부츠, 장갑을 제외하고는 SAFS풍의 백팩 이외에는 다른 곳에 사용하기가 어려운 장식이 달려있었기에 전부 다 떼어냈다. 하지만 동체는 꽤나 커서 전에 받은 1/5 헤드에 꼭 맞았다. 작은 머리를 떼어내고 전에 받은 선생님의 머리를 붙이니 놀랍게도 딱 맞았다. 살색을 칠하고 등에 멘 백팩도 검게 칠하고 반대로 배 쪽으로 장착시켜봤다. 여기에 스크래치로 만든 헬멧을 씌우고 스타워즈의 총을 들려서 미래의 병사로 만들어봤다. 그 후로 10년, 주어온 액세서리 등도 목에 걸고 내 방 경비를 하고 있었다. 그리고 이번에 '페인트 솔저'라는 이름으로 『모델링북 2』의 표지를 장식하는 오브제가 되었다.

이제 와서 생각해보면 여러 사람들로부터 많은 원석을 받아서는 그것을 갈고 닦았다는 것을 알게 되었다. 인생에서 만난 많은 사람들에게 감사를 해야한다.

받아온 것에 주워온 것, 그리고 남아있는 것으로 만든 페인트 솔저를 재미있게 봐주시길.

페인트 솔저 출격!

얼굴에 임팩트가 장난 아닌 것은 물론이고, 옷감의 도색이나 초콜릿 케이스나 스푼을 사용한 공작 등, 페인트 솔저는 각종 모델링 기법을 동원하여 제작된 작품입니다. 그 과정을 살펴봅시다.

● 헬멧 & 머리

①헬멧은 어디선가 주워온 캡슐토이용 캡슐에 금속용 에폭시퍼티를 바른 것. 몇 년 전에 대략적으로 만들어져 있었기에, 추가공작을 합니다. ②도색이라 하면 방진 마스크다. 그래서 전차의 로드휠 부품을 가스마스크 풍으로 공작, 사이드의 페이스가드는 프라판을 추가해서 검은색 순간접착제로 덧붙여준다. ③스프레이건에 연결된 호스를 표현하는 코드를 먼저 물색한다. 「모델링북 1」에서 나온 것보다 코드가 늘어났다. 책을 꺼내서 비교해 보자. ④⑤헤드는 파란색 레진이었다. 살색을 녹색 바탕에 바르면 사실적이 된다. 여기서도 눈동자에는 흰색 도료를 묻힌 바늘로 구멍을 냈다. 링라이트같은 표현이다. 예전에 보바펫이 마스크를 벗었을 때 내가 받은 위화감을 두 배로 증폭해서 여러분들에게 나눠드렸습니다.

● 스프레이건 & 피어스

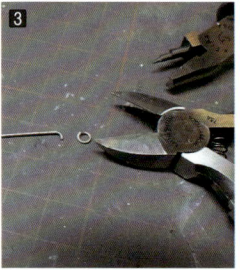
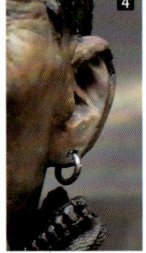

①스타워즈의 IG-88에 들어있던 총을 스프레이건으로 개조. PVC제 총신을 톱으로 자르고, 여기에 머리를 절단한 못을 반대로 심어서 에어브러시 니들을 표현했습니다. ②웨이브의 탱크와 노즐을 붙여서 완성. 원색의 치핑으로, 스프레이건 특유의 웨더링 표현을 했습니다. ③④미래의 병사이니 멋을 좀 부려보려고 0.7mm의 양은선으로 피어스를 만들었다. 고리를 만들 수 있는 펜치로 구부려서, 귓불의 두께에 잘 맞도록 틈을 벌립니다.

검은색 순간접착제 사용 시에는 정전기에 주의!

겨울에 제로센의 배면 부분을 연마하고서 검은색 순간접착제를 바르려고 가까이 가져갔더니, 정전기로 인해 얇은 실 형태로 자동필기가 되듯 '그림'이 그려졌다. 겨울철에는 정전기 대책도 필요하다. 물을 적신 천으로 닦아주면 된다.

● 본체의 개조 & 도색

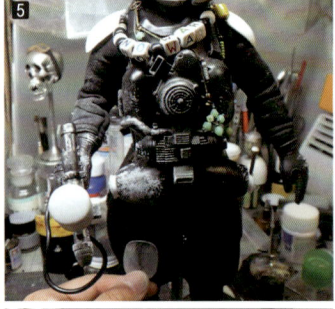
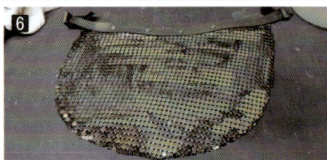
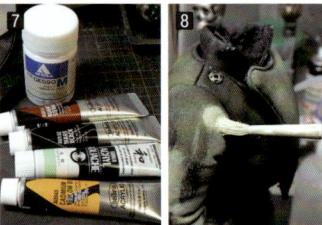

①②'적발귀'가 등에 메고 있던 마쉬넨 풍의 장비는 배 쪽에 붙였습니다. ③아는 시계방에서 받은 정밀 부품 ④컴프레서의 스위치 레버처럼 만든 바의 끝에 용두를 붙여봤다. 롤렉스의 용두도 있었지만 아까워서 안 붙였습니다. ⑤어깨와 무릎의 아머는 다른 스푼을 사용. 무릎 쪽은 모로조프다. 울트라 본드로 접착합니다. ⑥갑옷은 금속을 붙인 천을 펴서 칠을 한다. ⑦20여 년 만에 구입한 수성 아크릴 물감은 놀라울 정도로 쓰기 편해서 바뀌었다. 이번에 이것으로 캔버스에 그림을 그릴 예정이다. 정말 기대가 된다. ⑧검은 천을 녹색 계열 위장색으로 만들기 위해 아크릴계 수채화 물감으로 색을 입혀 줍니다. 젯소를 섞어서 사용하면 석회분을 먹여서 색이 어두워지지 않는다. ⑨수성이라 건조가 느리므로, 헤어드라이어를 사용합니다. 수성 아크릴로 그림을 그리는 사람에게는 필수 도구!

● 백팩

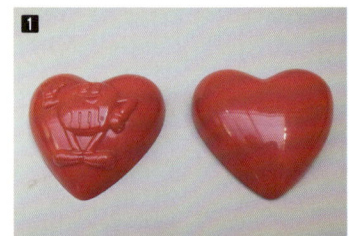
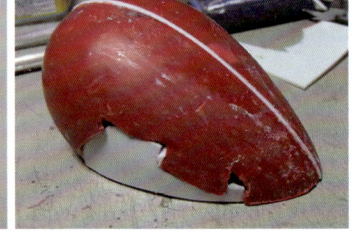

①M&M 초콜릿 케이스. 오른쪽은 지레네에서 사용했기에, 왼쪽을 사용. 이미 사용했을 텐데 사진에 나와 있는 것은 사진을 찍기 위해 하나 더 구입했기 때문. ②세로로 반을 자르고, 프라판을 끼워서 접착. 캐릭터의 입체적인 표현은 초음파 커터로 잘라낸 다음 프라판으로 보수해주자. 이렇게 물방울 모양으로 만든 부품이 완성되었다. ③등 쪽 곡면에 맞춰서 굴곡을 준 프라판을 접착하고 클램프로 잡아둔다. 완전히 경화되고 나면 붙여놓은 프라판의 가장자리를 줄로 긁어냅니다. ④붓 등을 끼워 넣을 구멍은 연필로 밑그림을 그리고 서서히 크게 확장을 하면 쉽게 작업할 수 있다. ⑤등 쪽에 접착하고 마스킹 테이프로 눌러주는데 뭐랄까… 좀 마니악한 결박쇼 같다. 나중에 클램프로 잘 눌러줬습니다.

● 노란색의 피아식별색 & 데칼 붙이기

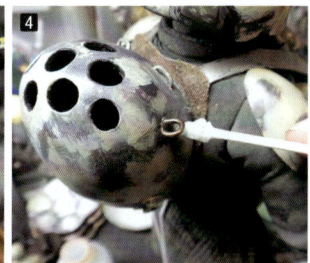

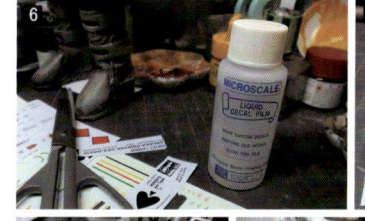

①이 단계에서 야외 촬영을 한다. 자연광 밑에서 보니 '여기에 노란색을 넣으면 괜찮겠다' 라는 것을 알 수 있다. 도색 도중이라도 밖에 가지고 나가보자. ②③핀란드군의 Me109용 노란색을 만들어 둔 것에 오렌지를 섞는다. 이걸로 식별 띠를 컴프레서로 만든 배 부분 아머에 칠한다. 8년 사이에 래커계열 흰색, 노란색의 성능이 발전했기에 험브롤이 아니더라도 깨끗하게 노란색이 잘 칠해진다. ④황동선으로 만든 고리는 산화 처리를 한다. 항상 꼭 해주는 작업이다. ⑤괴수처럼 완성시킨 최신판 콤팩트 가스버너를 걸어주어서 장비, 제대로 불이 나온다. 화악~!!

⑥데칼의 필름 부분이 없이 인쇄만 되어있는 부분은 사진에 나온 리퀴드 데칼 필름을 칠해주면 데칼로 사용할 수 있다. ⑦이번에 사용하는 로고 데칼. 노란색의 '2'는 레인보우 에그의 스핑크스용 데칼, 노란색의 식별띠에 색을 맞추고, 「모델링북 2」의 '2'를 골라서 붙였다. ⑧⑨ 여러모로 신세를 지고 있는 메이커의 로고는 여러 곳에 붙여줍시다. ⑩비오는 날 근처의 진흙탕에 떨어져 있던 NO WAR의 액세서리. 처음에는 줍는 것을 망설였지만, 씻으면 깨끗해지겠다 싶어서 바로 구출. 나는 이럴 때를 대비해서 비닐봉지를 들고 다닌다. 대단하지요? 페인트 솔저의 목에 걸기로 했기에 웨더링 도색을 합니다. 혹시 이 액세서리를 떨어트린 분이 이 책을 보시게 된다면 웨더링 도색을 지우고 돌려드리겠습니다. ⑪전직 해상자위대원인 스바루군이 만든 몇 년 전의 내 피규어. 잘 만들어졌기에 조금 손을 봐서 완성시켰다. 이 피규어가 가지고 싶다는 변태들을 위해 재판매 할지도. ⑫등 쪽에도 주워온 액세서리를 달아줬다.

완성!

도색 무사 지금 출진이라오!!

노구치 테츠야전의 전시회장에 슬쩍 놔두고 싶다. 촬영한 것은 8월 하순. 이 계절은 앞으로도 모기에 주의를 하자. 마치 츠부라야 프로가 예전에 괴수 영화를 찍었던 자사의 사옥이 있는 기누타 부근의 밭에서 찍은 것 같은 분위기. 이 장소도 지금은 주택조성이 시작되었다. 오른쪽 사진은 여름 문안 엽서로 쓸까나??

더운 여름, 문안 인사 드립니다.

©KOW YOKOYAMA

요코야마 코우

오리지널 모델 도감
Modeling Book

1960년대의 SF복각 키트로 오리지널

태엽은 마음의 원자력

4 Legs Machine

4족 보행 메카
2003년 제작

NITTO plastic kit DELTA-3 conversion
modeled by Kow Yokoyama

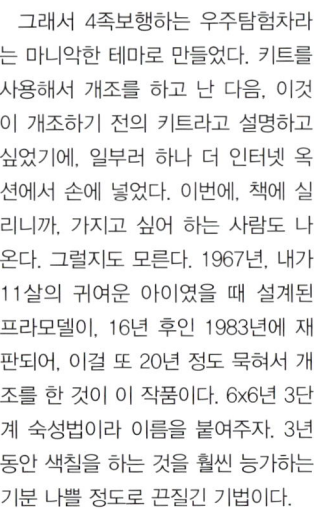

카지타 타츠지씨가 박스아트를 그린 아오시마의 무시무시한 키트를 입수했습니다. 이빨이나 뿔이 한 번에 몰드 되어있어서 이것이 태엽으로 움직인다고 한다. 이건 개조를 하면 저주를 받을 것만 같아서, 이대로 만들겠다. 왠지 다른 사람들이 따라올 수 없는 곳으로 가버릴 것 같다. 『모델링북 2』니까, 뭐 괜찮겠지.

6x6년 3단계 숙성법

이 태엽으로 움직이는 로봇은 여러분들이 본 적이 없을지도 모른다. 베이스가 되는 것은 1967년에 판매된 닛토의 제품. 물론 『SF3D』시리즈를 만든 닛토과학교재입니다. 이러한 귀중한 태엽 키트를 사용해서 오리지널 메카를 만들었기에 자랑해보려 한다. 물론 지금도 끼릭끼릭거리며 걸어 다닙니다. 작은 쉥켈 같군요.

닛토에는, 사실 '움직이는 태엽 시리즈'라는 크게 히트를 친 프라모델이 있는데, 우선은 가메라, 발곤, 갸오스 그리고 오리지널 와니곤이라던가 마론 같은 본 적 없는 오리지널 괴수까지, 엄청나게 팔린 시리즈가 존재했었죠. 우리처럼 1950년대 중반에 태어난 아이들은 모~두가 닛토 이외의 제품이라도 태엽 프라모델을 만들어서 끼릭끼릭 굴리면서 놀았다는 것은, 미대 학생 시절에 조사를 했기에, 틀림없을 겁니다. 아마도… 말이죠.

닛토는 당시에 산처럼 만든 괴수용 태엽을 이번에는 나가오카 슈세이씨라는 일러스트레이터가 디자인 한 SF메카에 넣어서 시리즈를 내놓았다. 게다가 나가오카씨가 박스아트도 그렸다고요. 뭔가 내 선배님 같은 느낌이네. 어째서 어린애들한테 태엽이 먹혔냐면, 전지를 사용하지 않고 반영구적으로 움직이니 모터조차 뛰어넘는 초 저렴한 친환경 동력이었기에 그랬던 것 아닐까 싶네요.

그 키트도 『SF3D』시대인 1983년에 복각되었죠. 그 금속제 태엽을 만들 수 있는 곳이 이제는 어디에도 없는 듯해서, 꽤나 아쉽네요. 이 델타3의 복각판은 어째서인지 산처럼 쌓아놓고 팔고 있었습니다. 박스아트는 나가오카씨가 그렸지만, 와니곤과 같은 엔진을 사용해야하니… 결국 내용물은 닛토에서 설계를 한 결과, 박스아트와 너무나도 다른 '무언가'가 되어버렸는데, 그러한 점이 고전 키트의 좋은 점(?)이기도 하지만…. 뭐, 덕분에 거침없이 개조했습니다. 그때 사실은 스테인리스 도료라는 것을 손에 넣었는데, 이 도료가 도색한 면을 닦아 질감을 내는 물건으로, 이걸 빨리 시험해보고 싶어서 가토 나오유키씨가 『SF매거진』에 그리는 것 같은 메카를 목표로 삼았다. 이 도료는 정말 독특한인 질감이다. 스테인리스 뭐시기라는 이름이었는데….

그래서 4족보행하는 우주탐험차라는 마니악한 테마로 만들었다. 키트를 사용해서 개조를 하고 난 다음, 이것이 개조하기 전의 키트라고 설명하고 싶었기에, 일부러 하나 더 인터넷 옥션에서 손에 넣었다. 이번에, 책에 실리니까, 가지고 싶어 하는 사람도 나온다. 그럴지도 모른다. 1967년, 내가 11살의 귀여운 아이였을 때 설계된 프라모델이, 16년 후인 1983년에 재판되어, 이걸 또 20년 정도 묵혀서 개조를 한 것이 이 작품이다. 6x6년 3단계 숙성법이라 이름을 붙여주자. 3년 동안 색칠을 하는 것을 훨씬 능가하는 기분 나쁠 정도로 끈질긴 기법이다.

엔진을 구조물의 일부로 하는 기법. 이것이 콜린 채프먼의 아이디어

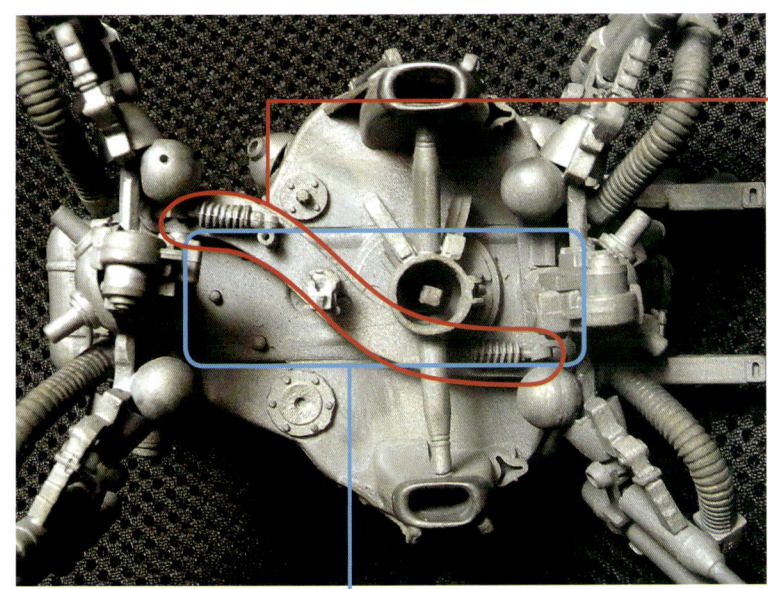

태엽 동력부

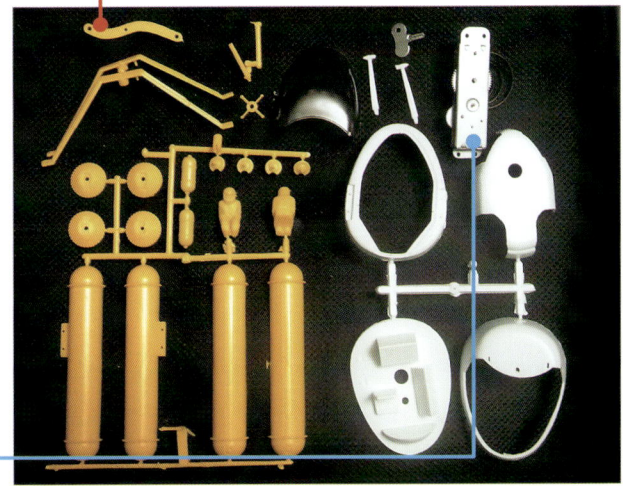

S자 샤프트

 뒤쪽의 사진을 보면 알겠지만, 이것은 태엽을 직접 붙이고 있군요. 태엽밖에 안 쓰는 건가? 이 커다란 스프링은 더 이상 못 만드는 건가? 가격의 문제겠지요. 아, 'S'자 모양의 플라스틱 샤프트는 사용하고 있군요. 이게 없으면 안 움직일 테니까. 외장 부품으로 사용한 곳은 적었었네. 본체를 사용하지 않고 태엽을 구조재로 사용하고 있습니다. 60년대의 로터스 스포츠카와 같은 발상이 좋군요. 다른 유용 부품도 가공해놓아서 오리지널이 어떤 것이었는지 별로 기억이 나지 않을 정도. 사진을 크게 실어놓도록 하죠. 원래 디자인과 공작을 동시에 진행하다보니, 가토 나오유키씨의 디자인을 생각해내며 즉흥적으로 작업한 부분이 많네요. 특히 계란처럼 생긴 회전하는 부분은 2종류의 직경인 플라스틱 구체를 연결해서 만들었죠. 이 부분이 가토씨 스타일의 처리방법이라 생각하는데 어떤지?

 최근에는 태엽이 들어간 프라모델이 엄청나게 신경 쓰인다.

원조 4족 메카 · 쉥켈 최고 난관 부품 '알리제'의 비밀

알리제의 책도 있다 알리시오! 이것이 일본의 여명일지니!

 아, 그렇지! 태엽으로 움직이는 4족 메카가 나왔으니 원조 4족 메카인 쉥켈의 이야기도 같이 해보도록 하죠.

 쉥켈의 윗면에 에보시(※주 : 烏帽子, 일본식 관모)처럼 생긴 돌기부분이 있는데, 이 부품 어떤 키트의 어느 부분을 사용 했는지는 좀처럼 감이 안 와서 곤란한 사람이 많았던 것 같다. 벌써 완성해놓은 나는 전혀 곤란하지 않은데 말이야. 부품 해석하는 사람들의 장기 숙원사업이었다고 한다. 당시, 편집부의 바로 옆에 있었던 요요기의 포스트 하비에서 박스가 없는 키트를 부품으로 싸게 샀으니까 어떤 키트였는지 알바는 없었다. 하지만, 타케나카 나오토와 같이 요요기 세미나에서 데생이나 공부를 했을 때도, 매일같이 포스트 하비를 기웃거렸기에, 그 후로 5년 뒤에 또 포스트 하비에서 키트를 뒤지는 사람이 되고 말았다. 마치 은어나 연어가 회유하는 것처럼 말이다.

 그래서, 쉥켈이 완성되고 20년도 더 지났을 때, '레플리컨트'인 힐군이 다른 키트의 부품을 해석하고 있을 때, 엘레르(Heller)의 알리제(※주 : Breguet Br.1050 Alizé, 프랑스제 함상 초계기)라는 마이너한 비행기를 나가시마씨에게서 받아보고는, 놀랍게도 거기에 '에보시' 부품이 들어있었다고 한다.

 사진의 키트 박스 중 큰 쪽이 쉥켈에 사용한 엘레르의 1/50스케일 알리제 키트. 아주 오래된 키트는 구하기가 정말 어렵지만, KATOOO씨가 해외 인터넷 옥션에서 낙찰 받았습니다. 크기가 작은 것도 있는데 이쪽을 잘못 산 사람도 있지 않을까요?

 공양을 하기 위해서라도 알리제를 비행기로 완성시켜야만 하겠지. 막상 리얼한 비행기로 만들려고 하면 이 부분이 어쩌고 저 부분이 어쩌고 등 사소한 부분이 신경 쓰여서, 만들지 못한다. 정말이지 나는 속 좁은 인간이라 생각했다. 재촉을 하듯이, 최근에 사진집이 나왔습니다. 사진집을 보니 꽤나 멋있는 비행기라는 것을 알았습니다. 게다가 마하2라는 마니악한 기종을 전문적으로 내놓는 변태 메이커에서 새로운 키트가 발매되었는데, 완성시키면 분명 멋있을 듯. 어떤 의미로는 좋은 시대가 된 것인지도 모르겠다.

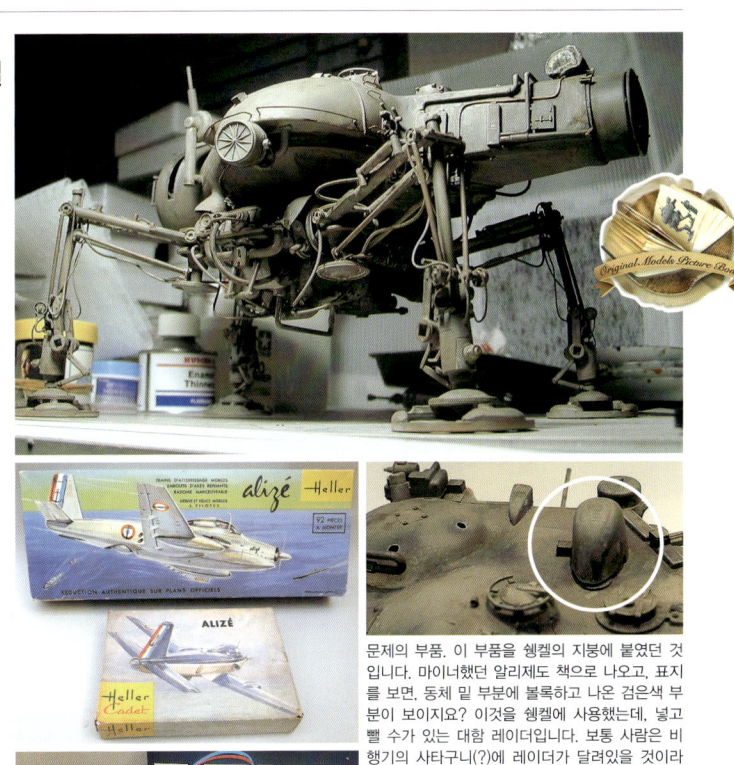

문제의 부품. 이 부품을 쉥켈의 지붕에 붙였던 것입니다. 마이너했던 알리제도 책으로 나오고, 표지를 보면, 동체 밑 부분에 볼록하고 나온 검은색 부분이 보이지요? 이것을 쉥켈에 사용했는데, 넣고 뺄 수가 있는 대함 레이더입니다. 보통 사람은 비행기의 샤타구니(?)에 레이더가 달려있을 것이라 생각하지 않았을 터이니, 좀처럼 발견되지 않았겠지요. 키트를 즐기는 데는 이런 방법도 있더라는 이야기.

※레플리컨트 = 여기서는 「금단의 레플리카 모델러」라는 의미.

카멜의 캐노피는 커다란 캡슐토이에서 나왔습니다

CAMEL

카멜
2013년 제작

HASEGAWA 1/20 scale plastic kit
modeled by Kow Yokoyama
photo by Masataka Kawahashi (STUDIO R)

　캐노피나 라이트, 창문과 같은 투명한 부품이 프라모델에 사용되었기에, 더욱 사실적인 표현이 가능ㄹ하게 되었습니다. 하지만, 이 투명 부품을 잘 완성시키지 못하면 매우 '비극적인' 완성품이 되고 만다는, 말 그대로 양날의 검이기도 하죠. 어렸을 적에, 완성의 명암을 가렸던 것도 바로 투명 부품이었습니다. 지금도 어떻게 해야 제대로 잘 칠할 수 있을지 걱정이 되는 투명 부품이 있는 키트를 피하는 사람이 있다는 것 같은데… 그런 사람도 이 페이지를 읽은 후에는 분명 투명 부품을 좋아하게 되지 않을까요?

　카멜에는 『Ma.K.』의 키트 중에서도 가장 많은 투명 부품이 사용되었습니다. 구체형의 콕피트를 덮은 캐노피 부품의 면적이 워낙 크지라, 안에 들어있는 파일럿이 훤히 다 보입니다. 물론 이것의 디자인 힌트가 된 것은 미국의 중폭격기 B17의 구형 총좌 (Ball turret)였죠. 동체 아랫면에 매달려있는 공 모양의 총좌라…. 이거 어쩌면 세상에서 가장 무서운 공간 중 하나였을지도 모르겠습니다.

　일단은 투명 부품의 취급 요령부터 얘기해보겠습니다. 도색 전에 씻는 것이야 일반적인 부품과 똑같지만, 클렌저나 수세미 같은 상처가 날 우려가 있는 것은 사용하지 맙시다. 물기를 닦을 때도 부드러운 천을 사용하거나, 자연건조를 시킵시다. 투명한 플라스틱은 색이 들어간 것에 비해, 딱딱하고 잘 깨지니까, 런너에서 잘라낼 때나 게이트를 처리 할 때 날이 잘 안 드는 니퍼를 사용하면 생각지도 못한 곳에 금이 가면서 정말 난감한 상태가 됩니다. 초음파 커터를 가지고 있는 사람은 반드시 써보도록 합시다. 깨질 걱정 없이 간편하게 잘라낼 수 있으니까요.

　우주공간용 금색 코팅을 표현하기 위한 방법이라면, 그건 바로 캐노피의 뒷면에 금색 도료를 에어브러시로 가볍게 뿌려주는 것. 풍압으로 날아가지 않도록 양면테이프로 고정시켜줍시다. 칠하고 싶지 않은 겉면에 굳이 마스킹을 할 필요는 없다. 만에 하나 색이 묻어도 컴파운드로 닦아내면 지워지니까. 뒷면에 균등하게 얇게 뿌려주는 것에 집중하시길!

　다음으로 캐노피 너머로 보이는 콕피트 내부를 칠해줍니다. 비행기 키트에 있어 콕피트는 귀찮아 죽겠다는 사람과 작업이 재미있어 죽을 지경이라는 사람이 있을 정도로 취미가 격하게 갈리는 곳입니다. 나는 피규어를 태우고 싶어서 프라모델을 만들고 있는 쪽이므로, 파일럿만 색을 칠해놓으면 만족할 정도로 대충 칠합니다.

　카멜의 경우에도 캐노피 너머로 보이는 부분은 부품별로 확실히 구별해서 칠해야겠다는 생각은 하지 않고, 그저 빛이 닿을만한 장소를 골라서 효과적으로 칠해줬습니다. 이 때 피규어를 조립해두고 의자에 앉혀보고, 잘 보이지 않는 부분이나, 엉덩이로 감춰지는 부분은 칠하지 않았는데, 접착할 예정인 곳에 색을 칠하면 접착제 붓에 색이 묻어서, 접착제가 탁해지니, 오히려 칠하지 않는 것이 중요하다.

　키트화 된 카멜은 화이트 단색인 오리지널 모델과 다른 느낌을 살리고 싶었기에, 위장무늬로 완성시켰습니다. 시피그의 페이지에도 적었던, 위장 무늬를 붓으로 칠하고 나서 에어브러시로 경계를 흐릿하게 만들어주는 방법은 이렇게 커다란 면적의 위장에 매우 효과적이죠. 시선을 잡아끄는 것은 붓 자국이란 것을 기억해두시가 바랍니다.

　그리고, 키트가 나온 덕분에, 오리지널 모델의 부서진 부분을 수리하는 것도 편해졌죠. 부품이 떨어져서 없어진 부분도 키트를 보면서 수선하면 완전 간단! 하지만 키트의 부품을 그냥 그대로 사용하는 것은 성미에 맞지 않았기에 키트의 부품을 보면서 자작해서 수선했습니다.

1/72 제로센은 콕피트에 시트벨트가 없지만, 파일럿에 몰드되어 있으므로 세이프!

1. 붓 자국을 남기고서 에어브러시로 조절

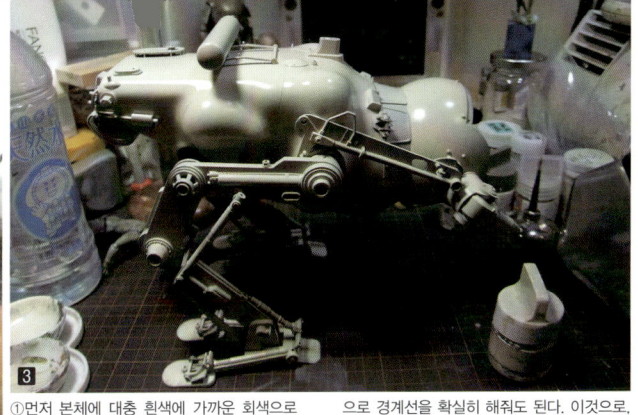

①먼저 본체에 대충 흰색에 가까운 회색으로 붓 칠을 합니다. ②붓으로 칠하던 도중에 먼지가 들어가면, 마르고 나서 둥근날 나이프나, 1000번 정도의 사포로 갈아서 제거합니다. 당황해서 손가락으로 집지는 말자고요. ③기본색을 붓으로 칠하면 그 위에서 에어브러시로 같은 색을 뿌립니다. 이 때, 색의 경계선을 목표로 뿌려주는 것이 요령. 에어브러시로 균등하게 칠한 것처럼 보이지만, 붓 자국이 아래에 약간 남아있는 것이 포인트. 이 색의 경계면을 '마하라인'이라고 하는데, 인간은 이 쪽에 눈이 가게 되어있다는 겁니다. 책을 1권을 쓸 수 있을 정도이니, 자세한 원리는 생략합니다. 천연수의 PET병이 보이는데, 자주 수분 보급을 해줍시다. 서늘한 계절이라도 계속 앉아만 있는 취미이니, 이코노미 증후군에 걸리지 않도록 주의하시길. ④위장 무늬의 회색을 패턴을 결정하면서 우선은 붓으로 도색, 붓으로 경계선을 확실히 해줘도 된다. 이것으로, 시선을 모으는 포인트가 만들어집니다. ⑤다음으로 경계선을 에어브러시로 흐릿하게 만들어줍니다. 물론 명도가 낮은 쪽, 즉 진한 색으로 해줍니다. 이것으로, 모순된 말이지만, 눈에 잘 띄는 흐릿한 도색이 완성됩니다. 시피그 페이지에서도 이야기 했지만, 에어브러시는 지우개 같은 도구이니, 지우개만으로는 그림을 그릴 수 없는 것과 같은 이야기지요. 붓 칠이 있고나서 에어브러시. 30년 전에 글래디에이터 도색 이후로 계속 이 방법으로 해왔기에 틀림없습니다.

2. 캐노피의 뒷면에 금색을 뿌려주자

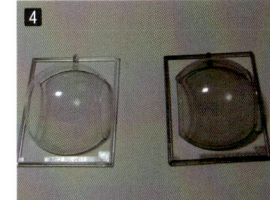

①키트의 피규어. 양 옆으로 붙은 게이트가 마치 우주로봇 킹죠를 조종하는 페탄성인(星人)같네요. 아카즈카 후지오 선생님의 캐릭터에도 이런 인물이 있었죠. 참고로 테스트 샷이라 성형색이 회색인데, 이 색은 의욕을 팍팍 떨어뜨리는 색이라고요. ②파일럿은 이 상태로 도색판에 양면테이프로 고정해서 칠하면 된다. ③헬멧의 파이프는 스프링으로 바꾸고, 안에 굴곡을 준 황동선을 통과시키면 자연스러운 곡선을 보여줍니다. ④통상판 키트의 캐노피는 스모크 클리어로 사출되어 있지만, 한정판에는 클리어 부품도 들어 있습니다. 도중에 1개 깨먹은 사람이 스모크를 자신이 직접 칠하고 싶은 사람한테는 이쪽이 좋을지도. ⑤우주복의 헬멧과 같이 금속 코팅이 된 캐노피로 만듭시다. GSI 크레오스의 금과 금속 특색 세트 412번의 브라스를 적당히 조색해서 NASA사진의 색에 가깝게 만들었습니다. ⑥캐노피의 뒤에서 에어브러시로 가볍게 뿌려준 모습. 참고로 구체의 안으로 들어간 면에 에어브러시를 뿌리면 반사되니 주의할 것. ⑦앞쪽은 아무것도 뿌리지 않았다. ⑧대충 조색을 했지만, 실제로 칠하는 양보다 남은 양이 너무 많았기에, 땅콩 캐릭터에도 금색을 뿌려봤다. 금색의 톤을 확인 가능하다. 혹시 킹기도라나 골돈을 만들던 것이 있다면 그쪽에 쓰는 것도 좋을 듯.

미니사이즈 순간접착제 스탠드 만드는 법

이 순간접착제 스탠드는 양복용 단추로 만들었습니다. 급유기를 받았던 도산한 재봉틀 가게에서, 단추도 덤으로 얻었죠. 한 가운데를 드릴이나 라우터로 둥글게 깎아두고, 웨이브의 핸드리머로 순간접착제 지름에 맞춰서 조금씩 구멍을 넓혀주면 완성. 단추는 꽤나 딱딱한 수지로 되어있으니, 근성을 가지고 깎을 필요가 있다.

⑨캐노피의 가장자리에 있는 '거스러미'를 발견. 도색하는데 방해되니 사포로 신중하게 깎아줍니다. 이 부분은 프레임을 칠하는 곳이기에 깎인 자국이 나도 문제될 것이 없다. ⑩콕핏 안은 적당한 회색으로 칠하고, 봄베와 같이 눈에 띄는 것을 빨간색으로 칠했습니다. 산소 라인은 파란색이고 연료 라인은 노란색이기도 하지요. 어느 정도 색을 넣어두지 않은 부분을 만들어서 색칠한 부분이 눈에 띄도록 만들지 않으면, 조밀하게 만들었다는 느낌이 나지 않기 마련입니다.

3 금속선으로 축을 만들자

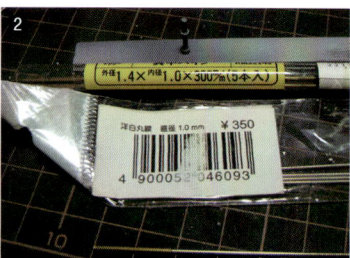
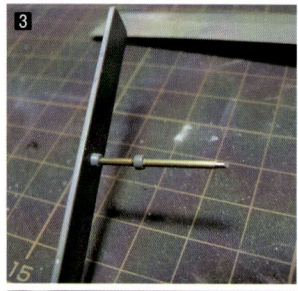

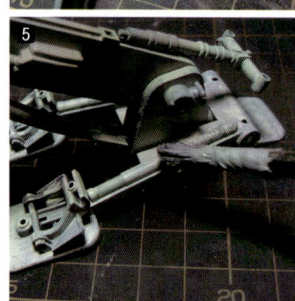

①콕피트의 레스큐 볼의 가동축이 조금 짧기에, 황동선으로 교체, 더욱 튼튼하게 만들었다. ②안테나 연결부도 직경 1mm의 양은선, 그리고 여기에 맞게 같은 내경의 황동 파이프를 조합하여 교체. ③이 책의 다른 부분에도 적혀있겠지만, 황동 파이프를 자르는 데는 톱줄이 가장 좋다. 커터의 날로 빙글빙글 돌리며 자르는 시대는 이제 끝난 것이다. 황동 파이프보다 한 치수 두꺼운 원기둥은 키트의 안테나 연결부품을 활용했다. ④본체에 황동 파이프를 삽입하고, 안테나가 수직이 되도록 각도를 조절한 뒤에 순간접착제로 고정합니다. 「모델링북 1」의 지레네 부분에서 다룬 방법이지요. ⑤이 타이밍에서도 도색을 한 위에 퍼티를 바르고 있습니다. 녹이 올라온 느낌을 재현하고 있는 거죠. 녹이 슬었다는 건 월면 기지처럼 산소가 없는 곳에서만 활동하는 것이 아니라는 설정이다.

핀바이스는 '핀'을 '바이스' 하는 것, 드릴 쪽이 아닙니다

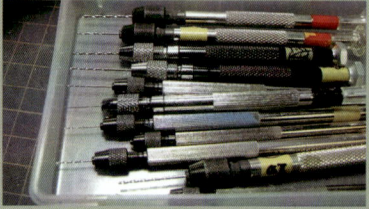

핀바이스용 드릴 날 중에 지름이 가는 것은 갈아 끼우는 도중에 부러지는 일이 많다. 갈아 끼우는 번거로움이나 날이 부러졌을 때 다시 사러가는 것을 생각하면, 드릴 날 종류만큼, 자루를 갖춰두는 편이 스트레스도 없어지고, 장기적으로도 돈이 더 적게 든다. 그래서 나는 이 만큼의 핀바이스 자루를 갖춰놓고 있다.

4 식별띠를 '남김 도색'합니다

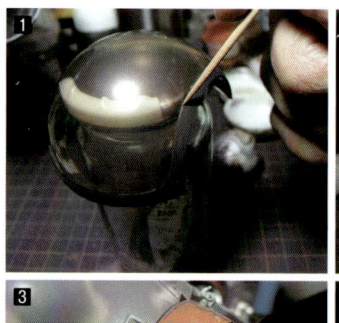
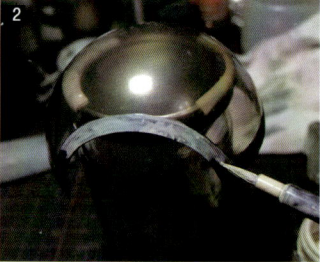
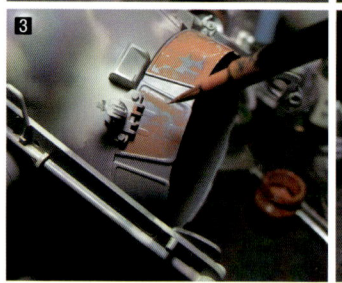

①순간접착제 보관용 빈병에 양면테이프를 붙이고, 캐노피를 고정하고 난 다음 칠하면 딱 좋은 자세로 칠할 수 있다. 밑의 칼럼에서 설명하지만, 삐져나오면 이쑤시개로 색을 벗겨내자. ②발색이 좋아지도록 흰색을 칠한다. ③④식별띠의 빨간색은 Ma.K.컬러의 몽키 로즈에 본체를 칠한 흰색을 약간 섞어둔 것이다. 이렇게 하면 색이 잘 조화를 이룬다. 도색이 벗겨진 것을 표현하고 싶었기에, 나중에 벗기는 것이 아니라, 처음부터 전부 다 칠하지 않고 벗겨진 듯한 느낌으로 칠한다. 그래서 '남김 도색'인 것이다.

캐노피 창틀의 도색법

매우 중요한 창틀 도색법 이야기. 비행기 키트에서도 캐노피의 창틀 도색이 옅어서 역광에 비쳐서 투명하게 보이면 참 안타까워집니다. 창틀을 남기고 마스킹을 하고 여기를 에어브러시로 칠하는 사람도 적지 않지만, 그런 귀찮은 방법을 쓰더라도 반드시 멋있는 창틀이 되지는 않는다는 이야기죠. 왜냐하면 붓으로 칠한 선과 나이프로 넣은 마스킹 선은 보는 방법이 많이 다르기 때문입니다.

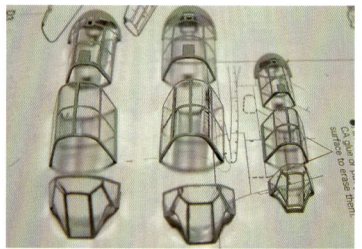

그렇다면 붓으로도 삐뚤빼뚤하지 않게 캐노피 프레임을 칠하는 법을 알려드리지요. 먼저 무광택제가 들어간 어두운 회색으로 창틀의 몰드를 따라서 붓으로 그립니다. 대부분의 실제 기체의 캐노피 프레임의 안쪽은 어두운 회색이 칠해져 있으니, 대부분의 비행기 키트에도 응용 가능합니다. 사용하는 붓은 Too의 0번 면상필이 베스트. 다소 삐져나오기도 하지만 신경 쓰지 말고 덧칠합니다. 건조되면, 그 위에다 기체 색을 앞에서 칠한 선을 따라가듯 칠합니다. 그리고 여기서부터가 이 기법의 핵심 포인트! 물을 묻힌 이쑤시개로 삐져나온 색을 천천히 벗겨줍니다. 무광택제가 수용성이라, 꽤나 간단히 벗겨낼 수 있지요. 붓으로 칠할 때, 삐져나오는 것을 최소한으로 억제하면 꽤나 샤프한 느낌의 도색이 가능합니다. 이 방법을 사용하면 구 일본군 기체의 많은 창틀 캐노피도 손쉽게 칠할 수 있죠.

또한, 접착제가 묻어서 안타까운 상황이 된 캐노피도 충분히 건조시키고 난 후 갈아내면 부활하니 기억해둡시다.

5 데칼의 사용은 임기응변으로!

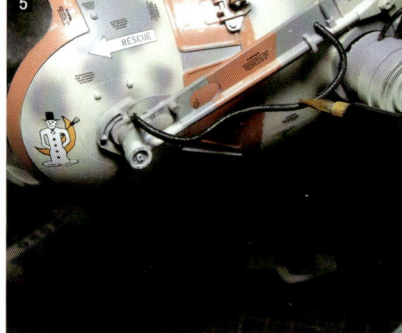

①'F'자를 붙이고 싶어서, 키트에 딸려있는 'P'를 나이프로 잘라냈다. ②꽤 그럴 듯하게 'F'자가 되었다. ③밑바탕을 광택 도료로 칠해두면, 데칼도 확실하게 밀착된다. 무광택으로 칠한 경우에는 유광 클리어를 뿌려두자. 곡면으로 붙이기 어려운 부분은 마크소프터와 같은 유연제를 사용하는 것이 좋다. ④사용한 데칼의 대지를 모아두면 엄청난 달성감을 느낄 수 있다. 그러므로 귀찮게 일일이 버릴 것 없이 놔두다가, 맨 마지막에 버리도록 하자. ⑤친숙한 가이아노츠의 프라이머를 폴리부품에 칠한다. 이 프라이머는 현재 최강의 피막 안정성을 보여준다. 어지간하면 이걸 칠하고 먼지가 붙기 전에 도색을 끝내야 한다고, 개발 쪽의 야자와 군이 이야기했습니다.

완성!

캐노피 너머로 보이는 파일럿과 콕피트의 느낌이 근사하죠? 25주년 개인전 때 만든 뉴 랠리 폰도 같이 세워봤다. 같은 부대 소속이란 설정이다. 카멜은 운반하거나 수납할 때 다리를 접으면 크기가 작아지니 전시용으로도 최적이다.

번외편 오리지널 모델의 수리!

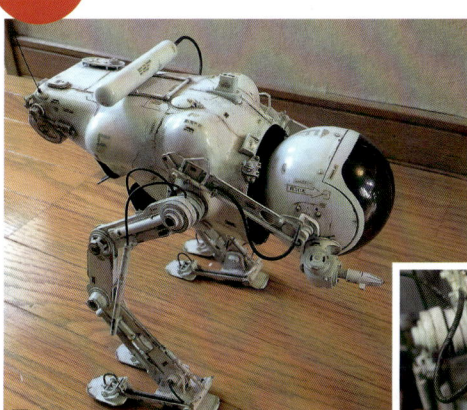

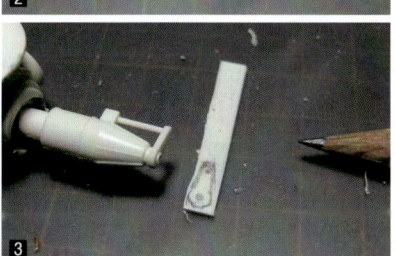

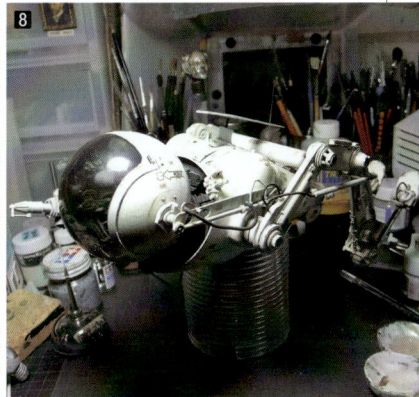

수리 완료!

①집으로 돌아온 오리지널 카멜. 1984년에 만든 것이니 올해가 30주년이다. 레이저 부분의 부품이 분실되었기에 수리를 해주기로 했다. 일단 오리지널을 충실하게 재현한 하세가와의 키트를 견본으로 삼아줍시다. ②레이저의 끝 부분과 봉 형태의 부분이 없어졌기에, 키트의 런너와 황동선을 이용해서 수리. ③키트를 살펴보며 런너에 간단한 밑그림을 그려준다. ④잘라낸 런너를 다듬어준 뒤, 중심부는 황동 파이프에 연결. 분실 부분의 단순 수리뿐 아니라 디테일 재현도 가능했다. ⑤레이저의 뿌리 축의 가동 부위가 헐거워졌기에, 목공용 본드를 흘려 넣는다. 이거 정말 편리하다니까~. ⑥수리 완료. 데칼이 벗겨진 부분은 리터치를 해줬다. ⑦오리지널 모델의 파일럿, 키트에 들어가 있는 것과 꽤나 인상이 다르지요? ⑧좌대 위에 올려놓으니 뿅~뿅~거리며 달 표면을 뛰어다니는 느낌이 난다.

유용교실
거대 모델편

GIGANT MOTH

기간트 모스 2012년 제작
1/48 scale
scratch built by Kow Yokoyama

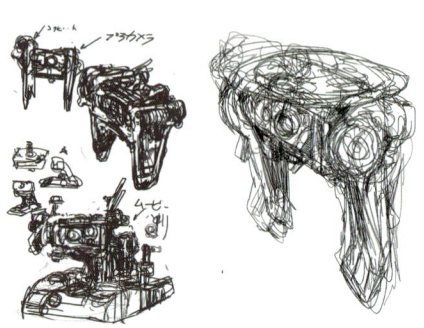

예전에 '라스트 카메라'라고 해서 프라모델처럼 조립하는 필름식 카메라를 가지고 여러 크리에이터들이 제각기 커스터마이즈하는 기획이 있었죠. 그래서 카메라 본체는 일절 가공하지 않는다는 규칙을 나 스스로 세우고, 카메라를 둘러싸듯 공작을 했습니다. 처음에는 왼쪽 일러스트처럼 아이디어를 그려봤지만, 다 만들고 나니 전혀 관계없는 녀석이 만들어졌습니다. 인생 뭐 있나요?

이번에는 퍼티를 사용하지 않고, 각 오브제의 개성을 그대로 살리는 방법으로 만들었습니다(굳이 말한다면 '정크 플랜트' 방식이랄까?). 이 작품을 보는 사람들의 눈에 구조물로서 보강되었단 것이 느껴질 수 있도록 요소요소에 지주를 붙였습니다. 구조적 보강이라는 역할도 있기에 쉽사리 망가지지 않게 되었다고요.

이때는 변태적이랄 정도로 열심히 사진을 찍었습니다. 공작 시간보다 촬영시간이 더 긴 것 아니냐고 할 정도로 말이죠. 완성된 후에 '대체 여긴 어떤 부품을 사용하신 거죠?'라고 물어올 얼굴이 2, 3명인가 떠올랐기에…라는 것이 그 이유입니다. 여기 게재한 것은 그중에서도 일부이지만, 이렇게 작업 도중 사진을 보여주면 유용 모델링의 좋은 힌트가 될 것입니다. 마술의 트릭 공개와 같아서 재미있다니까요.

1 프라판 상자를 짜서 카메라를 빌트인!

①이것이 프라모델처럼 자신이 직접 조립하는 '라스트 카메라'다. 여기까지 만드는 데도 손이 많이 가지만, 나는 만들어진 것을 사전에 받았다. 음핫핫~. ②카메라를 떼어낼 수 있도록 프라판으로 상자를 만듭니다. ③구체를 많이 사용하고 싶을 때는 캡슐 토이용 캡슐이 편리하다. ④타이타닉 상태군요. ⑤이것이 부품을 유용한 엘레르의 1/400 뤼초(※주 : Lützow, 2차대전 당시의 독일 순양함) 키트이다. 이마이 구니타카군이 좋아했던 함선이었지. 비행기 모델러인 나카타 마사히로씨가 '안 만드니까 필요 없어'라며 넘겨줬다. 하필이면 내가 엘레르제 구닥다리 키트를 쓴 덕분에 다들 애를 먹겠구먼. 아마도… 말이지.

2 천식용 호흡기와 푸딩 용기를 준비해주세요

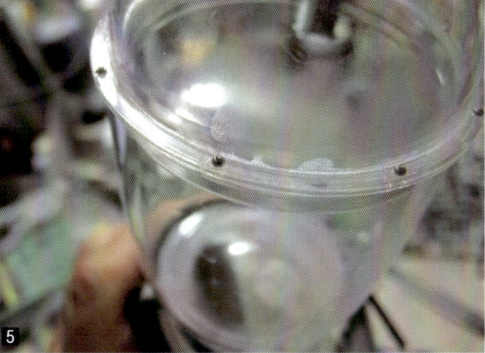

①동체에 붙인 보라색 부품은 아시다시피 천식용 호흡기다. 몇 번이고 끝까지 다 썼기 때문에, 우리 집에 이 빈 용기가 50개 정도 있는데. 독자 선물로 나눠주는 편이 좋으려나? 의료폐기물 관리법 때문에 문제가 되진 않겠지? 혹시나 이걸 받게 되는 사람이 있다면 내가 입으로 물었던 부분을 빨거나 하진 마시길. ②투명한 것은 푸딩의 플라스틱 케이스. 마루이 고쿠분지점에서 샀는데, 지금은 이 케이스 사용 안하는 것 같아. ③카메라 렌즈 주변에 부품을 덕지덕지 접착. 『SF3D』시대 때부터 친숙한 클레제(Clerge) 엔진도 출동. 몇 년 전에 하세가와가 클레제 엔진을 재판했는데, 마쉬넨과 같은 디자인의 박스로 만들어서 팔았더니, 그때까지 30년간 팔았던 것과 같은 양이 불과 2주 만에 팔렸다고 한다. ④⑤프라모델용 접착제로 푸딩 케이스와 뚜껑을 접착하고 가장자리에 웨이브의 R리벳을 같은 간격으로 붙여줍니다. 설득력이 더욱 올라가지요.

Ma.K. Modeling Book 083

3. 프라봉과 런너로 이어지는 부품의 우정

①덕지덕지 부품을 붙이고 있지만, 카메라 본체에는 아무것도 붙이지 않은 것은 포인트. ②보강을 겸해서 프라봉으로 부품을 연결하고 있습니다. ③검고 두꺼운 런너로 확실히 보강. 얇고 하얀 몰드는 늘인 런너다. 흰색의 둥근 것은 '딥 임팩트'라는 스포츠용 아미노산에 들어 있는 스푼이다. ④⑤뒷면도 빠짐없이 프라봉으로 보강. 웨이브의 버니어(U·버니어 L2)를 대량으로 사용했습니다.

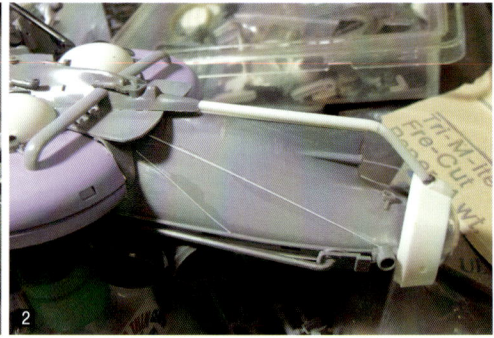
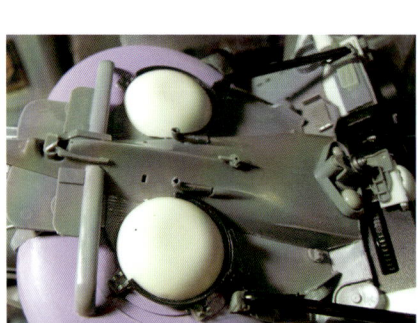
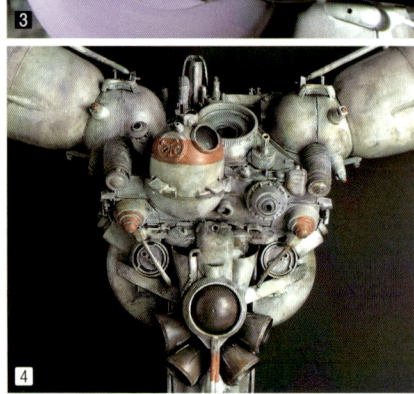

4. 조금 덕지덕지 붙여보자

①②뒤쪽에 밀핀 자국이 있는 부품은, 나무에 사포를 붙인 것으로 평평하게 깎아주면 접착하기 편하다. 나이를 먹으니 이런 지혜가 생긴 덕에 단순한 작업도 간단하게 처리할 수 있다. ③1/12 포르쉐나 1/35 미군 소화기(小火器) 세트의 부품을 접착합니다. 이렇게 정크 부품을 붙이는 리듬감을 알고 싶지 않으신지? ④이것은 초음파 커터의 교체용 칼날이지만, 일반적인 디자인나이프 자루에 끼워도 문제없다. 조각칼의 평날처럼, 부품에 직각으로 날을 대고 깎고 싶을 때 사용합니다. ⑤코토부키야의 구멍이 뚫린 둥근 부품(몰드 파이프)는 디테일을 넣고 싶은 부분에 유용하게 쓸 수 있다. ⑥런너 늘인 것을 감아주는 부분입니다. 길게 늘인 플라스틱 런너는 손가락으로 문질러서 구부려주면 감기 편하다. 캡슐이나 푸딩 케이스처럼 표면이 매끈한 경우, 부품을 그냥 올려 놔두면 미끄러져서 떨어지니, 가볍게 줄로 긁어준다. 미끄러지지 않으니 작업하기도 쉬워진다.

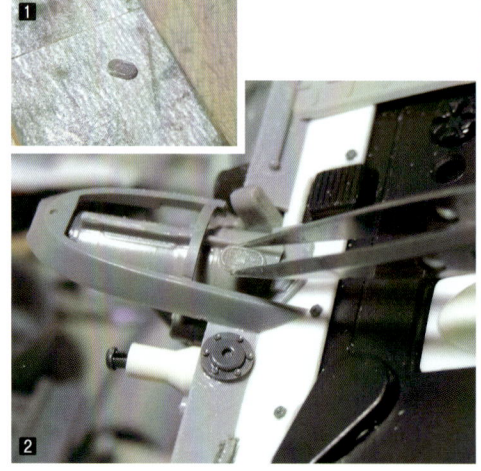
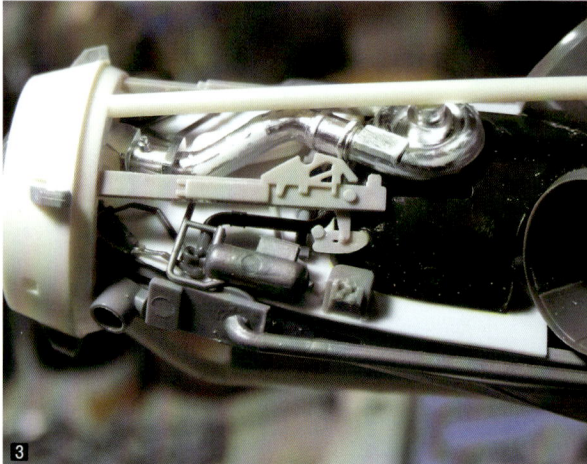
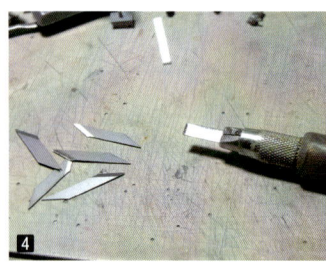
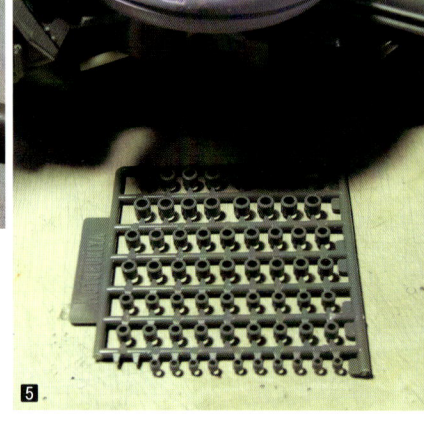

5. 나사로 고정했으니 분해도 가능!

①양 사이드와 밑 부분을 사전에 나사로 고정할 수 있도록 만들었기에, 분해가 가능하다. 이러한 큰 모델의 경우에는, 강도의 보강도 같이 해주기 때문에 일석이조이다. ②밑 부분은 카메라의 나사 고정 부분을 활용하면 삼각대를 사용할 수 있어서 괜찮겠다 싶어서 카메라 나사를 채용했지만, 이런 저런 부품을 붙였더니, 여기에 삼각대를 달지 못했다는 반전 아닌 반전(…)이 기다리고 있었다. ③완성 후에도 제대로 분해할 수 있도록 만들었다. 천식 흡입기가 달려있는 부분은 왠지 미즈키 시게루 선생님께서 그린 뉴기니아 요괴의 얼굴처럼 보인다.

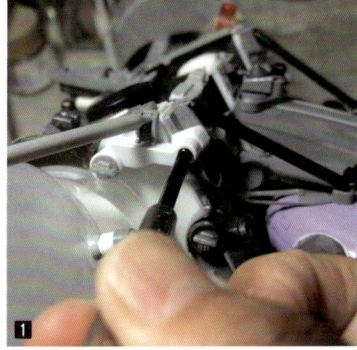

6. 조금 칠해보고 전체 상태를 살펴보자

①공작이 끝나고 한 밤중에 색칠을 하고 있는 모습. 양손을 사용 못하니, 리츠코씨에게 촬영을 부탁했다. ②띠 부분의 색칠이 들어가기 전인 프로토타입 상태도 이른 아침에 사진을 찍었습니다. 이건 이거대로 멋지네요. ③담당편집자인 오니기리군이 카메라를 잡고 있는 모습의 사진이다. 파인더를 들어다 볼 때, 양쪽 눈을 뜨고 있는 부분이 프로답다. 카메라의 렌즈는 마스킹하고 칠했으니 촬영도 제대로 가능하다.

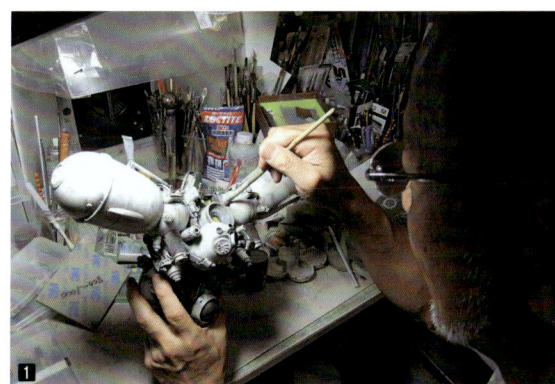

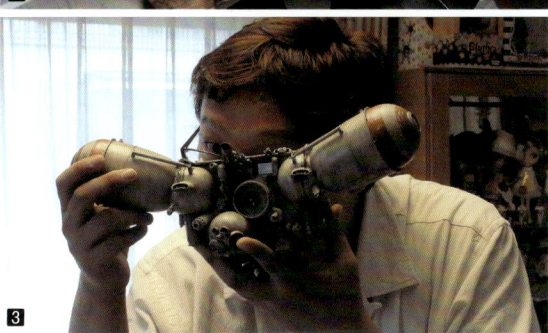

컴퍼스로 원을 스케치한다

구체 형태의 부분에 식별용 띠를 넣고 싶을 때는 컴퍼스로 원을 스케치해놓으면 좋다. 카멜과 마찬가지로 '남김도색'이지만 기획을 놓고 봤을 때는 이쪽이 먼저다. 도색하고 남긴 부분은 벌레가 파먹은 자국과 비슷하다.

완성!

이 1/48 피규어는 30년 전의 것이다. 로봇 배틀 V의 미노타우로를 만들었을 때에 같이 놔뒀었다. 나도 참 물건 보관 잘 한다니까.

중2 시절 원수를 중년이 되어 갚아주다

FOCKE-WULF Fw190 D-9

포케불프 Fw190 D-9
2013년 제작

FUJIMI 1/48 scale
plastic kit conversion
modeled by Kow Yokoyama

모터가 없어도 이렇게 잘 돌아간다.

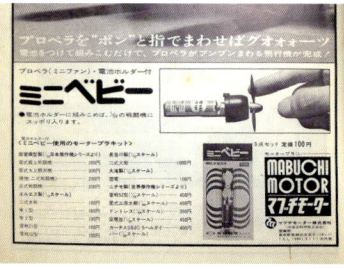

'에도의 원수를 나가사키에서 갚는다'는 속담은 아니지만, 어렸을 때 제대로 완성하지 못했던 키트를 아저씨가 되어서 멋지게 만들 수 있었다는 테마다.

후지미의 도라 열차포, 내 컴퓨터에서는 언제나 '불사신'이라고 자동 변환되는(※주 : 일본어 히라가나를 넣으면 한자로 자동변환되는 시스템, 한자인 '不死身'도 후지미로 읽음) 후지미 모형이 1970년대 초반에 발매한 포케불프 190D형 키트다. 타카니 요시유키 화백의 이 깜짝 놀랄만한 패키지에 거기다 국산에다 Fw190 D-9의 프라모델이 나온 것입니다. 이때는 중학교 2학년이었던 것이 불운이어서 평생 '포케불프다, 메서다, 스핏파이어다'라며 소리치고 다니는 남자가 되고 만 것입니다. 하지만 이 키트는 당시, 입이 험한 모델러들에게서 전혀 비슷하지 않다던가 도저히 답이 없다는 등의 혹독한 평가를 받고 있었다.

아래 사진은 『항공정보』라는 잡지의 별책 『프라모 가이드 1971』의 1페이지다. 아무래도 상품의 발매 예고 광고가 실려 있으니, 그렇게 혹독한 평가는 실려 있지는 않다. 그보다 후지미의 광고 페이지와 대치하는 것 같은 젊었을 때의 이시사카 코지 씨가 마니아 선언을 하고 있는 것이 재미있다. 역시 현 로우간즈(※주 : ろうがんず, 이시사카 코지 본인이 결성한 모형 동호회)의 회장도 지금까지 줄곧 '도라'를 좋아했던 것처럼 보이는 것이 좋겠지요.

그러한 나도, 당시 '아무리 잘 칠해도 박스아트처럼 멋있게 만들어지지 않는 건 키트가 잘못 만들어졌기 때문이야'라는 천벌을 받을 만한 일을 생각했었다. 그 이유는, 이 키트의 박스아트를 잘라내서 '공부 책상'이라는 위장 작업책상 위에 붙여놨지만, 키트의 완성품은 모르는 사이에 없어지고 말았기 때문이다.

당시 충분히 잘 만들어진 비행기 키트를 차례로 발매해온 후지미 모형의 신제품이 어째서 박스아트 만큼 멋있는 D-9가 되지 않는지 설명해볼까요? 그것은 바로 '미니 베이비'라는 비행기 프라모델의 프로펠러를 돌리기 위해서만 존재했던 마부치제 모터를 내장하는 제품으로 만들어졌기 때문입니다. 실제 기체의 아웃 라인을 그대로 적용하면 AA건전지가 포함된 모터를 수납할 수 없죠. 그래서, 과감하게 키트의 기수를 뿌리 부분부터 끝 부분까지 같은 직경의 두께로 만들었습니다. '프라모 가이드 1971'의 권말에 그 제품의 광고 페이지가 게재되어 있는 것이 인과라고 생각하게 됩니다. '프로펠러를 "톡"하고 손가락으로 돌리면 구오오오웃'이라는 카피가 강렬했었지.

이러한 타카니씨의 멋있는 박스아트가 그려진 후지미의 D-9 'D-9키트 중에 잘 나온 것도 얼마나 많은데, 취향 참 한번 특이하시네요' 라고 생각할지도 모르겠습니다만, 박스아트가 멋있는 키트는 절대로 멋있을 것이라는 오랜 세월동안 믿어온 것을 입증하기 위해, 이 키트는 거의 반세기 만에 다시 만들게 된 것입니다.

조건은 당시부터 존재했던 머티리얼로 완성시켜보는 것. 물론 기본적으로 키트 안에 들어있는 부품과 프라판을 중점적으로 사용한 공작입니다. 이 키트가 지겹도록 듣고 있는 '두툼한 기수'를 얇게 해주는 것부터 시작했다.

당시부터 두툼한 기수 라인을 얇게 만드는 것은 '불가능'이라든가 포기하는 편이 좋다는 등, 소극적인 기사를 쓰는 사람이 많았으며, 게다가 실제로 도전해도 제대로 만들지 못하고, '정말 답이 없네요'라는 씁쓸한 경험을 했었다. 그런 이유로 이 키트의 최대 장점인 표면의 몰드를 살리면서 형태를 바꾸는 것을 도전해보겠다.

영감님이 된 만큼 지혜가 늘어난 나는, 기수의 가늘어지는 부분을 재현하려면 패널라인을 따라 부품을 잘라낸 뒤 각도를 바꿔 접착해주면 된다는 것을 알아낸 것이다. 덤으로 후지미의 패널라인은 이때부터 이미 마이너스 몰드. 당시였다면 커터나이프로 조심스레 몇 번이고 선을 따라서 문질러서 잘라냈을 것이다.

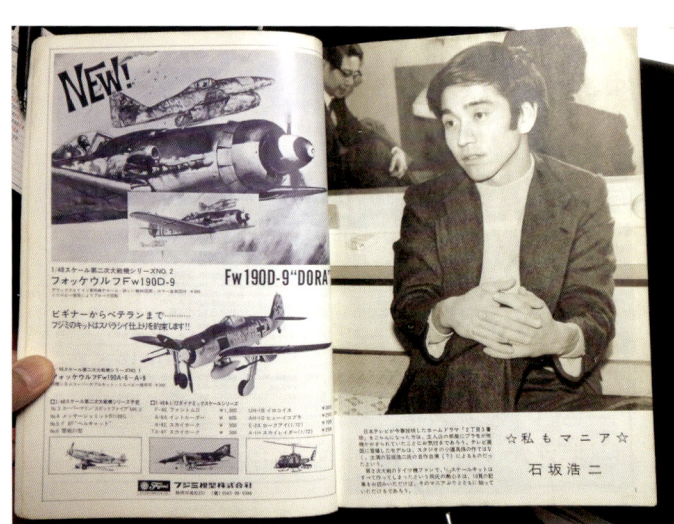

1. 나팔바지(사어 아니죠?)의 단을 좁게 만드는 것과 똑같다

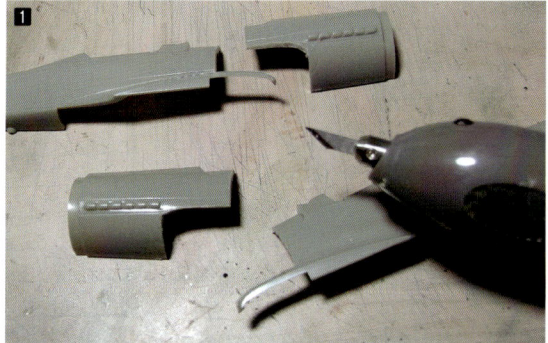
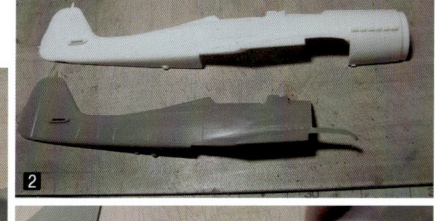
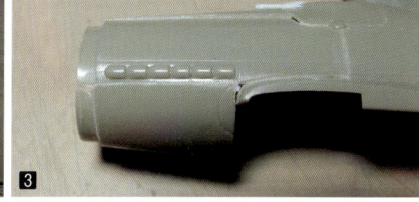
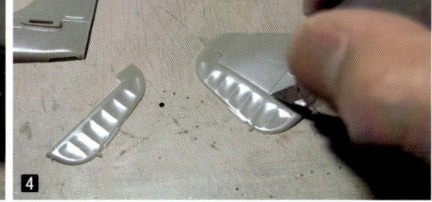
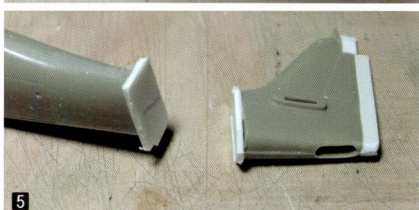

①단이 넓은 바지를 '나팔바지'라고 불렀던 시대로부터 40년이 지났습니다. 그때부터 박스아트는 물론이고 D-9의 대부분의 내용을 암기하고 있는 관계로, 이번에는 후지미의 키트를 여기에 가깝게 만들어보겠습니다. 바짓단을 좁게 리메이크 할 때, 천을 얇게 깎거나 하진 않습니다. 꿰매는 부분의 각도만 바꿔주면 된다는 것에서 힌트를 얻어서, 우선은 키트의 패널라인에 따라 토막 내기로 했습니다. 접합면의 각도를 조절하는 것으로, 표면의 리벳과 같은 몰드를 지우지 않고 형태를 수정할 수 있습니다. 일단은 패널의 몰드를 따라 상처를 내듯이 잘라줍니다. ②흰색 쪽은 성형색만 다른 같은 키트. 주익의 필레트를 남기면서 패널을 잘라낼 수 있었다. 이 역시 초음파 커터가 있어서 가능한 놀라운 기술이다. 중2때의 내가 미래의 최신병기를 손에 넣고 '지구정복'을 하고 있다는 느낌이다. ③각 패널 별로 잘라내고 각도를 바꿔서 다시 접착 하면, 형태를 줄이거나 늘릴 수도 있다. 표면을 깎아내는 것이 아니기에 표면의 섬세한 몰드를 상처내지 않고 형태를 바꿀 수 있다. 보통은 프라판이나 퍼티를 표면에 붙이거나 깎아냈으니 말이다. ④수직 꼬리날개는 스윽하고 홈을 따라 그어주는 것만으로, '뽀각'하고 손으로 떼어낼 수 있다. 이 사이에 프라판을 붙여 넣어 면적을 늘려주면 실제 기체… 아니, 박스아트에 가까운 형상으로 바뀐다. ⑤수직 꼬리날개를 잘라내고 연장한 곳 역시 패널라인을 따라 잘라내고 프라판으로 더욱 연장해준다. 마치 헤어지고 만나고를 반복하는 커플 같다.

2. 잘라내고 붙이고, 잘라내고 붙이고

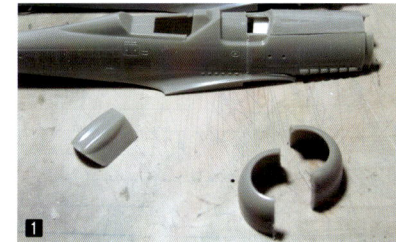

하지만, 지금의 나(이 순간은 중2 시절의 나?)에게는 '초음파 커터'라는 미래에서 온 최강의 병기가 있다. 패널라인을 따라서 초음파 커터로 그어주기만 하면, 간단하고 깨끗하게 패널라인 대로 잘라낼 수 있는 것이다.

둥근 라디에이터도 4분할해주면 간단하게 작게 만들 수 있다. 눈 깜짝할 사이에 타카니씨가 그린 박스아트와 같은 라인이 되잖아!!

사실은 자료 따위 안 봐도 만들 수 있지만, 더욱 멋지게 만들고 싶기에, 타미야나 하세가와의 최신 키트를 컨닝해가며 후지미의 D-9를 잘라 내주면 내가 원하는 이미지, 아니 박스아트의 이미지에 점점 더 가까워진다.

우주에서 온 것 같은 부속 피규어 역시 초음파 커터의 열을 이용하면, 박스아트에 나온 멋진 파일럿과 거의(?) 비슷하게 만들 수 있다.

당시에 미묘…하게 실망했었던 나 자신에게 타임머신을 타고 가져다 줄 수는 없지만, 이후 40년 뒤의 아저씨나 친구들은 충분히 즐길 수 있었다.

이런 이유로 할아버지라도 초음파 커터와 사랑이 있다면 어떤 프라모델도 납득할 수 있는 형태로 만들 수 있다는 이야기(…)가 되겠습니다.

①다음은 둥근 라디에이터 카울링도 작게 만든다. 일단은 수직으로 휙 잘라서 반으로 만듭니다. ②이 잘라낸 단면을 깎아서 한번 접착한 상태. 눈 모양처럼 방추형으로 얇아진 것을 알 수 있으려나? ③이번에는 90도 각도를 바꿔서 자릅니다. ④또 단면을 깎아서, 다시 접착한 모습. 이렇게 하면 직경이 상당히 작아졌으니, 실제 기체 역시 4분할된 패널로 구성되어있으니, 이걸로 괜찮다. 분할하고 재접착을 하면 밑면이 수평이 아니게 되니, 줄로 갈아서 수평으로 만들어준다. ⑤라디에이터도 4분할하는 것으로 꽤나 직경이 작아 진 것을 알 수 있겠지요. ⑥굽혀준 프라판을 안쪽에 붙여서 얇아진 동체 끝단의 사이즈에 맞춰줍니다. 마를 때까지 납땜 부위의 열을 빼주는 클립으로 집어줍시다.

3. 실제 기체는 대형 목제 프로펠러니 세라믹 대패로 목수일을 해보자

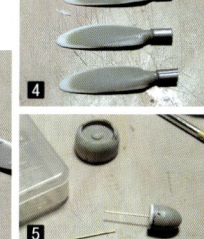

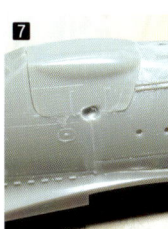
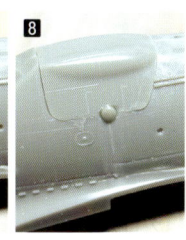

①실제 프로펠러 형태도 암기하고 있기에, 늘 해오던 방법으로 개조한다. 얇게 만들어야 한다는 생각이 있어서 그런지, 예전부터 모형 잡지에 나와 있던 프로펠러의 형태 수정기사에서 도움이 되는 것은 없었다. 뒤쪽에 프라판을 붙이고 일단 두껍게 만들면 수정도 간편하다는 것을 알게 된 후부터는 계속 이 방법을 쓴다. 일단 크게 자른 프라판을 프로펠러 뒤쪽에 접착하고 연필로 윤곽을 그려놓는다. 접착제가 완전히 마르고 나면 실루엣을 따라서 잘라낸다. 프로펠러는 어떤 부분도 3차원 곡면이니까 지금부터 깎아내려면 잘 만들어진 키트를 참고하는 것이 가장 좋다. 보통은 '아니, 그냥 그걸 사용하면 되잖아'라고 생각을 하게 마련이죠. 하지만 일부러 그렇게 하지 않으면서, 힐 군처럼 레플리카를 좋아하는 사람들의 기분도 1g 정도는 이해할 수 있었습니다. ②스피너의 뒤쪽도 프라판을 붙여서 연장. ③실제 기체는 목제합판으로 된 거대한 프로펠러이니, 대패질을 해서 곡면을 만드는 것이 좋지 않을까요? 세라믹 대패로 득득득. ④프로펠러를 뿌리 부분에서 잘라내고 다시 스피너에 끼워 넣을 수 있게 만듭니다. 스피너 뒤쪽으로 늘린 만큼 프로펠러가 붙는 위치가 앞쪽이 되었지요? 키트의 위치보다 늘린 만큼 뒤쪽에 뚫은 구멍에 끼워 넣습니다. 잘라낸 프로펠러에 러너를 접착, 프로펠러의 피치를 조절할 수 있습니다. ⑤바람을 불어주는 것만으로 프로펠러가 휙휙 돌아가도록 만들고 싶었기에 스피너의 한 가운데를 정확하게 찾아서, 여기에 구멍을 내줍니다. 도금이 된 핀으로 내경이 맞는 황동 파이프를 조립합니다. 윤활제 대용으로 연필심을 문질러주면 좋다는 것 알고 계신지?(※주 : 실제로 마찰로 인해 고온이 발생하는 기계류의 경우 윤활제로 흑연이 쓰이고 있다)

⑥런너 늘인 것의 끝 부분을 버너로 달궈 팽이버섯처럼 만들어서, 둥근 부분을 자작합니다. ⑦⑧여기서 부터가, 가장 대단한 기술이다. 아까 만든 팽이버섯 부품을 대에서 잘라내고 접착면을 줄로 평평하게 만드는 것은 손이 참 많이 가지요. 반대로 붙이는 부분을 도려내듯이 얇게 파주고, 중심에 대의 직경에 맞춰 구멍을 내면 팽이버섯이 딱 맞게 쏙 들어갑니다. 이렇게 작업이나 시간을 절약할 수 있으면 인간은 도파민이 분비되도록 만들어져 있지요. 수고를 들여서 일을 줄였다는 기분이 드는 것만으로도 쾌감이 느껴진다.

4 암기하고 있는 부분은 납득이 될 때까지 만져도 좋다는 것으로 하자

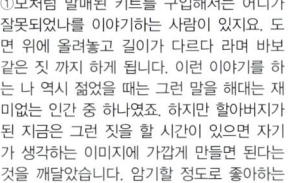

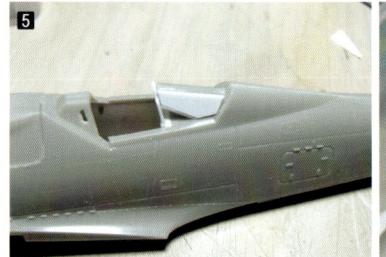

①모처럼 발매된 키트를 구입해서는 어디가 잘못되었나를 이야기하는 사람이 있지요. 도면 위에 올려놓고 길이가 다르다 라며 바보 같은 짓 까지 하게 됩니다. 이런 이야기를 하는 나 역시 젊었을 때는 그런 말을 해대는 재미없는 인간 중 하나였죠. 하지만 할아버지가 된 지금은 그런 짓을 할 시간이 있으면 자기가 생각하는 이미지에 가깝게 만들면 된다는 것을 깨달았습니다. 암기할 정도로 좋아하는 아이템이라면 패널라인도 몰드도 신경 쓰이는 부분은 전부 다시 파내면 되니까요. 어쨌든 지금은 좋은 공구도 잔뜩 나와 있으니, 이런 공구를 사용하지 않는 것은 아까운 일이니까. 기관총 부분은 하세가와의 극세 치젤(조각도)로 천천히 파줍니다. ②GSI 크레오스의 라인 치젤은 플랩을 잘라낼 때 편리하다.

③조종석 뒤쪽의 방탄판 부분을 박스 아트처럼 다시 만들기로 했다. 프라판을 대충 잘라서는 직접 맞춰가며 사이즈를 조정합니다. ④⑤반대쪽은 프라판을 뒤집어서 그려주면 시간이 단축된다. ⑥본체에 붙이는 띠 모양의 보강 리브의 몰드도 프라판으로 만들어줬습니다. ⑦안쪽에 있는 것은 성형색이 다른 후지미의 같은 키트를 그대로 조립한 것이다. 자세히 들여다보지 않으면 어떤 작업을 했는지 잘 모른다. 어디가 다른지 찾아보세요.

미끄러지기 쉬운 조각도에는 가죽을 감아주자

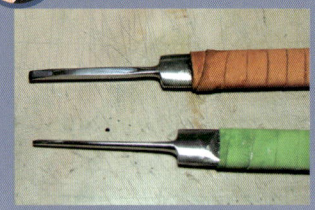

이 조각도는 자루까지 전부 스테인리스로 되어있다. 그대로 사용하면, 미끄러져서 다칠지도 모른다고 생각한 소심한 나, 그래서 가죽을 말고 양쪽 끝을 순간접착제로 꽁꽁 묶어주죠. 여러 색을 사용하면 식별하기도 편해지고, 오브제를 만들거나 피규어를 만들 때 가죽을 준비하고 있기에, 이를 띠 형태로 잘라서 사용 했습니다.

5 어떤 피규어라도 사실적으로 보이게 만들 수 있는 방법이 있습니다

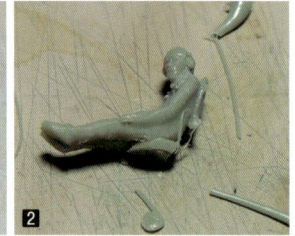

①이런 파일럿 피규어가 키트에 들어있었습니다. 데몬 각하의 인형과자 같군요. 파일럿은 사용하지 않는다는 사람이 많다는 것도 이해가 갑니다. 하지만, 자료를 보고 기체를 수정하는 사람이 있으니, 박스아트에 나온 대로 피규어를 비슷하게 만드는 것도 괜찮지 않을까요? ②초음파 커터로 자기 마음에 들 만큼 파내고, 런너를 녹여 붙이거나 사이에 끼워 넣으면, 점점 더 사람 모양을 갖추게 됩니다. ③팔을 잘라낸 모습. 런너를 잘 사용해서 고글이나 산소마스크를 맨 마지막에는 붙였습니다. ④각도를 바꿔서 다시 접착. 초음파 커터가 없었으면 절대로 불가능한 작업입니다. 아, 생각해보니 이건 히트 펜으로도 어떻게든 작업이 가능하지 않았을까나?

6 내부나 디테일한 부분도 착실하게 작업합니다.

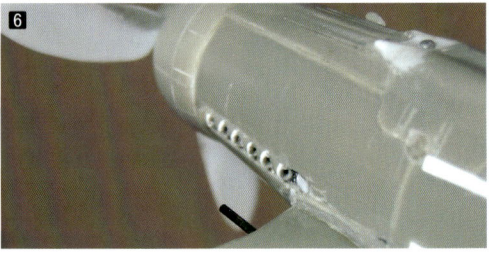

①앞쪽에 나온 것은 하세가와의 1/32 스케일 D-9 키트를 만들고서 이를 참고하면서 내장을 재현한다. 손이 많이 가는 것인지 지름길인지 점점 더 알 수 없게 되었지만. 어쨌거나 즐겁다. ②엔진 마운트는 런너 늘인 것, 유압 계통은 황동선으로 재현. ③기관총 탄창도 랜딩 기어 수납부에서 보인다. 사진에서 낙서가 있는 나무토막은 납땜질이나 초음파 커터를 사용할 때 쓰는 도마다. 커팅 매트를 자르고 싶지 않다면 하나 마련해두는 것이 좋다. ④D-9의 랜딩 기어 수납부에서 엔진이 보이도록 표현하는 기법이 일반적으로 자리 잡은 것도 벌써 10년 정도는 되었도… . ⑤⑥ 배기관이 있는 곳에 보강 리브가 있으니, 프라판을 얇게 잘라서 붙여준다. ⑦수평 꼬리날개도 길이가 좀 모자란 관계로 프라판으로 추가해줬습니다. 프라판 부분에 패널라인을 넣을 때는 톱줄이 편리하다.

7 이번 기회에 헤르만 헤세의 명작 『수레바퀴 아래서』를 읽어보자

①②랜딩기어의 바퀴도 두께와 직경이 충분하지 않으니, 우선은 프라판을 감아서 직경부터 키워줬다. 그냥 감아주기만 해서는 단차를 메우기가 쉽지 않기 때문에 늘인 런너를 문질러서 고리모양으로 만들고 접착합니다. ③두께를 늘리기 위해 휠 리브를 프라판으로 링 4개를 만듭니다. 프라판은 거의 대부분 0.4mm 두께의 에버그린제. 타미야에서도 0.4mm짜리가 나오면 참 좋을 텐데. 프라판에 밑그림을 그리고 구멍을 먼저 내주고 그 바깥쪽을 잘라낸 링 형태의 것을 타이어의 양면에 붙인다. 이 순서와는 반대로, 원을 먼저 잘라내고 그 안쪽에 구멍을 내는 것은 엄청 어렵다. 링을 달면 두께가 늘어난다. 이 단차를 메워주듯이 순간접착제 퍼티를 발라준다. 수평으로 만들기 위해 한쪽씩 작업하자. ④이 시점에서 랜딩기어의 쇼크 업소버가 밖으로 완전히 드러나 있는 상태를 재현한다. 그냥 커터로 자르면 힘이 들어가서 부러지기 십상인 부분이다. 초음파 커터가 없으면 절대로 손을 댈 수 없는 공작이다. ⑤휠에 나사 몰드를 넣고 타이어의 접착면을 재현하면 완성이다.

  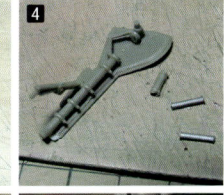

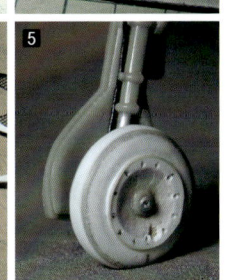

 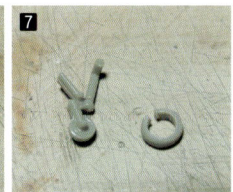

당초의 목적은 박스아트를 재현하는 것이었다. 비행 상태에는 필요 없는 랜딩기어 주변에 손을 이렇게나 많이 썼다. 어째서 이런 일을 했는지 나 자신조차 이해할 수 없을 정도로 즐거웠기 때문일 것이다. 머리 속의 KOW피도 승천할 것만 같다.

⑥⑦왼쪽의 타미야제 키트와 비교했을 때, 후미 랜딩기어의 직경도 작아, 후지미 키트에 들어있던 통 형태의 부품으로 타이어를 만든다. 키트 부품과 프라판만을 사용하기로 했기에, 다른 키트에서 부품을 유용하지 않았다. 끼워넣기 위해 우선 한 면을 잘라냈습니다.

---

8 의외의 부분이 사용 가능합니다

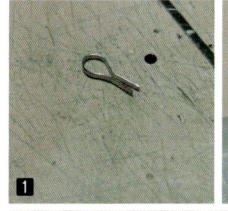  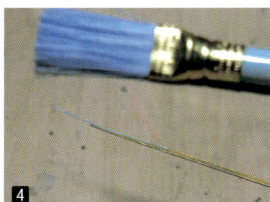

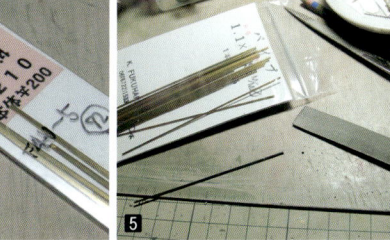

①루프 안테나가 띠 형태이니, 에칭 부품의 테두리를 사용해서 만듭니다. 프리드리히나 캐처도 이렇게 만들면 OK. ②초음파 커터의 열로 끼워 넣고 스위치에서 손가락을 떼고 그대로 식혀주고 빼줍니다. 이렇게 생긴 띠 모양의 구멍이 생긴 곳에 안테나를 끼워넣습니다. ③기체 아랫면에는 지상과의 교신으로 피아식별을 하는 안테나가 달려있는데, 이것을 재현합니다. 일단 얇은 띠 모양으로 재단된 황동판을 깎아 테이퍼(경사 모양)가 들어가도록 만듭니다. ④1/16 플리게 기사에 나왔던 스테들러 타자지우개의 솔을 하나 빼서 접착합니다. ⑤피토관에 사용하는 황동 파이프를 잘라낼 때에는 톱줄을 사용하자. 옛날에는 커터로 둥글둥글 굴리듯 잘라내는 편이 좋다고 했는데, 톱줄을 사용하여 깎아내듯 자르자면 구부러지는 일 없이 간단하게 잘라낼 수 있다.

명도 「**초음파**」 중2 시절의 원수는 미래의 내가 갚아줬노라!!

타카니씨의 박스아트 같은 멋있는 D-9를 만들고 싶어. 어떻게 하면 가능할지를 연구하다가 40년도 더 세월이 흐르고 말았습니다. 결론을 이야기하자면, 마음에 드는 견본을 잘 관찰하고 필요한 부분만 마음에 들 만큼 재현하면 되는 것이 되겠군요. 왜냐하면 자신을 납득시키면 되는 것이니까요. 원수는 갚았습니다. 당시, 박스아트가 멋있었는데 내용물이 별로라고 생각했던 것은, 아직 기술도 지혜도 모자란 꼬맹이였기 때문이었죠. 후지미 모형의 여러분, 정말 미안합니다. 덕분에 저는 지금 이렇게 훌륭한 모형 변태가 되어버렸네요. 색칠하는 것은 아까우니, 그냥 타미야나 에듀어드의 키트를 칠하겠습니다. 여러분들은 괜히 시간을 뺏기지 마시고 이 기사를 보고 만족해주세요. 이렇게 이야기를 하고 보니 뭔가 농후&농염한 에로 비디오(...)같네요.

이치쿠로처럼 책임을 지겠습니다.

참고문헌은 물론 『원한을 넘어서』 SF3D판을 넘어, Ma.K.판으로 나아가는 길

프로파간다
첫 공개 : 월간 모델그래픽스 2008년 2월호

rainbow egg 1/20 scale resin kit conversion
modeled by Kow Yokoyama

PROPAGANDA

photo by Akishige Honmatsu (STUDIO R)

『SF3D』의 연재가 종료되었던 1985년, 내가 일러스트를 그린 메카, 프로파간다를 아사다 카츠야씨 라는 분이 입체화를 해주셨다. 아사다씨가 어떤 분인지 알지 못 한 채로 30년 가까이 지났을 때, 아사다씨의 정체는, 놀랍게도 타케야 다카유키군 이었다는 것을 알게 되었습니다. 작년에 코바야시 마코토군과 전화를 했습니다만, 타케야군은 당시 모델 아트사에서 일하고 있었기에, 친구인 테라다 카즈야와 소설가인 아사다 테츠야를 섞은 이름을 사용했다고 합니다. 고엔지의 여러분들께는 이때부터 줄곧 신세를 지고 있었네요.

타케야군의 모델이 세상에 발표되고 20여년이 지나, 레인보우 에그의 KATOOO씨가 프로파간다를 재현한 것을 만들어 주셨습니다. 이번엔 그것을 가지고 좀 뻔뻔하긴 하지만, 그 당시의 내가 만들었다면 이렇게 했겠지~라며 가장 즐겁고 맛있는 작업을 해봤습니다.

일단은 머리 부분을 뒤집어주는 것으로 인상을 바꿔줍니다. 더욱 스타워즈의 프로봇과 비슷하게 만들었습니다. 또한 반중력장치의 심볼, 탁구공을 넣거나, 전하 표현의 배선코트를 깔아주는 추가공작을 합니다. 당시에는 세세한 부분까지 제대로 그리지 않은 디자인으로, 만들어주셨으니, 지금부터의 인생은 사죄를 위한 행각입니다. '내가 만들지 않아서 죄송합니다. 타케야군'이라는 것으로, 책임을 졌습니다. 일단은 기쿠치 칸(菊池 寬)의 『원한을 넘어서』를 읽고 울어봅시다.

이것이 타케야군이 만든 프로파간다(하비재팬 1985년 10월호 게재). 세세한 부분을 그리지 않은 내 러프한 일러스트에서 선을 읽고 입체화 했다. 이렇게 잘 만드는 사람이 어째서 이 작품 하나만 만들었을까 라고 30년 동안 궁금했었다. 그 궁금증이 완전히 풀렸다. 알려줘서 고마워. 고바야시 군.

---

1. 탁구공으로 만든 반중력장치를 추가

①KATOOO씨가 조립한 제출용 샘플은 녹색으로 도색되어 있어서, 어쩐지 갓파성인(星人)의 원반 같다. 물론 갓파성인이란 이름의 우주인은 없지만. 상하의 원반이 황동선만으로 연결되어 있어서, 먼저 이 부분부터 손을 댔다. ②황동선을 프라 파이프에 넣고, 축받침은 프라판으로 만들었습니다. ③원반 안쪽이 텅텅 비었기에, '여기에는 탁구공을 넣어야지'라고 생각했다. 장갑판이 있으면 탁구공이 잘 안 들어가기 때문에, 톱으로 과감히 잘라냈다. ④옛날부터 엄청 사놨었기에, 지금까지 계속 사용하는 탁구공은 직경 37.5mm이다. 최근의 공식구는 40mm이라서 입수가 어렵다고 KATOOO씨가 한탄했었다. 게다가 어느 곳에서 예전 크기 탁구공이 남아있었기에, 전부 다 사가지고 왔다고 이야기를 하니까. 이젠 경기에 쓰지도 못하는 탁구공을 잔뜩 사가지고 나가는 사람을 보고 겁을 먹었겠지요. 다들 심각한 병이라니까요. 탁구공이 반중력장치로 보이도록, 그럴듯한 디테일을 추가했습니다. 위쪽에 붙인 것은 하세가와 제 1/72 슈투멜(Stummel)의 타이어(…라는 것 같네요).

2 아까부터 반복하지만 갓파 머리를 뒤집어 보자
(※주 : 河童, 일본민담에 나오는 수서 요괴. 머리가 둥근 대머리이다)

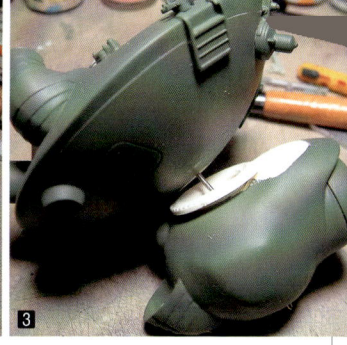

①갓파 머리라도 좋지만, 뒤집어서 디테일 정보량이 많은 쪽을 위로 올리는 편이 더욱 멋있지요. 본체의 위쪽은 금속 줄로 평평하게 만들습니다. 이 시점에서는 가지고 있지 않았었지만, 지금이라면 초음파 커터로 간단히 해결 가능했겠지. ②거꾸로 뒤집은 머리 부분을 받치는 부분에는 플라스틱 타이어가 많은 외국산 차량 키트의 부품을 사용. 평평하게 만들었으니 간섭하지 않는다. ③머리 부분이 튀어나온 데다 무거우니 충분히 길이가 긴 축을 심어 확실히 이어줍시다

3 파이핑으로 디테일의 밀도를 높입니다

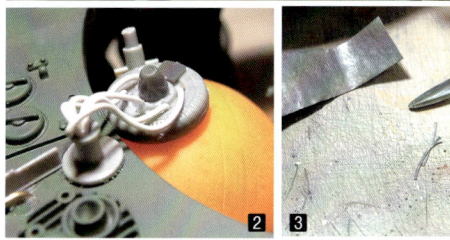

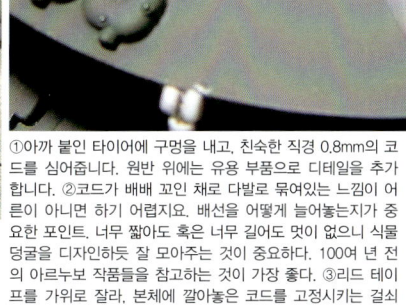
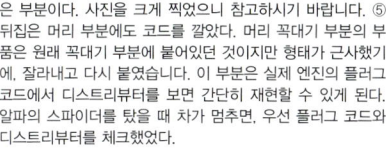

①아까 붙인 타이어에 구멍을 내고, 친숙한 직경 0.8mm의 코드를 심어줍니다. 원반 위에는 유용 부품으로 디테일을 추가합니다. ②코드가 배배 꼬인 채로 다발로 묶여있는 느낌이 어른이 아니면 하기 어렵지요. 배선을 어떻게 늘어놓는지가 중요한 포인트. 너무 짧아도 혹은 너무 길어도 멋이 없으니 식물 덩굴을 디자인하듯 잘 모아주는 것이 중요하다. 100여 년 전의 아르누보 작품들을 참고하는 것이 가장 좋다. ③리드 테이프를 가로로 잘라, 본체에 깔아놓은 코드를 고정시키는 걸쇠로 사용합니다. 「모델링북 1」의 지레네처럼 말이죠. ④평평한 곳에 깔아놓은 코드를 꼬아놓는 방법도 실력을 보여주기 좋은 부분이다. 사진을 크게 찍었으니 참고하시기 바랍니다. ⑤뒤집은 머리 부분에도 코드를 깔았다. 머리 꼭대기 부분의 부품은 원래 꼭대기 부분에 붙어있던 것이지만 형태가 근사했기에, 잘라내고 다시 붙였습니다. 이 부분은 실제 엔진의 플러그 코드에서 디스트리뷰터로 보면 간단히 재현할 수 있게 된다. 알파의 스파이더를 탔을 때 차가 멈추면, 우선 플러그 코드와 디스트리뷰터를 체크했었다.

웨이브의 1/20 폴라베어의 박스아트에는 새로운 프로파간다가 그려져 있었다. 슬슬 재판되려나?

4 에나멜 선과 실로 리깅선을 만든다

①굴뚝 3개는 리깅선으로 보강합니다. 리깅선이 통과하는 아이볼트는 에나멜선을 금속선에 감은 뒤, 뿌리부분을 꼬아서 만든다. ②③밸런스를 생각하며 장착 부위를 결정. 구멍을 내고 끼워 넣는다. ④사진으로만 보면 구리선 같겠지만 실은 나일론이 코팅된 와이어. 수예점에서 구입할 수 있을지도 모른다. 하지만 그냥 구리선을 써도 괜찮을지도? ⑤아이볼트에 끼워 넣은 실을 팽팽하게 잡아당기고, 꽉 묶어준 다음에 순간접착제로 고정하면 된다.

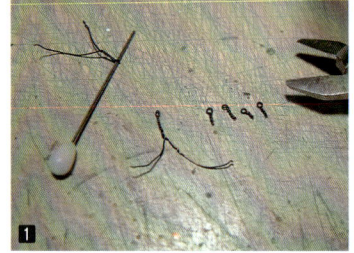
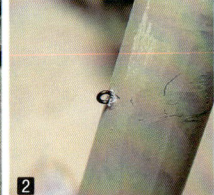

완성!

바람에 날리는 깃발은 종이로 만들자

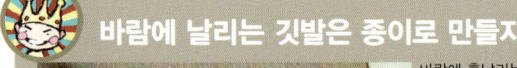
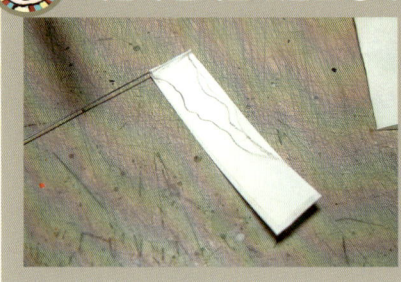

바람에 흩날리는 깃발은 종이로 만듭니다. 적당한 종이를 준비하고 잘라낸 후, 안테나를 끼우고 목공용 본드로 붙입니다. 깃발의 형태를 연필로 그리고 잘라내는데, 옛날엔 그냥 삼각형으로 자르고 굴곡을 줬겠지만 지금이라면 처음부터 흩날리는 모양을 그리고 잘라낸다. 이렇게 하는 편이 빠르고 간단하며, 근사한 모양의 깃발이 나온다.

①붓으로 칠해 2색 위장으로 완성시킨 프로파간다. 21세기적인 디자인이 되었을까? ②③이쪽은 새로이 판매되는 레인보우 에그의 레진키트. 내가 리파인한 부분을 확실히 재현해서. 지금은 입수 곤란한 당시의 탁구공까지 들어있다. 환상의 메카, 프로파간다까지도 인터넷으로 살 수 있는 시대가 된 것이다(2014년 10월 현재. http://www.rainbow-egg.net/).

최고의 참고서

초등학생 때, 매주 '울트라맨'을 보고, 나오는 우주선이나 원반과 비슷한 것을 TV에서 방송되고 나면 바로 공작을 했었다. 지금 생각해보면 주변에 있는 것을 이용했던 것도 진짜 프롭의 공작과정과 다를 바 없었다. 그 때의 경험이 이 프로파간다에 도움이 되었다… 아니, 모든 조형은 그것에서 시작되었지요. 말 그대로 나리타 토오루씨 덕분입니다. 나리타씨의 작품집은 최고의 참고서입니다. 반드시 꼭 사라고요.

PROPAGANDA

도구 이야기

제2장
초음파 커터 & 도색 관련

이 책의 구석구석에 출현하는 최신 병기인 초음파 커터의 기본적인 사용법. 또한 고대부터 존재하는 붓과 같은 도색 관련의 기본적인 도구를 다시 한 번 소개합니다. 도구는 최신 제품이 사용하기 편하다. 신제품이 나오면 꼭 한번 시험해보자. 하지만, 의외로 생각했던 것 보다 별로인 것도 꽤 있으니, 도구 고르기란 그야말로 복불복과 같다.

붓

일본화용 세필(※주 : 정확히는 版下筆, 일본화를 그릴 때 사용하는 가느다란 붓임)의 '소(小)'는 1/20 피규어의 흰 눈동자를 칠할 때 사용한다. '중(中)'은 도료를 잘 머금기에, 본체 도색에도 사용할 수 있다. Too의 1번 붓(에로 붓)의 짧은 타입이라 생각하면 알기 쉬울까? 정말로 다루기 쉬운 붓이다.

끝이 둥글게 모인 유화용 둥근 붓은 인공모를 사용한 붓으로 MK44를 칠할 때에도 사용합니다. 유화용 붓은 의외로 난폭하게 다뤄도 잘 버틸 수 있도록 만들어졌으니 세세한 것에 대한 신경을 끊고 내면의 유아적 난잡함을 폭발시킬 수 있다.

초음파 커터

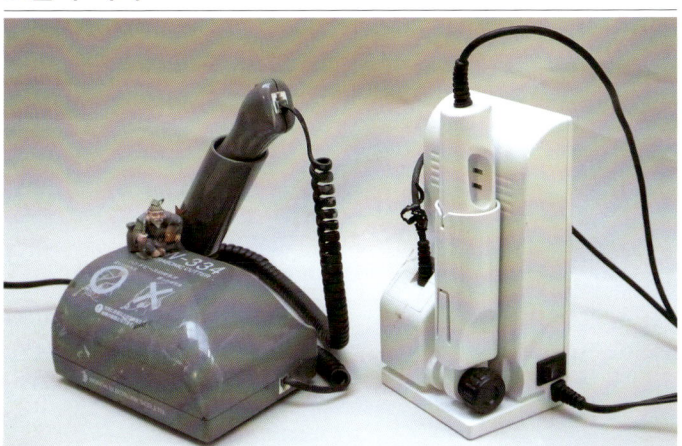

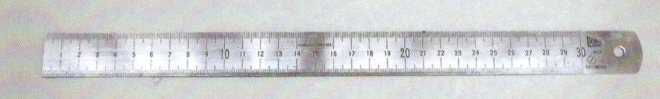

'초음파 커터'라는 이름을 듣고, 갸오스(※주 : ギャオス, 괴수영화 『가메라』시리즈에 등장하는 괴수)처럼 칼날 끝에서 '초음파 빔'이 나와서 무엇이든 닿는 대로 두 쪽으로 잘라버린다(…)는 상상을 한 사람은 나 혼자만은 아닐 것이다. 실제로는 날을 엄청난 속도로 진동시키는 것으로, 그렇게 힘을 많이 들이지 않아도 물체를 자를 수 있는 공구입니다. 물론 날 자체로 자를 수 없는 물체는, 아무리 노력을 해도 자를 수 없으니 주의하시길. 레진 부품과 같이 세척을 하고 물기가 남아있으면, 커터날 끝이 닿는 순간 화악하고 물보라가 튀어 오른다. '오오 초음파로군'이란 느낌을 주는 순간이다.

사용의 요령은 '힘을 쓸데없이 많이 주지 않는다'라는 것이다. 뉘앙스로는 '꾹꾹 눌러서' 쓰지 않는다고 해야 하나, 쓸데없이 힘을 주면 부품이 부러지고, 초음파 커터는 망가져서 수리센터로 가야만 한다. 힘으로 공작을 하는 모델러 S군의 경우 아직 어려서, 힘으로 해결하려다 진동발신기를 파괴하고 말았습니다. 에코텍으로 수리를 보내니 실비로 수리를 해주긴 했지만, 키트를 산더미처럼 살 수 있을 정도의 금액이 청구되니 참 아까운 일이지요.

관리법이나 메인티넌스 키트에 대해서는 '초음파 커터 메인티넌스'라는 검색어로 검색하는 것이 가장 좋습니다. 설교를 하는 것처럼 들릴지도 모르겠지만, 도구는 정성껏 손질해주면 그 만큼 보답을 해줍니다. 40년도 더 된 피스콘 에어브러시가 아직도 현역인 것이 자랑이다.

지금 입수할 수 있는 초음파 커터는 몇 가지 세팅이 되어있다. 열로 플라스틱을 녹이는 것이 싫을 때는 흰색 쪽. 열을 이용해서 공작을 할 때는 회색. 중간의 특성을 가진 모델도 존재하는 것 같지만, 나는 이 2개로 '초음파 이도류'를 구사한다. 아, 물론 그렇다고 해도 두 자루를 동시에 사용하는 일은 없지만.

두껍고 긴 금속자는 초음파 커터로 직선을 자르고 싶을 때 사용한다.

세척용 시험관

툴 클리너를 넣고 붓이나 스파츌라를 세척하는 시험관입니다. 에폭시 퍼티로 만든 헤드 조형이 진화하고 있기에 『모델링 북 1』과 비교해보면 재미있을 것이다. 스파츌라나 줄을 넣고 몇 번인가 시험관을 깨먹은 적이 있어서 밑에 헝겊을 깔아 넣었습니다. 헝겊을 만드는 법은 피규어 페이지에 적어놓았으니 참고하시라. 빨래집게로 콕 집어 놓으면 세척하고 싶은 부분만 세척이 가능하다. 사진에 나온 것처럼 줄은 고무로 된 자루 부분은 툴 클리너에 녹아내리는 경우도 있으니 말이다.

도료 접시

붓 칠에서 빼놓을 수 없는 도료 접시. 평평한 쪽이 국화꽃 접시이며 조금 둥그런 쪽이 매화꽃 접시다. 매화꽃 접시용 뚜껑은 제품화 되어있지 않아서, 커피콩 캔 뚜껑 같은 것을 이용하면 된다. 투명하면 더더욱 좋다. 메이커 여러분, 매화꽃 접시용 투명 뚜껑을 발매하실 생각 없으신가요?

회전대

새로 사온 새 회전대의 움직임이 더 더 좋았기에, 위의 고무만 벗겨서 계속해서 사용해오던 또 하나의 회전대에 붙였다. 이거 Made in Italy 라고. 2종류 합체시킨 턴 테이블이다.

머들러 개(改)

도료를 푸는 스푼이 필요했기에 머들러를 찾아서 겨우 여기에 도달했습니다. 각도를 바꿔서 도료 스푼으로 사용할 수 있도록 만들려고 했지만, 대부분의 머들러는 용접으로 스푼부분을 붙였기 때문에 이 부분이 부러진 머들러가 산처럼 쌓이고 말았다. 마치 유리 갤러. 하지만 이 머들러 만은 스테인리스 프레스였기에, 마음에 드는 각도로 구부리는데 성공했다. 한 손으로 에어브러시 컵에 도료를 넣는 것도 가능하다. 어느 100엔 샵에서 구입. 찾아보도록 하자. 일본화를 하는 사람이라면 다 알고 있을 아교 숟가락의 작은 녀석도 괜찮기는 한데, 그런 것은 없잖아.

이쑤시개 케이스

한국의 『Ma.K.』팬이신 Jemo씨에게서 받은 히치콕의 헤드가 달린 이쑤시개 케이스. 공작 중에 기합을 넣기 위해 뿔을 달아줬다.

모델 클리닝 브러시
(정전기 방지 타입)

오래 사용한지라 다 낡아빠졌지만 타미야의 이 브러시가 없으면 3년간 칠하지 않고 방치한 모델을 추가 도색할 수가 없습니다. 물로 씻지 않아도 되는 먼지라면 이 녀석으로 해결 가능하다. 두 자루 째도 구입했으니 안심이다.

황동 브러시

깎아낸 가루 때문에 줄의 눈이 막혔을 때 사용합니다. 모형의 표면에 일부러 흠집을 내는 표현을 해줄 때도 좋죠.

초음파 커터 등장
자르는 것만이 아니라고요. 난, 파내는 것도 잘한다니까~!

BOMB RABBIT
폭탄 토끼 2014년 제작

modeled by Kow Yokoyama

『모델링북 1』이후에 어떤 점이 가장 많이 변했냐고 한다면, 초음파 커터가 있는 모형생활이다. 초음파 커터, 그것은 예전에 중학생 때 피스콘이라는 이름의 에어브러시를 손에 넣었을 때 이후로 가장 혁명적인 도구인 것이다.

초음파 커터를 손에 넣은 후, 제작기사에서 도구의 편리함을 적고, 적고 또 적었기에 그 편리함을 알고 있는 사람도 많다. AFV모델러인 도이 마사히로군을 시작으로 빌리켄 상회의 미하라 히로모토씨, 컨템포러리 아트의 선두주자인 한국의 서도호씨에 이르기까지 근 7년 간 40명이 넘는 모형 애호가들에게 초음파 커터를 팔아치웠다. 메이커로부터 1엔도 받지 못하는데 정말이지 엄청난 영업 수완이 아닌가! 최근에는 감사의 뜻으로 개발 중인 칼날 툴을 보내주셨다. 고마워요 에코텍!

커터의 원래 목적인 '자르기'에 대한 사용법은 앞 페이지에서 설명했으니, 지금부터는 전혀 다른 용법을 해설하겠다.

토끼의 털도 몰드가 가능하다고

①이 토끼는 고쿠분지역 북쪽 출구에 있는 인테리어 잡화점에서 구입한 장식품입니다. 오른쪽이 구입했을 때의 것으로 매끈매끈하고 은색이라 마치 우주 토끼 같다. 폴리스톤제로 6~700엔 정도였을 듯? 왼쪽이 초음파 커터로 털의 질감을 조각한 것이다. 폴리스톤은 레진에 석고를 섞은 것으로 잘못해서 떨어트리면 와장창 깨지는 비극이 발생한다. 하지만 가공하는 데는 나쁘지 않은 소재이다. ②일단은 평소와 마찬가지로 날 끝이 30도인 날을 장착한 초음파 커터로 털이 난 모양을 파줍니다. 고주파 진동으로 깎아낸 먼지가 뭉게뭉게 피어오르니, 마스크를 꼭 착용하자. ③파내보면, 눈 깜짝할 사이에 30도 날의 날 끝이 갈려나가고 말았다. 그야말로 딱딱한 소재를 커터 나이프로 자르는 것과 마찬가지다. ④그래서 날 끝을 신병기와 교환. 두께는 그대로이고, 끝 부분이 예리한 금속판 타입의 송곳이다. 섬세한 부분의 작업에 주걱처럼 사용해달라고 개발 중인 제품을 에코텍에서 제공해주셨다. ⑤이 날은 이미 상품으로 나와있는 것으로, 레터링 등을 팔 때 써보시면 어떨까 싶은 제품이다. 최근에는 곡도와 같은 여러 가지 종류의 날이 나와 있으니, 일단은 누군가가 시험해보고 사용법을 생각해보는 것 같습니다. ⑥이번에는 날 끝이 갈려나가는 일 없이, 작업이 착착 진행 됩니다. 가루는 대량으로 나오니 마스크 착용을 잊지 말자. ⑦몰드 완료. 꽤나 괜찮은 털 표현이 나왔다.

초음파 커터를 사용할 때는 가스나 분진에 주의하자

플라스틱이나 레진을 자르거나 깎아내고 있을 때 발생하는 가스나 연기에는 몸에 좋지 않은 성분이 있을 수 있으므로, 환기나 마스크를 하는 편이 좋다. 그리고 초음파 커터는 열이 나오므로, 화상에도 주의하자. 좀 더 마니악한 주의 사항으로는, 날카로운 부분이 있는 부품을 손가락으로 잡고 잘라 내려하면 진동이 전달되면서 이 부품이 '날'이 되어 손가락이 아파오는 경우도 있다. 가스가 칼날을 감싸는 알루미늄제 고정구에 새카맣게 들러붙으면, 날이 무뎌지게 되는데 이 들러붙은 것을 떼어내는 것만으로도 다시 날이 잘 들게 됩니다.

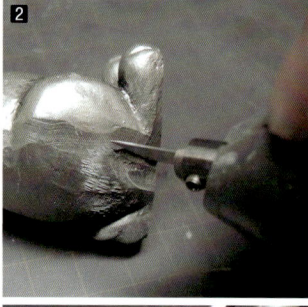

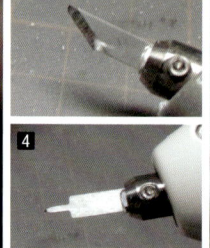

문자 가공

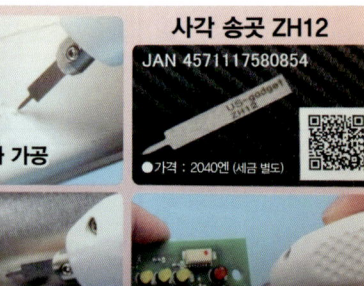

사각 송곳 ZH12
JAN 4571117580854

●가격: 2040엔 (세금 별도)

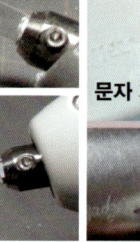

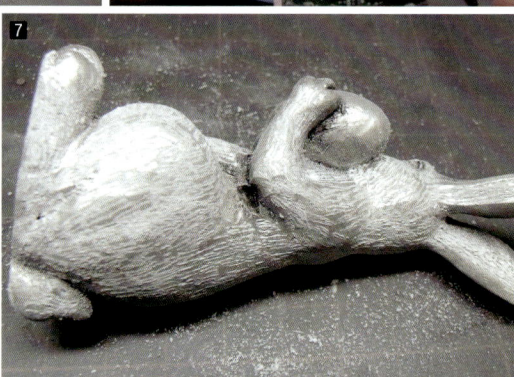

①여기서부터는 통상 작업이다. 이번에는 토끼의 앞 이빨을 만듭니다. 여러 가지 모아놓은 스푼 박스에서 이번에는 소재의 색을 살려보기로 했다. 이빨과 비슷한 색을 고른다. ②이 머들러를 사용합시다. 초음파 커터로 대략적인 형태로 잘라내면 작업이 빠르다. ③토끼 입에 대보고 미세 조절을 해주자. ④순식간에 앞니가 완성. 이것으로 오리지널보다 훨씬 초식동물 성격이 더러울 것 같다는 느낌이 팍팍 풍겨나온다. ⑤원래 부활절의 토끼라서 달걀에서 비행기 키트의 폭탄 날개를 장착. 제대로 된 폭탄을 안고 있는 토끼로 변신했다.

⑥광택을 줄이고 도료로 색을 칠하고 있습니다. ⑦수염은 나일론 솔을 사용했습니다. ⑧0.3mm의 드릴로 털 구멍을 만들고 순간접착제로 고정해서 완성. ⑨⑩순간접착제 보관 용기 위에 고정시켜봤다. 젤리 타입 접착제가 들어있는 병으로 반 회전으로 뚜껑이 열리는 것이 편리하다. 건조제를 안쪽 측면에 양면테이프로 붙였다. 워낙 귀엽기에, 각종 도구와 모형으로 어지러운 책상 위에서도 바로 발견할 수 있는 병이 되었다.

여기 있지용~

용접 자국은 당신이 아니면 안 돼요~!!

①SAFS 계열의 필수 작업이라고 할 수 있는 용접 자국 표현. 초음파 커터의 열을 이용하면 사실적인 용접 자국이 재현가능하다. 먼저 러너 늘인 것을 감아주기 쉽게 굽혀줍시다. 끝부분을 먼저 접착해주고 한 바퀴 빙 둘러준 다음 프라모델 전용 접착제로 용착시켜줍니다. ②토끼의 털을 재현하는데도 사용했던 끝이 얇은 날을 이용하여 이번에는 열을 이용해서 재현합니다. 같은 피치로 겹쳐듯이 말아놓은 러너 늘인 것을 녹여, 용접자국처럼 몰드를 넣어줍니다. 실제 전차에 해놓은 용접자국 역시 여러 가지 종류가 있죠. ③완성된 모습은 대략 이런 느낌이. 열로 녹였으니 말 그대로 '용접'이다. 그렇다고 해도, SAFS가 진짜 철판으로 만들어진 건 아니잖아? 라는 '태클'은 사양입니다.

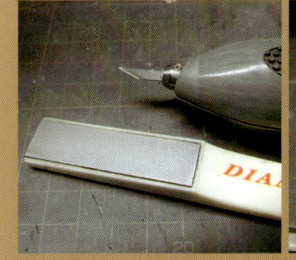

초음파 커터를 연마하는 법

날이 잘 들지 않는 날을 계속 사용하면 줄지 않은 것은 초음파 커터도 마찬가지다. 작업이 한창 진행될 때 날을 교환하는 것이 귀찮을 때가 있다. 이럴 때는 옆에 있는 숫돌에 물을 묻혀서 갈아주면, 교환하는 것 보다 빠른 시간으로 날이 다시 잘 든다. 날은 어디까지나 1회용이라 계속해서 갈아 쓰기는 어렵지만 말이다. 사진은 다이아몬드를 사용한 숫돌로 '연마군'이라는 상품명입니다. 물을 묻혀서 갈아주는 만큼, 발신기 등 본체에 물이 들어가지 않도록 세심한 주의를 기울이자.

사용해서는 안 되는 칼날

초음파 커터에도 장착이 가능한 NT커터의 교체용 칼날. 그 중에는 구멍이 뚫린 것이 있는데, 이것은 초음파 커터에 절대로 사용해서는 안 되는 날입니다. 이는 설명서에도 잘 나와 있다. 구멍이 있는 곳에서 날이 부러질 우려가 있다는 것 같다. 이런 날은 보통의 커터 날로 사용하면 된다.

식히고 나서 빼준다

①②웨이브제 프리드리히 등의 루프 안테나를 재현할 때는 에칭 부품의 테두리같은 금속 띠 형태의 것을 사용한다. 이를 접착하기 위해 좁은 폭의 홈 모양의 구멍을 낼 때, 지금까지는 핀바이스로 옆으로 연속해서 구멍을 내고, 얇은 드릴 날로 문지르듯 깎아서 작은 구멍을 연결해줬는데, 초음파 커터가 있으면 불과 몇 초 만에 이 작업을 끝낼 수 있다. 구멍을 내고 싶은 곳에 초음파 커터를 찌른 채로 스위치를 끄고 식힌 다음 날을 뽑으면 그만인 것이다. 단지 이렇게 해주는 것 만으로도 홈을 깊게 팔 수 있다. '초음파 커터 식혀서 빼기'라는 느낌이다. 이 몸은 파내는 작업에서도 끝내준다고~!

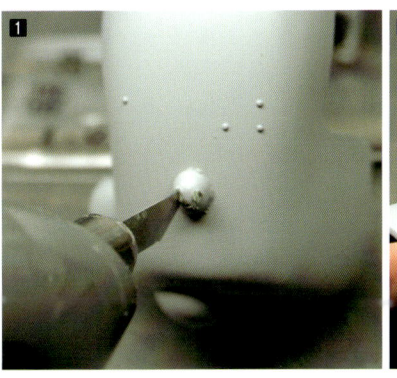
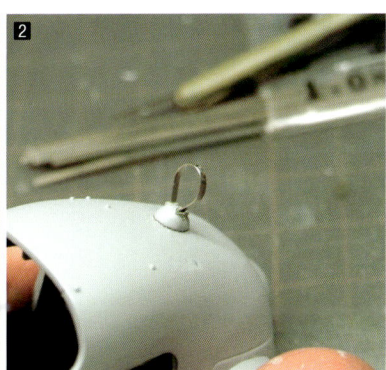

예언서를 발견했다면
지금이야말로 정열을 발산하라!!

키트가 나왔다면 개조 완전 해금!
그 분은 '피게온'이라고 읽어주시려나요?
'오펜호우세' 때처럼 말이죠.

유인형 스카우트 플라이어 피죤
첫 공개 : 월간 하비재팬 2014년 1월호

rainbow egg 1/20 scale resin kit conversion
modeled by Kow Yokoyama

SCOUT FLIER prototype
"PIGEON"

photo by Akishige Hommatsu (STUDIO R)

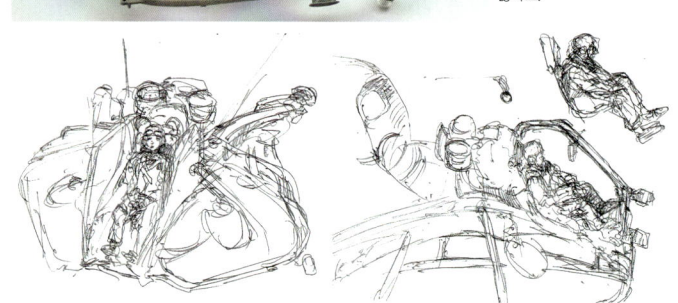

무인 스카우트 플라이어 (『월간 하비재팬』 1985년 11월호 게재)는 맨 처음에는 1/35 설정이었다. 인물이나 SAFS와 같이 놓았을 때 느낌이 좋은 1/20으로 변경했기에, 유인형 러프 스케치를 그렸을 때 조종석의 위치도 별다른 어려움 없이 결정되었다. 아저씨가 되어서도 SF모형을 즐긴다면 나중에 추가된 설정을 유연하게 만듭시다. '유능제강(柔能制剛)'이란 말도 있잖아요.

레인보우 에그의 KATOOO씨가 무인 스카우트 플라이어의 레진 키트의 완성품을 가지고 왔을 때부터 이 일은 시작되었습니다. 편집부에서 완성품을 같이 봤던 (MAX)와타나베 군이 '무인화가 늦어지는 용병군의 무인정찰기라면, 실험단계에서 유인형이 있어도 좋지 않을까요?' 라고 물어왔기에, '음, 그것도 괜찮겠네요'라고 답을 했다. 그러니까, 어떤 느낌인지 적어주세요 라고 와타나베군이 부탁을 해서, 그 자리에서 일러스트를 그렸지요. 그것이 이 페이지에 나와 있는 유인 스카우트 플라이어의 최초의 이미지입니다.

모처럼 그려봤으니 입체로도 만들어보자는 이야기가 나와서, 그 일러스트를 바탕으로 KATOOO씨가 꽤나 진행된 부분까지 유인 타입을 짜고, 내가 끝에 약간만 작업해서 완성을 하는 초 간단 공작계획이 그날 세워졌습니다. 그리고 나중에 KATOOO씨가 내 집으로 와서 같이 여러 가지로 초기 단계를 만들기로 했습니다.

그런데 운 나쁘게 대형 태풍 접근 중이었기 때문에, 부품만 우편으로 보내고 내가 혼자서 조립을 하게 되었더랬죠. 다른 사람이 준비한 유용 부품을 사용해서 조립을 하는 것은 미지의 체험이었지만, KATOOO씨가 스케치를 바탕으로 골라준 유용 부품은 내가 무인 스카우트 플라이어를 만들었던 1985년 당시의 것이 많아서, 예언자가 선택한 이콘(※주 : 동방 정교회의 성화, 영어의 'icon'과 같은 어원에서 나옴)처럼 딱 맞아 떨어졌습니다. 덕분에, 유인형으로 개조는 나 혼자 했지만 당초의 계획대로 엄청 편한 공작이 되었던 것입니다.

유인형 스카우트 플라이어는 이러한 경위를 거쳐 완성되었습니다. 유아사군이 원형을 만든 피규어를 와타나베 군이 완성시켰죠. 각자 따로 만들어서, 촬영 당일 날 만든 것을 그 자리에서 조립했다고는 생각지 못할 정도로 멋있었죠. 유인형… 정말 만들기를 잘했다니까.

1. 유사시를 대비해서 탈출 가능한 조종석을 만들자

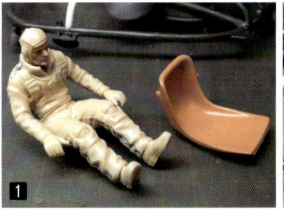

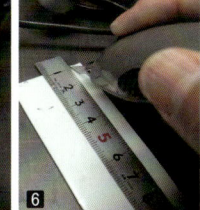
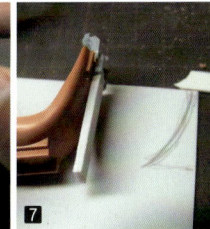
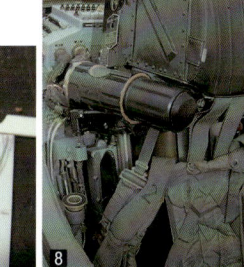

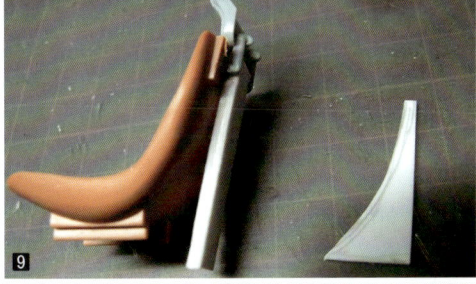
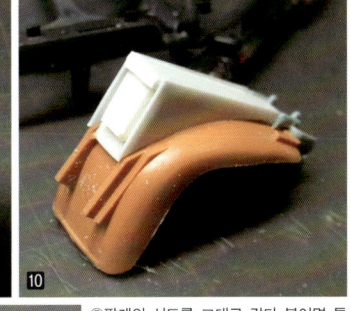

①파일럿이 외부로 노출되어있는 정찰기이지만 화려한 탈출이 가능한 사출식 조종석으로 만들기로 했다. 같은 용병군의 메카라는 이유로, 하세가와제 팔케의 파일럿과 시트를 사용합니다. ②조종석을 붙일 수 있도록, 무인형 부품을 떼어내는 것은, 실제 세상과는 정반대 공정. ③간섭을 할 것 같은 로그 마크의 돌기도 초음파 커터를 사용하면 손쉽게 잘라낼 수 있다. '칭칭칭'하며 눈 깜짝 할 사이다. 이것은 '그 선생님'이 좋아하는 소리다. 아니 '츄잉츄잉'이었다. ④줄로 갈아서 깔끔하게 다듬어주었다.

⑤팔케의 시트를 그대로 갖다 붙이면 틈새가 신경 쓰인다. 위치를 결정하는 의미로도 프라판으로 조절합니다. 사진은 프라판을 잘라내기 위해 시트의 단차 부분을 재고 있는 모습. ⑥두꺼운 프라판을 자를 때는 금속제 자를 대고서 초음파 커터를 사용한다. ⑦곡선은 실물과 대조하면서 프라판에 프리핸드로 그려 넣고 잘라낸다. ⑧참고 자료로 삼은 MiG-29 전투기의 사출 좌석. 색이 정말 맘에 든다. ⑨잘라낸 프라판이 의자의 커버에 맞도록, 조금씩 조절. ⑩프라판을 다 붙인 상태. ⑪헤드레스트는 플레더 마우스의 부품이다. 여기 뒷부분과 본체가 딱 맞게 연결되도록, 프라판을 붙여준다. ⑫이어서 황동선으로 만든 축을 통과시켜주면 완성.

2. 팔케의 파일럿에게 개조 수술을 실시!

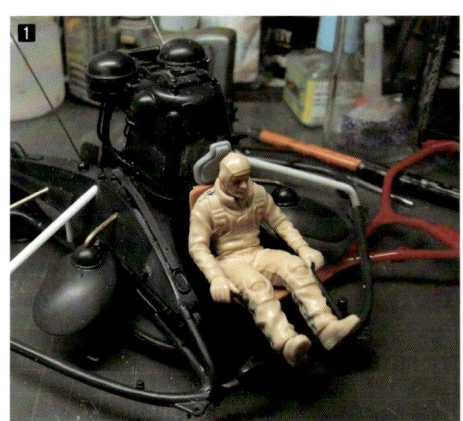

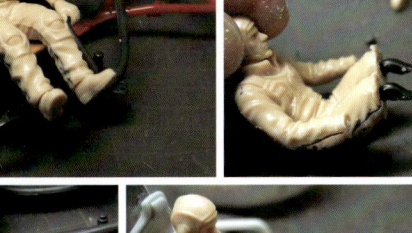
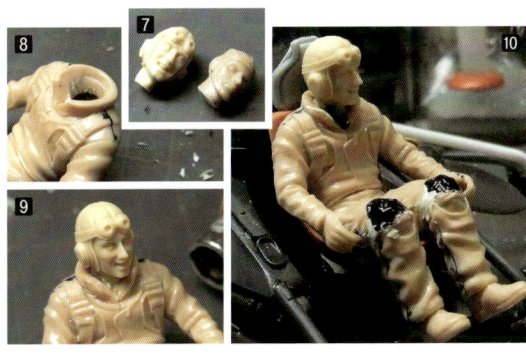

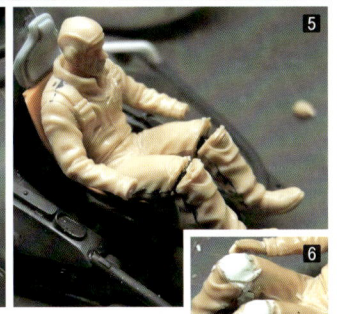

①조종석에 파일럿을 태우고 체크. 다리가 조금 떠있는 것이 보이시죠? ②무릎을 굽히는데 간섭되는 의자의 가장자리를 자르자. ③파일럿은 무릎을 절단해서 각도를 바꿉니다. 접착하는 것만으로는 성에 차지 않으니 보강 작업도 실시. 구멍을 내준 뒤에 플라스틱 런너를 끼워 넣었다. ④버너로 달궈 런너의 각도를 바꿉니다. ⑤다시 한 번 더 태워보고 무릎의 각도를 재확인. ⑥무릎의 틈새는 에폭시퍼티로 메워준다.

⑦머리를 브릭웍스의 SAFS 파일럿으로 바꿔본다. 웃는 얼굴로 조종을 했으면 좋겠네. ⑧목이 들어가는 구멍을 넓혀줍시다. ⑨구멍에 에폭시퍼티를 채우고 목을 꾹꾹 눌러준다. 완전히 경화되기 전에 불필요한 부분을 닦아준다. ⑩커터로 깎아낸 에폭시퍼티 위에 검은색 순간접착제를 발라서 천의 질감을 내주자.

검정 순간접착제는 캔에 보관합시다

Mr.웨이브의 검은색 순간접착제는 언제나 거꾸로 두지 않으면, 사용할 때에, 나올 때까지 시간이 걸린다. 그래서 아예 마요네즈병처럼 거꾸로 놓고 F-1의 타이어와 러시아제 우주선 키트로 자작한 스탠드에 놓은 뒤, 습기 방지를 위해 스탠드를 통째로 캔 속에 집어넣었습니다. 이를 위해 준비한 밀봉 가능한 금속 캔은 100엔 숍에서 팔고 있던 것. 특가 세일 덕에 300엔 정도에 구입했었지 아마? 패키지에 붙어있던 검정 순간접착제 라벨을 드라이어로 열을 가해서 떼어내고, 그것을 그대로 가져다 붙였는데, 전용 보관 캔 같아서 왠지 기쁘다.

3 조종석의 디테일을 착착 추가해봅시다

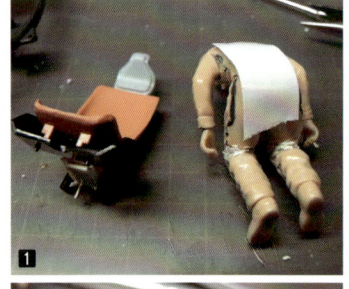
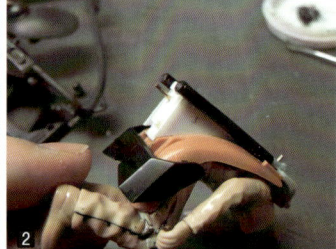

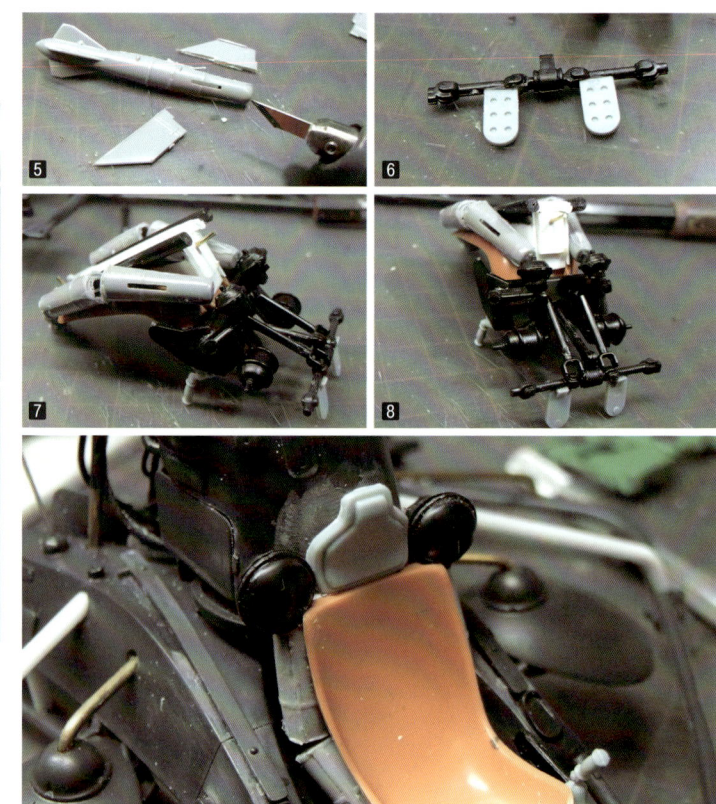

①조종석을 디테일업 할 때, 페달이나 레버와 파일럿의 조절이 필요하게 되었습니다. 등에 양면테이프를 붙이고 시트에 일단은 고정을 시키고 기준으로 삼습니다. ②헤드레스트의 뒤쪽과 마찬가지로, 좌석의 밑에도 황동선으로 연결. ③④여기는 이대로 플레더 마우스의 레버를 붙였습니다. 검은 헤드폰 같은 것은 지난번에 지레네에도 사용한 러시아제 1/35트럭(「ГАЗ-66」 영어 표기라면 GAZ-66)의 부품이다. ⑤하세가와의 항공기용 무장 시리즈 역시, 『SF3D』에서부터 이어지는 유서 깊은 부품이다. ⑥러시아 트럭의 부품에 플레더 마우스의 페달을 붙여봤다. ⑦⑧뒤에서 보면 이렇게 되어있다. ⑨헤드레스트의 양쪽 끝 부분 역시 러시아 트럭의 부품. 서두르고 있는 와중에도 이렇게 사진을 찍고 있는 내게 누가 박수 좀 쳐 달라고요.

4 드디어 메인이벤트! 프레임 장착이다

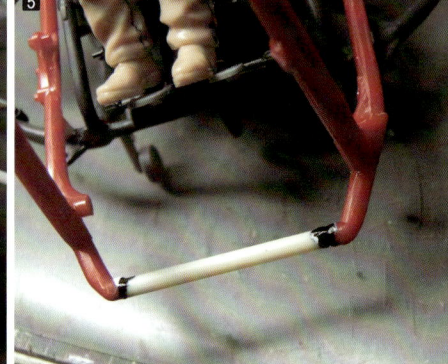

①KATOOO씨가 내 '미래일기'를 보고 골라준 닛토의 1/8 혼다 CB750의 프레임이다. 내가 그린 일러스트의 분위기와 너무도 딱 들어맞기에 소름이 돋을 정도. 80년대 키트이기에 몰드가 지나치지 않을 정도로 샤프하다는 부분도 확하고 와 닿는다. ②장착 각도를 생각하고 있는 모습이다. 영화 『엘리시움』을 보고 온 직후라서, 거기 나오는 강화 슈트(Exo suit)처럼 밖으로 완전히 드러나 있지만, 프레임으로 보호된 모양의 조종석을 만들고 싶었다. ③이 각도와 위치로 결정. 프라봉을 정확. 좌우 프레임을 연결합니다. 앞쪽에 비해서 좌우 윗부분이 넓게 벌어져 있는 것은, 긴급 시에 위쪽으로 사출될 때, 머리를 부딪쳐 눈에서 별이 보이지 않도록 하기 위함이다. ④프레임 뒷부분과 본체를 프라봉과 순간접착제로 고정한다. ⑤앞부분도 프라봉으로 프레임을 연결합니다.

5 휠 모양의 랜딩 기어를 붙여줍시다

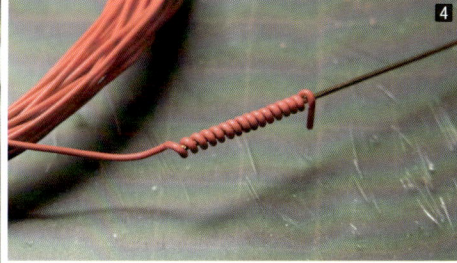

①실험중인 유인기라는 설정이므로 랜딩기어는 스키드(Skid)보다는 휠 쪽이 훨씬 느낌이 와 닿는다. 아무래도 비행장이나 기지 내에서 여기저기 끌려다닐 일이 많을 것이기 때문이다. 이것은 KATOOO씨가 역시 '미래일기'를 살짝 엿보고 만들어 준 것으로, 하세가와의 1/72 F-18의 부품을 유용했다고 한다. ②이 타이밍에서 프레임에 라이트를 붙여봤다. ③후륜은 플리게의 귀 안테나의 부품을 본체에 연결했다. ④얇은 비닐 코드를 가는 금속선에 감아 구부려준다. ⑤모니터 부품에 구부린 코드를 단다. 전화처럼 되는 것으로, 통신이나 모니터에 관련된 메카라는 것을 보여준다. 디테일을 통해 보는 사람의 상상을 자극하도록 말이다.

6 알루미늄 부품에도 산화 처리를 해준다
하는 김에 피아노선도 같이

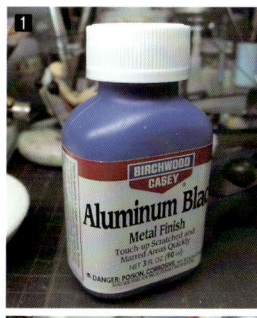

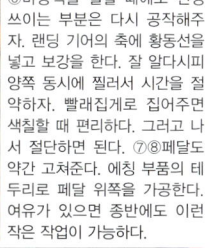

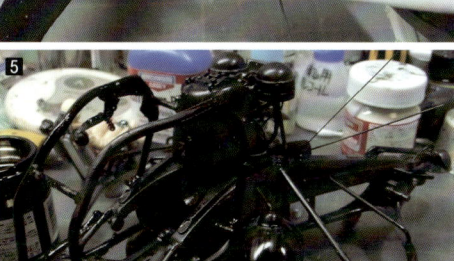
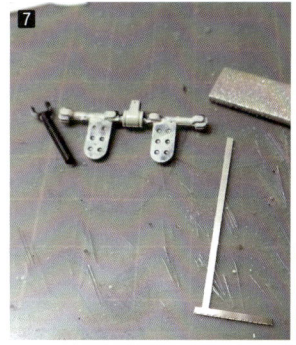
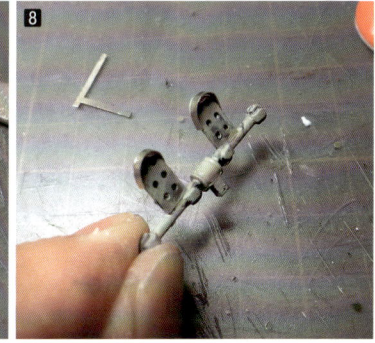

⑥바탕색을 칠할 때에도 신경 쓰이는 부분은 다시 공작해주자. 랜딩 기어의 축에 황동선을 넣고 보강을 한다. 잘 알다시피 양쪽에 찔러서 시간을 절약하자. 빨래집게로 집어주면 색칠할 때 편리하다. 그러고 나서 절단하면 된다. ⑦⑧페달도 약간 고쳐준다. 에칭 부품의 테두리로 페달 위쪽을 가공한다. 여유가 있으면 종반에도 이런 작은 작업이 가능하다.

①스카우트 플라이어 키트에는 브릭웍스제 알루미늄제 버니어가 들어있기에, 알루미늄 용 금속 산화제를 사용합니다. ②황동의 산화제와 마찬가지로 면봉에 묻혀서 발라준다. ③KATOOO씨가 조립해준 스카우트 플라이어는 피아노선이 붙어있었기에, 이 부분은 스틸용 산화제를 발라준다. 확실히 검게 변색이 된다. 산화제를 금속에 맞춰서 구입한다. 오래살고 볼 일이라니까. ④⑤바탕색으로는 GSI 크레오스의 검은색 서페이서를 붓으로 칠해주었다.

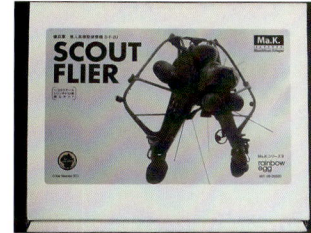
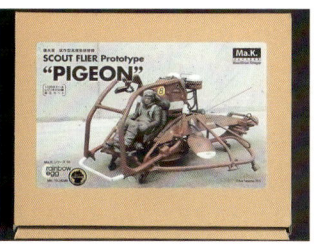

레인보우 에그의 레진 키트인 스카우트 플라이어는 무인형, 유인형이 동시 발매중이다(2014년 10월 현재). 제작 도중의 사진을 KATOOO씨에게 건네주지 않았지만, 나중에 답을 맞춰보니, 거의 똑같이 만들었다는 답변을 받았다. 역시 내 '미래일기'를 훔쳐봤다니까. 내 주변에는 보통이 아닌 사람이 많아서 참 기쁘다.

완성!

영화 『엘리시움』에 등장하더라도 부끄럽지 않도록 오렌지색을 많이 사용했다.

데칼을 버려라, 마을로 나가자 돌아오고 나서 핸드 드로잉 추천법

실제 병기뿐만 아니라 레이싱 카, 축구를 할 때에 나와 같이 싸울 기세가 등등한 녀석들에게는 소속된 부대의 번호나 마크가 그려져 있지요. 등번호나 엠블렘 만으로는 부족해서 자기 피부에 직접 그려 넣는 사람도 적지 않습니다. 남자는 어릴 적부터 스티커를 붙이는 일을 좋아하지요.

이런 이유는 아니지만, 프라모델에서도 전차나 비행기, 그리고 마쉬넨까지도 여러 가지 기체가 만들어지도록, 반드시 데칼이 들어가 있지요. 초등학생 때 만들었던 하세가와의 F-8 커세어II 전투기 키트에 들어간 데칼 용지를 통째로 물에 넣었다가, 접시 물 위에 둥둥 떠다니는 데칼을 손가락으로 모아야 되는 참사가 발생, 데칼을 붙이는 것인지, 금붕어를 떠내는 것인지 알 수 없었던 뼈아픈 추억을 지금도 기억하고 있습니다.

하지만 인간은 욕심 많은 존재라서 키트를 손에 넣고서는 데칼 만으로는 만족할 수 없게 되어버려서는, 재현하고 싶은 번호가 없다던가, 다른 도색으로 칠하고 싶다고 하는 사람이 나오기 마련입니다. 이런 사람들을 위해 별매품 데칼까지 나오고 있으니 말이죠. 요즘은 피규어의 눈이나 위장도색 패턴까지, 정말 별의별 것들이 다 데칼로 나오고 있습니다.

최근에는 데칼을 붙이는 것이 가장 즐겁다고 생각합니다. 하지만 데칼이 찢어지거나, 구겨져서 울고 싶었던 경험도 많이 있었죠. 이를 극복해온 것이 바로 핸드 드로잉 마킹입니다. 원래 세세한 것을 좋아하는 편이었지만, 급한 성격이 원인이 되어, 데칼 붙이기에 실패하고 이를 손으로 그리는 확률이 높았죠. 완성시키고 보면 의외로 데칼보다 직접 그린 쪽이 더 멋있기도 했던 적도 있었고요. 그 이유는 나중에 설명하겠지만, 자기만의 것을 만들고 싶다면 핸드 드로잉 마킹에 꼭 한번 도전해보세요. 의외로 간단 하다니까요.

오리지널 모델을 만들 때나, 발매 전에 키트의 샘플을 만들 때, 기존의 데칼만으로는 표현에 한계가 있죠. 데칼을 디자인하기 전의 견본 모델의 경우 사용할 수 있는 데칼이 존재할 리 없기에, 결국 손으로 직접 그릴 수밖에 없는 것입니다.

하세가와의 키클롭은 그로서훈트의 업데이트 버전으로 발매된 것입니다. 임팩트가 있는 데칼을 제품에 넣고 싶어서, 생각해 낸 것이 바로 이 빨간 뱀 마킹이지요.

물론 빨간 뱀은 거장 잭 레인우드씨가 그린, 레벨의 1/32 스케일 융커스 Ju87 수투카의 박스아트의 것입니다. 44년 전에 근처의 문방구에서 끈으로 묶여서 매달려있던 박스를 처음 봤을 때 느꼈던 충격은 정말 강렬했죠. 동체 옆면에 그려진 빨간 뱀은, 모든 군용기 중에서도 이채로운 느낌을 발했습니다. 최근에는 빨간 부분이 사실 바탕색인 샌드 컬러였다는 설이 나오고 있기는 하지만, 그딴 멋대가리 없는 도색을 하고 싶어서 이 기체를 만들 사람은 거의 없으리라 생각합니다. 이 충격을 언젠가 SF병기에서도 재현해보고 싶어서, 키클롭의 등에서 기어 다니도록 그려봤습니다. 영화 『자토이치』에서 등에 뱀 문신을 한 역할을 했던 에모토 아키라씨 처럼 예상을 뛰어넘는 박력이 뿜어져 나왔습니다.

입체적으로 마킹을 해야 하는 점 때문에 허들이 높다는 이미지가 있지요. 하지만 실제로는 의외로 간단한 방법이 있습니다. 비행기 모델러 분들도 이 방법을 쓰는 분이 꽤나 많은데, 이번에는 이 방법의 응용편을 사용했습니다. 그건 바로 조립을 하기 전에, 런너에서 떼어내고 세척을 한 상태의 부품에다가 직접 마킹을 하는 방법입니다. 연필로 밑그림을 그리고 나서 칠해도 좋고, 직접 색으로 그려도 좋으니 일단은 직접 해봅시다. 부품의 상태라면 의외로 평면에 그림을 그리는 것과 비슷하기에, 그냥 그림을 그리듯이 숫자나 엠블렘을 그려 넣어보면 생각했던 것보다 더욱 잘 그려집니다.

키클롭의 빨간 뱀은 본체를 다 칠하고 나서 그린 것이 아니라, 뱀을 먼저 칠하고, 나중에 주변의 위장 도색을 칠하는 편이 훨씬 더 잘 칠해진다. 비행기를 전부 붓으로 칠하는 다나카 카츠요리씨의 책이 『스케일 에비에이션』에서 별책으로 나와 있는데, 이 방법과 똑같습니다. 본체의 색이 위장 무늬인 경우, 나중에 넣는 핸드 드로잉의 문자나 국적 마크가 삐져나왔을 때, 바탕색이나 흐릿한 정도를 재현하기는 어렵지요. 또한 먼저 어렵다고 생각하는 마크를 잘 그려놓으면, 나중에 주변을 칠하는 쪽이 마음이 더 편하겠지요. 다 칠해놓은 마크를 마스킹 해놓고, 본체의 색을 칠하거나 에어브러시로 칠하는 것도 괜찮습니다. 그림을 그릴 때에는 당연한 이야기지만, 가장 먼저 문자나 로고처럼 선명하게 그려야만 하는 부분을 먼저 그리는 경우가 많습니다.

KYKLOP

키클롭
2013년 제작

HASEGAWA 1/20 scale plastic kit
modeled by Kow Yokoyama

핸드 드로잉 마킹은 먼저 그리자!

빨간 뱀을 그리는 공정입니다. 순서를 따라서 해설하겠습니다.

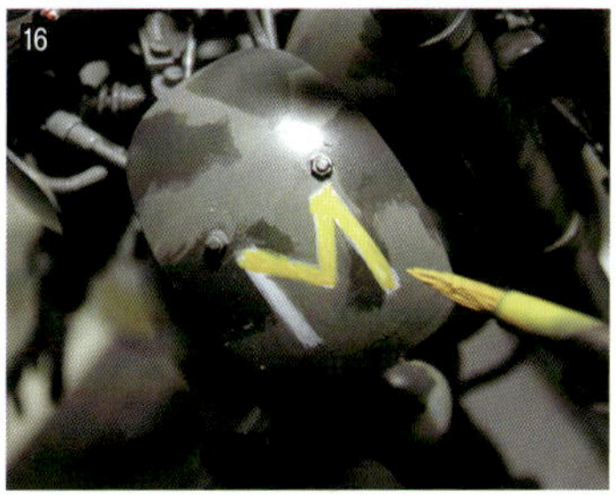

①검은색에 가까운 회색으로 바탕색을 칠하고 난 위에 흰색으로 뱀 머리의 실루엣을 그립니다. 흰색 도료를 검은색 위에 칠하려면, 적당한 농도와 결심이 중요합니다. 얼굴을 그리기 전이라 볼트부분이 마치 눈알처럼 보이네요. ②키클롭의 머리에서 연결되도록 동체에도 뱀을 그려나갑니다. 수투카의 뱀을 참고는 하더라도, 여기서는 키클롭의 동체 라인에 맞춰서 즉흥적으로 합니다. 판처슈렉(Panzerschreck, 대전차 로켓)의 장착부를 잘 피해서, 엉덩이에 연결되는 것이 좋지요. ③캐처를 칠 할때 사용한 샌드 옐로우와 브라운을 먼저 칠합니다. ④뱀 부분의 경계선의 검은 회색을 조금 남겨두는 것 만으로, 대충 칠해도 날카로워 보입니다. 쿠마도리(※주 : 가부키 배우가 표정을 돋보이기 위해 눈 밑에 빨강이나 파랑 물감으로 그리는 분장)를 남긴 바탕으로 만들어가는 방법이지요. 이 역시 회화에서는 당연하게 사용되는 색 칠법입니다. 샌드를 포함한 황색계열을 잘 덧칠하는 것이 어렵다고 생각하시는 분? 붓은 날카로운 선을 넣을 때 무적인 1번 붓이 좋다고요. Too에서 나와 있는 번호가 1번 면상필입니다. 상세한 내용은 『모델링북 1』을 꺼내어 읽어보시길. 수투카의 박스아트에 그려진 형태에 점점 가까워지도록 데생하듯 칠하고 있습니다. 나 말이지, 이번에는 박스아트를 많이 따라간 것 같은데? ⑤브라운이나 팥죽색을 더하여 빨간색을 조색. ⑥뱀의 머리부터 칠합니다. 병 위에 턱을 올려놓듯 고정하면, 안정된 상태에서 선을 그을 수 있다. ⑦⑧박스아트와 같은 리듬으로 비늘 모양을 그려줍니다. 패턴을 넣을 때, 리듬을 잘 잡으면 이를 쉽게 재현할 수 있다. ⑨샌드 옐로우 위에 회색 등을 넣고서 위장 패턴을 그려 넣고 있습니다. ⑩도색 중에도 마음에 들지 않는 부분은 공작을 합니다. 턱 밑에서 뻗어 나오는 튜브가 가동의 방해가 되니 끝단 접착 위치를 변경합니다. 사진의 핀셋 끝 부분에 드릴로 구멍을 냈다. 몇 살인지 옛날에 작업했던 것 중에 '정말 죄송~!'이라 할 포인트 중 하나가, 바로 이 턱 튜브의 끝부분 장착 위치. 적어도 바로 밑으로 빼서 좌우의 가동범위를 똑같이 만들었으면 좋았을 텐데. 설마 이게 가동 프라모델로 나올 줄은 생각을 못했기에, 앞으로 차차 고쳐가겠습니다. ⑪끝 쪽이 L자로 되어있기에, 나중에 구멍에 끼워 넣을 수 있도록 잘라낸다. ⑫부착 위치가 변경되면서 좌우 같은 각도로 목을 돌릴 수 있다. 스트레칭 운동도 잘 할 수 있을 것 같다. ⑬어깨의 코드 레터와 같은 문자는 연필로 밑그림을 먼저 그린다. ⑭노란색의 발색을 좋게 만들기 위해서는 먼저 흰색을 칠해놓는다. ⑮최근의 슈트랄의 노란색은 핀란드군 Me109 전투기의 피아식별용으로 만든 노란색이다. 8년 전과 비교해서 국내 메이커의 노란색 도료도 은폐력이 올라갔기에, 설령 험브롤을 구하지 못한 사람도 안심할 수 있을 테죠. ⑯이 노란색을 흰색 위에 덧칠한다. 밑그림을 그린 연필 자국은 물을 묻힌 면봉으로 간단하게 지울 수 있다. 손가락에 침 발라서 문지르는 녀석도 있겠지. 아무래도 좋겠지만, 혹시나 몸에 안 좋은 것이 손가락에 묻지 않는지 잘 확인하라고.

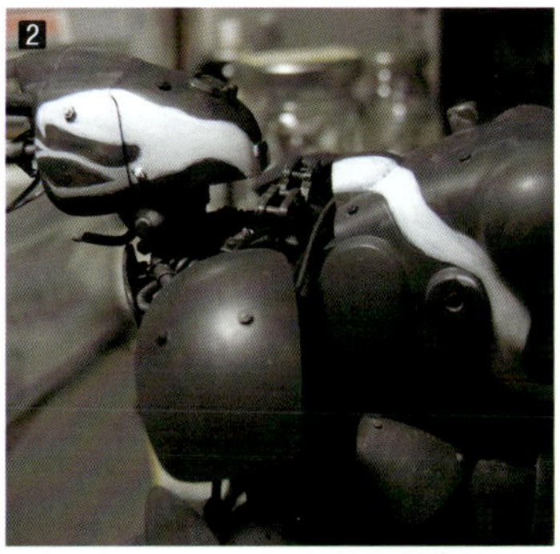

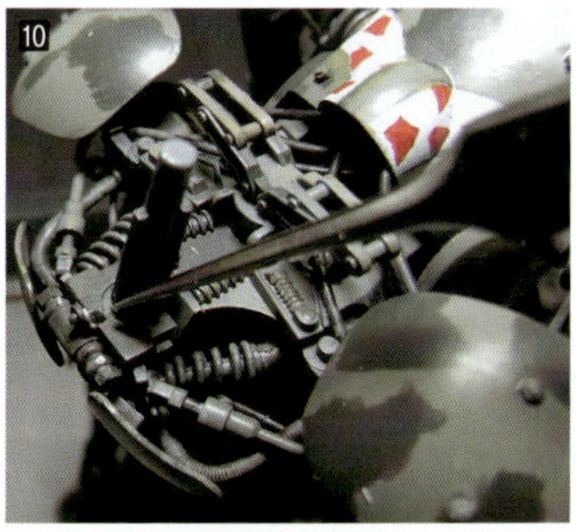

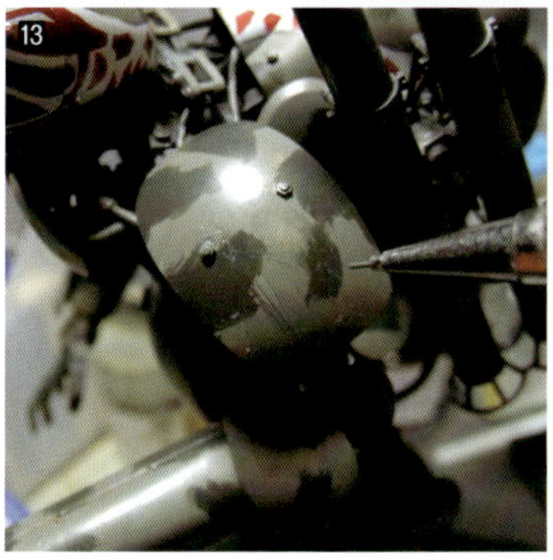

아머를 추가하여 여기에 스컬 페인트를 그려보자

다른 1체의 키클롭은 아이스하키의 GK, 물론 여기서는 '개라지 키트'가 아니라 '골키퍼'다. 골키퍼의 턱 가드처럼 생긴 것을 추가해서 스컬 페인트를 했습니다. 하키의 GK를 하고 있는 시미즈군, 마스크에 이 페인트 해도 괜찮아.

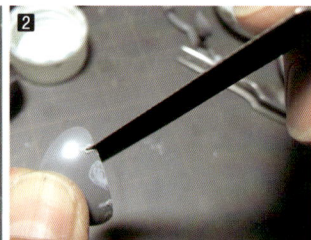

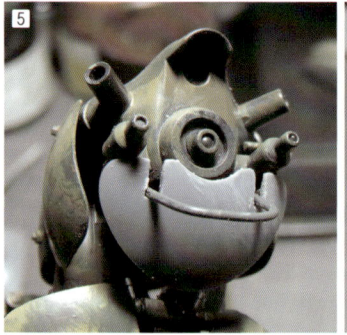

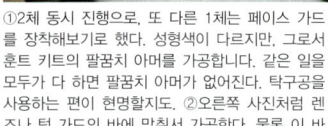

①2체 동시 진행으로, 또 다른 1체는 페이스 가드를 장착해보기로 했다. 성형색이 다르지만, 그로서 훈트 키트의 팔꿈치 아머를 가공합니다. 같은 일을 모두가 다 하면 팔꿈치 아머가 없어진다. 탁구공을 사용하는 편이 현명할지도. ②오른쪽 사진처럼 렌즈나 턱 가드의 바에 맞춰서 가공한다. 물론 이 바 자체를 황동제로 바꿨습니다. 일단은 톱줄로 홈을 넣고 넓혀갑니다. ③④렌즈의 커브에 맞춰서 반원줄로 조금씩 조절해가며 깎아냅니다.

⑤아머를 턱에 붙인다. 가조립이기에 접착하지는 않았지만, 홈이 바에 잘 들어맞는다. ⑥바탕색인 검은색을 칠한 뒤, 해골 마크의 밑그림을 그립니다. ⑦키클롭스는 외눈 거인인, 키클롭스(Κύκλωψ, 영어로는 사이클롭스)의 독일어니까 옆면 아머에 눈이 하나만 달린 해골을 그려둔다.

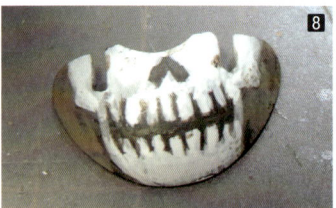

⑧아머의 해골을 다 그리고 나면, 턱에 고정한다. ⑨⑩턱 가드의 바를 황동선으로 해놓았지만, 2점 접지의 경우 흔들려서 안정되지 않기에, 런너 늘인 것으로 아머와 턱 밑을 받쳐주는 지주를 적당히 만든다. 턱을 당긴 느낌으로 붙여주었다. ⑪⑫붙이는 각도나 위치는 사진을 참고하시길.

SNAKE-EYE
스네이크 아이　2013년 제작

WAVE 1/20 scale plastic kit
modeled by Kow Yokoyama

photo by Akishige Hommatsu
(STUDIO R)

코드 레터를 핸드 드로잉으로 멋지게 그리는 요령

같은 사이즈의 알파벳이나 숫자를 여러 개 그릴 때에, 크기를 맞춰서 그리는 방법.

①실제로 기체에 그려 넣는다고 하면 코드 레터는 전부 같은 크기가 될 것이다. 먼저 트레이싱 페이퍼로 선을 따보자. 견본으로 삼는 것은 모델 카스텐의 「용병군 데칼 세트 2」이다. ②우선은 위에 올린 트레이싱 페이퍼에 「B」의 윤곽을 연필로 그려 넣습니다. ③트레이싱 페이퍼의 반대쪽을 2B정도의 진한 연필로, 이 선을 따라 그린다. ④⑤연필로 그린 「B」를 여백을 남기고 자른 후, 핸드 드로잉을 하고 싶은 부분 위에 놓고 손톱으로 문지릅니다. 그러면, 문지른 글씨가 옅게 키트에 남지요. 잘라낸 「B」를 견본의 크기에 주의하고, 키트에 옮겨진 「B」의 윤곽선 위에서 연필로 그려서 완성시킵니다.

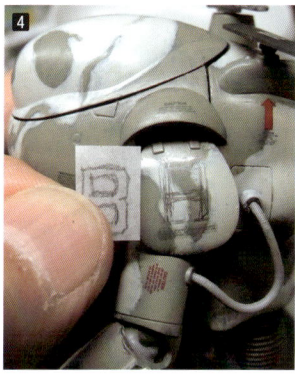

셀로판테이프 기술

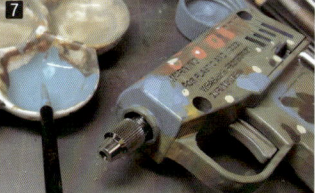

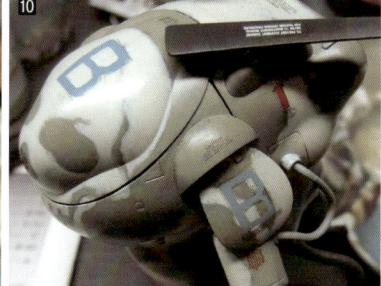
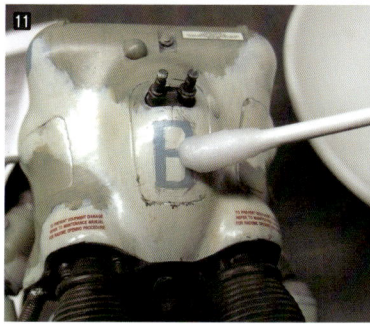
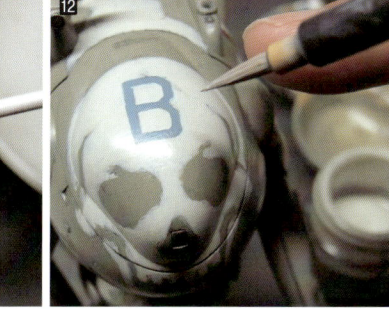

⑥용병군의 파란색으로 그리고 싶었기에 74번 「에어 스피리어리티 블루」의 병에 들어있는 색을 사용합니다. 몇 십 년 동안 추가로 산 적이 없는데 아무리 시간이 지나도 전혀 줄지 않습니다. 분명히 오리지널이었던 색과는 완전 다른 색이 되지 않았을지…. 아니, 뭐 그건 그렇다 치고 색 이름이 참 기네~. ⑦타미야의 전동 드릴에 테스트 도색, 파란색의 버전이 이렇게 많다는 것을 알겠지요. ⑧1/16 라쿤에도 같은 색을 칠했기에, 반드시 같은 색이다. ⑨아까 그린 윤곽선을 따라서, 먼저 문자의 옆 방향을 평행이 되도록 붓으로 칠한다. 한자를 쓸 때, 첫 획이 옆으로 가는 선이 되는 경우가 많기에 옆에서부터 칠하는 편이 잘 칠해진다. ⑩다음으로 남아있는 부분을 칠합니다. ⑪마르면 적신 면봉으로 연필선을 지워줍니다. ⑫삐져나온 부분을 리터치 합니다. 연필선을 지우지 않고 리터치를 하면, 연필의 색이 섞여 귀찮아집니다.

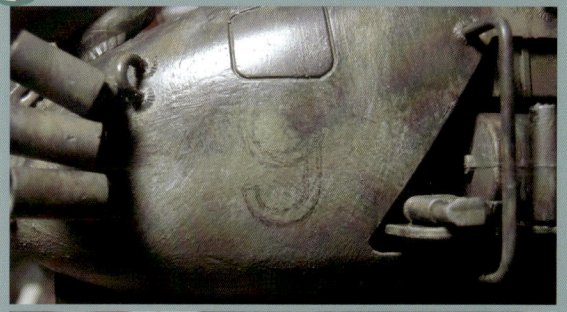

트레이싱 페이퍼 외에도 셀로판테이프를 붙여서 트레이스 하는 방법이 있다. 사진에 나온 1/12 크로테는 숫자 9를 부드러운 2B연필로 그린 다음, 셀로판테이프를 붙이고 끝 부분이 부드러운 주걱 등으로 문질러주었다. 이 셀로판테이프를 벗겨낸 뒤 반대쪽의 숫자를 넣고 싶은 부분에 붙이고, 또 마찬가지로 선을 따라 문지르면 먹지처럼 복사도 가능하다, 이거 「포키루」(※주 : 포키─루, 요충 검사법의 하나인 「스크래치 테이프」법에 사용되는 항문용 테이프의 대표적 상품명)법이라 이름 지으면 안 될까?

가을에는 예술을 보러 가자. 미술관, 월요일은 휴관일

SAND STALKER
sdh. 232M

샌드 스토커(M) 2012년 제작

HEXAMODEL 1/20 scale resin kit
modeled by Kow Yokoyama

사진의 구도를 결정하고 있는 나. 대형 모델이야말로 옥외에서 촬영하는 것이 제맛이다.

이 샌드 스토커의 풀 디테일 모델을 만든 서도호씨는 한국 출신의 세계적인 현대 미술의 작가입니다. 해외의 미술관은 물론이고 가나자와 21세기 미술관이나 히로시마시 현대 미술관에서도 개인전이 개최되었으니, 작품을 보신 분도 있겠지요. 미술관이라고 하면 왠지 들어가기 어려운 곳이라 생각하는 분들은 꼭 서도호씨의 작품을 직접 보실 것을 추천합니다. 매우 높은 퀄리티의 작품이면서도 상냥한 표현으로 어떤 사람의 마음에도 와 닿는 메시지가 존재합니다. 도쿄도 현대 미술관에 서도호씨의 작품이 상설 전시되어 있으니, 도쿄에 오시거든 방문해서 두 눈으로 직접 확인해봅시다. 다만, 원더 페스티벌에 온 김에 그 다음날 둘러보려는 분들은, 미술관 휴관일은 월요일이라는 규정 때문에, 영원히 못 본다고요. 그러고 보니 이발소도 월요일 휴업이었던가? 미술관에는 평생 가지 못하는 것은 너무나도 불쌍한 일이죠. 하지만 그렇다고 해서 미술관에 근무하는 사람은 머리카락을 계속 기르고 있냐면 그것도 아니지, 다들 잘 조절을 하고 있는 것 같지만….

서도호씨는 헥사모델 브랜드에서 레진 키트를 발매하기 훨씬 이전부터, 모든 스케줄을 원더 페스티벌에 맞출 정도로 마쉬넨 팬이었습니다. 처음에는 그가 작가인 것을 모르고, 해외의 열렬한 팬 중 한 사람이라고만 인식하고 있었습니다.

2007년 원더 페스티벌 회장에서 내가 도색 시연을 하고 있을 때 서도호씨는 당연히 찾아와서, 진지하게 도색하는 모습을 비디오로 촬영했습니다. 서도호씨는, 내가 붓을 사용하는 방법이 자신의 아버지(서세옥씨라는 예술가입니다)와 같다는 점에 감명을 받았다고 말하고, 원더 페스티벌 뒷풀이 자리에서, 자신이 현대 미술 작가인 것을 밝히셨습니다.

그로부터 몇 년 후, 서도호씨는 내가 만든 샌드 스토커의 1/35 오리지널 모델을 3D로 스캐닝해서, 이 데이터를 베이스로 1/20 스케일로 사이즈 업 한 것을 레진 키트화 했습니다. 2012년 초여름에 완성한 그 샌드 스토커를 안고 아키하바라에 와주었죠. 키트의 박력과 정보량에 깜짝 놀랐습니다. 오리지널로 사용한 타미야제 SdKfz.232 8륜 장갑차의 실차를 취재!! 그 정보를 1/20으로 스케일 다운했다는 지극정성. 덕분에 각 부분의 재현도가 장난이 아닙니다. 거기다 미술용 고밀도 우레탄을 사용해서 복제를 했다는, 말 그대로 채산성은 전혀 생각하지 않은 초 슈퍼 개러지 키트인 것입니다. 샌드 스토커 '따위'보다 SdKfz.232의 1/20스케일 키트를 내주었으면 더 좋았을 것이라며 울고 있는 AFV팬도 잔뜩 있겠죠.

이 샌드 스토커를 내가 도색한 것을 최초로 공개한 것은 30주년을 기념했던 하라주쿠의 빔즈 전람회였습니다. 사진은 반입할 때 빔즈의 베란다에서 촬영한 것입니다. 하라주쿠의 거리를 행진하는 용병군…이라는 느낌으로 찍어봤습니다. 아라비아의 로렌스와 같이 머리에 카피아(아라비아의 터번과 같은 것이다)를 두른 피규어는 브릭웍스의 SAFS 파일럿에 에폭시퍼티로 추가 공작을 한 것으로, 나와 서도호씨, 그리고 하야시 히로키씨가 처음으로 콜라보레이션을 한 작품인 것이다.

그 후에도 서도호씨는 원래는 세계 미술사에 남을 작품을 만들 예정인 귀중한 시간과 인력을 사용해서, 오스카의 풀 디테일 키트를 시작으로, 샌드 스토커의 '암컷(Female)' 쪽이나 1/20 루나 다이버, 1/20 KK켈베로스 등 대형 레진키트를 제작하고 있습니다. 우리같은 사람들이야 기뻐 죽을 지경이긴 하지만, 전세계의 현대 미술 관계자 분들은 걱정이 태산 아닐지….

HEXAMODEL의 레진 키트는 통신판매도 하고 있으니 이쪽으로도 구매가 가능하다. 자세한 사항은 Web을 살펴보자(http://www.hexamodel.com/).

섬세한 디테일을 살리기 위해서는 일부러 거칠게 칠하는 것이 요령이다. 빅 샌드 스토커를 제작해보자!

서도호씨의 샌드 스토커는 1/20 스케일로 세세한 부분까지 정밀하게 재현되어있다. 이 거대한 키트를 완성시키는 요령을 가르쳐드리도록 하죠.

뭘 봐? 불만 있어??

①②③서도호씨에게서 회색 서페이서가 뿌려진 상태의 샌드 스토커를 받았다. 일단은 GK 서페이서의 검은색을 야외에서 뿌립니다. 길가에 선을 그으면 혼나니까 골판지 박스에 넣어서 뿌리는 '도색 캡짱'이다.

④⑤해치란 해치는 전부 다 개폐가 가능하도록 만들어져서 놀라 자빠질 지경. 공작하는데 인내와 기술이 필요하지 싶다. 미리 조립해줘서 정말 고마워요~. ⑥GK용 서페이서를 뿌렸기에 그 만큼, 도료 피막이 두꺼워져서 포탑을 집어넣기가 조금 뻑뻑했다. 이럴 때는 조금씩 깎아서 조절해주기만 해도 괜찮다. ⑦딱 맞게 제대로 장착된 모습.

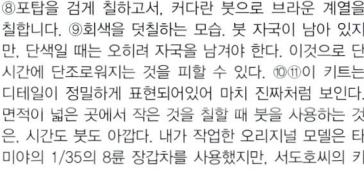

⑧포탑을 검게 칠하고서, 커다란 붓으로 브라운 계열을 칠합니다. ⑨회색을 덧칠하는 모습. 붓 자국이 남아 있지만, 단색일 때는 오히려 자국을 남겨야 한다. 이것으로 단시간에 단조로워지는 것을 피할 수 있다. ⑩⑪이 키트는 디테일이 정밀하게 표현되어서 마치 진짜처럼 보인다. 면적이 넓은 곳에서 작은 것을 칠할 때 붓을 사용하는 것은, 시간도 붓도 아낀다. 내가 작업한 오리지널 모델은 타미야의 1/35의 8륜 장갑차를 사용했지만, 서도호씨의 키트는 1/35를 그냥 1/20으로 확대시킨 것이 아니라, 실차의 사진을 입수해서 이를 데이터화 하고 다시 축소시킨 것이다. 배기관의 메쉬 커버가 레진이라고는 상상할 수 없을 정도로 디테일이 잘 살아 있다. ⑫뒤쪽은 오리지널 모델의 디테일을 답습하면서도 이를 더욱 사실적으로 만들었다.

샌드 스토커 아저씨는 T.E.로렌스를 닮은 미남 ('샌드'를 빼면 완전 다른 의미…)

①키트를 돋보이게 하기 위해 피규어를 태우려고, 브릭웍스의 SAFS 파일럿을 개조했다. '샌드' 스토커라고 할 정도니 그야말로 사막을 누비는 병기. 따라서 30년 전에도 타미야의 SAS지프에 타고 있던 아랍식 터번, 아니 카피아를 뒤집어 쓴 피규어를 태웠던 것이다. 일단은 조형하기 쉽도록, 뒤로 돌아갈 수 없도록 머리 부분을 깎아줬습니다. 팔의 각도는 차체 쪽의 팔의 접점에 맞춰서 조금 바꿔줬습니다. ②에폭시퍼티로 카피아를 만듭니다. 수염 역시 에폭시퍼티로 만들었습니다. 이런 표현은 에폭시퍼티가 무적이죠. ③도색이 다 끝났을 때. 단번에 사막의 병사가 되었다. ④뒤에서 보면 이렇게 되어있습니다. 천의 질감을 표현하는데 있어서는 물론 기존의 피규어의 천 표현도 참고가 된다. 물론 실물의 사진도 가장 많이 참고가 됩니다. 피규어를 실제로 태워보고, 팔의 각도를 미세하게 조절합니다. 열어놓은 해치에 카피아의 끝부분이 살짝 들려 올라가도록 만들어준 것이 눈에 보이시는지?

⑤리모콘과 비교하면, 키트가 얼마나 큰지 잘 알 수 있다. 하여튼 큰 키트이지만, 매우 정성껏 재현되어 있어서 거칠게 그은 붓놀림과 조화를 이룰 수 있는 것입니다. 정성스럽게 완성시킨 쪽에 익숙한 사람에게는 일부러 대충 칠하는 것이 더 어려울 수도 있습니다. 매우 서둘러서 칠하면 거칠고 조잡스런 느낌의 도색이 정말 잘 나옵니다. '제대로 대충'이라는 것이 표현에서 가장 어려운 것이기도 하지만 말이죠. 마감 일자를 정해 놓거나, 따로 해야만 하는 일이 있을 때 작업하면 잘 나올지도 모른다고.

여기까지는 거의 붓 하나로도 충분했지만, 너무 많이 밝아진 부분에는 검은색을 에어브러시로 칠해주었습니다. 면에 따라서 그늘진 곳을 표현하지요. 『아머 모델링』지에서 자주 이야기하는 컬러 모듈레이션인 것입니다. 박스형 입체물의 모서리 부분 밝기를 조정해준다는 것이죠. 뭐, 바꿔 말하자면 음영법으로 그림자가 지는 부분을 강조하는 것뿐이지만…. 영화나 무대의 세트에서는 100년도 더 전부터 했던 작업이라고.

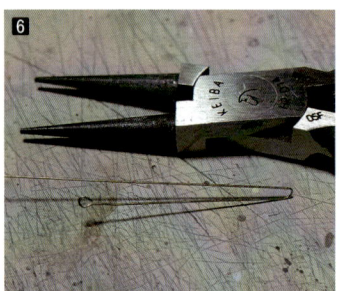

⑥사막에서 운용하는 현용 전차 풍으로 안테나를 낮게 기울여서 세팅합니다. 앞서 슈퍼 제리에서도 해준 공작이지만, 일단은 라운드 노즈 플라이어를 가지고 양은선으로 고리를 만들고서, 안테나를 끼워 넣는 부분을 고려해서 구부려줍니다. ⑦구부린 곳을 절단하고 안테나 뿌리 부분을 끼워 넣으면 버리는 부분 없이 사용할 수 있다. 절도 있게 접혀있는 담요는 서도호씨의 성격을 잘 표현하고 있습니다. 합숙을 해도 절대로 방을 어지럽히지 않을 것 같습니다. ⑧고리로 옆으로 눕힌 안테나를 잡아줍니다. ⑨SAFS는 같은 시기에 칠했던 것입니다. 이것도 빔즈에 전시했다. 얼핏 보기에는 오리지널처럼 보이지만, 최근에 만든 것이다.

원더 페스티벌 한정 핸드 드로잉 마킹 박스 사나이다!

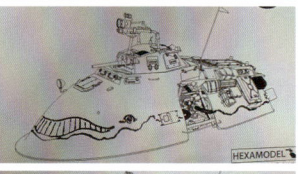

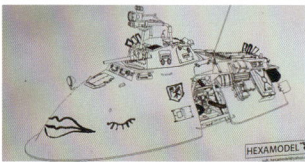

2012년 여름 원더 페스티벌에는 헥사모델로 첫 딜러 참가를 한 서도호씨. 원더 페스티벌은 손님으로 시작해서, 딜러가 되고, 다시 손님이 된다는 순서가 좋다. MAX 와타나베군도 같이 있습니다. 이때, 샌드 스토커의 패키지에 '이런 식으로 칠해주세요'라고 코픽 마커로 마킹을 그렸습니다. 왠지 농장에서 산지직송을 하는 것 같다. 맨 밑의 패턴은 와타나베군이 『하비재팬』의 연재에서 칠했던 것이니, 와타나베군이 이걸 사갔단 얘기겠군. 음. 틀림없어.

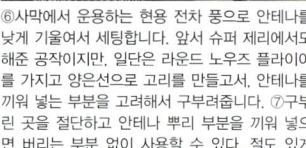

이것은 이전에 원더 페스티벌에서 판매되었던 KEN-KEN공방의 1/35 샌드 스토커. 스커트에 코팅이 되어있는 것이 멋지다. 서도호씨의 1/20의 옆에 놓아두니 귀엽네. 빅 대디는 의외로 몸집이 작다는 건 여기서는 딱히 필요 없는 정보이려나?

photo by Akishige Hommatsu (STUDIO R)

거의 오리지널인 SAFS도 완성

사진의 SAFS는 30년도 더 전에 만든 오리지널이 아닌 2012년 에 레플리카를 완성시킨 것입니다. 연재 당시, 오리지널은 원형을 만들고 이를 우레탄으로 복제한 부품을 조립했다. 『하비재팬』 1982년 12월 호에는 SAFS가 4체 실려 있지요? 당시 원형은 『SF3D』종료 후에도 남아있었기에, 20년 가까이 지나서 마쉬넨 헌병 우메짱, 우메다군이 원형을 수리해서 복제한 것입니다. 한동안 잊고 있었는데, 레진으로 이 부품이 나왔기에, KATOOO씨 한테 조립을 부탁해서, 빔즈 개인전에 내가 도색한 것을 전시했습니다. 오리지널 원형을 사용한 것을 내가 조립을 했으니까 이것은 2012년 판 오리지널인 셈.

위의 SAFS복제품의 선물 기사는 1982년 당시의 것으로 2000통 이상의 응모가 있었다. 이 책을 읽고 있는 사람 중에 엽서를 보낸 사람이 있을 가능성이 매우 높다. 혹시 몰라서 이야기하는데, 지금은 응모를 받고 있지 않다고. 물론 엽서를 보내주는 건 좋지만.

에그 이터의 패널라인은 직접 그렸습니다.

헥사모델에서 나와 있는 1/76 에그 이터는, 조형전에 3D로 출력한 모델에 내가 직접 연필로 패널라인을 그려서, 이를 실 제품에 반영했습니다.

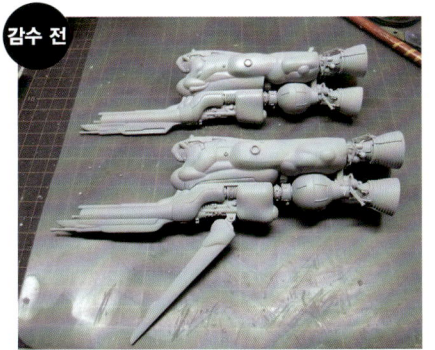

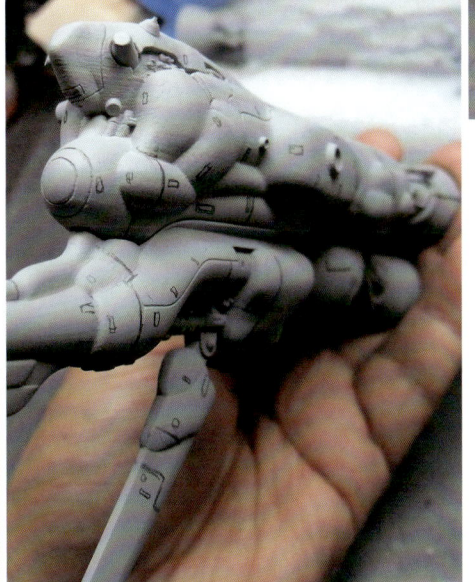

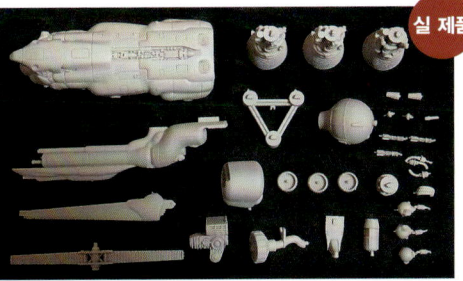

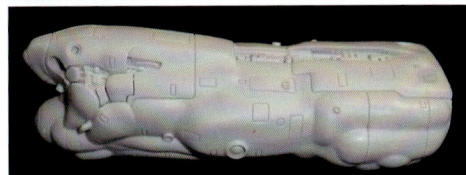

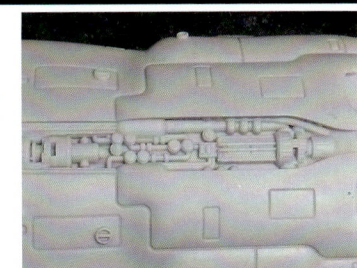

1/76의 에그 이터는 내가 직접 시제품을 감수하게 되었습니다.

원래 에그 이터는 BD에 나오는 일러스트만이 모두 가지고 있는 자료로, 다시 말해 오리지널 모델이 없었죠. 그래서 패널라인이나 세세한 디테일을 직접 연필로 그려서 그럴 듯하게 만들었습니다. 이를 제품으로 제대로 재현해줬다는 얘기죠.

세토 마키군의 원형 제품에서도, 언제나 이렇게 연필로 지시를 그립니다. 원형 만드는 사람은 나보다 더 선을 잘 파는 사람들이라 제품이 정말 근사하게 나온다. 원작자인 내가 원형사 분들과 합작이 가능한 것이 마쉬넨의 놀라운 점이다. 나리타 토오루씨가 마루산의 괴수 원형을 만지는 것과 같은 일이군. 다른 컨텐츠라면 이런 일은 좀처럼 드물다니까.

오스카 · 마체라트.

OSKAR 오스카 2013년 제작
HEXAMODEL 1/20 scale resin kit
modeled by Kow Yokoyama

photo by Akishige Hommatsu (STUDIO R)

이 페이지의 오스카도 헥사모델의 레진 키트입니다. 이번 가을(2014년 10월)에 발매되는 웨이브의 오스카가 세상에 나오기 훨씬 이전부터 완성되어 있던 것으로, 카울이 가동되고 안쪽도 정밀하게 재현되어 있다. 모델 카스텐의 버큠폼 키트에로부터 10년. 우레탄 키트와 프라모델 가운데 어느 한 쪽, 혹은 양쪽 모두를 고를 수 있는 시대가 올 것이라 생각한 사람, 있으면 어서 손을 들어 보이길. 네, 여러분 덕분에 실현되었습니다.

내 오리지널 모델은 어디선가 주워 온 보온 포트로 되어 있어서, 본체의 윗부분, 즉 뚜껑이 열립니다.

이렇게 뚜껑을 연 부분에 디테일을 채워 넣었죠. 이 포트를 주워오게 된 경위 일체를 당시 도와주러 왔던 와타나베군이 목격했다는 것이 최근에 판명되었다. 보고 있던 사람이 있어서 다행이야. 혼자서 쓰레기 뒤지고 있으면 오히려 부끄럽잖아. 그래서 와타나베군이 칠했던 브라밤 알파의 엔진이 오리지널에 들어가 있던 거로군. 가만, 그렇다는 것은 오스카가 나와 와타나베군의 첫 합작품이란 얘기가 되는 건가? 서도호씨의 오스카는 상부와 본체 후부가 개폐가능하고, 후부의 안쪽에는 오리지널에도 없는 정밀한 디테일이 들어있다. 정말 멋있어서 칠하는 보람이 있다고.

외장은 물론 내장까지 칠하기에 도색 면적은 두 배가 됩니다. 인간으로 따지자면 내장에도 약을 바르는 것과 비슷한 일이군요. 여기서는 도색 공정을 순서대로 해설하겠습니다.

①완벽하게 포장된 상태로 전달된 오스카. 서도호씨다운 정성스럽고 완벽한 포장이다. ②내부 메커니즘은 이 병에 든 밝은 회록색에 여러 가지 더 섞은 색으로 칠합니다. 옆에 있었던 울트라맨 시리즈의 식완의 스티커를 붙였기에, 이 색의 이름은 '안녕 유코, 달의 누이여'다. 감동이 밀려오는 방송이었지. ③해치를 열었을 때 노출되어 보이는 곳을 칠합니다. ④키트를 조립하는 것만으로 이런 식으로 보이쉘이 열린다.

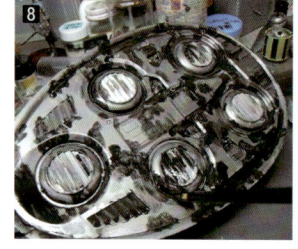

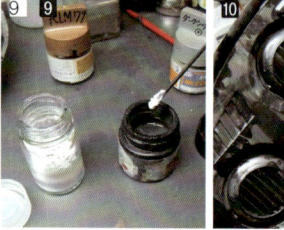

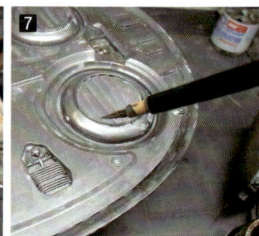

같은 색을 또 중복 구매하고 말았어요. 미스터, 어쩌면 좋죠?

Mr.컬러의 300번대는 비슷한 색이 너무 많기에, 이미 가지고 있는 색을 중복으로 구매하기 일쑤. 덕분에 톰캣이나 호넷을 눈물이 날 정도로 칠할 수 있을 정도로. '노인네'가 되는 시작은 있는 것을 또 사버리는 것! 어쩔 수가 없어서 같은 것을 또 사지 않도록 또 사게 되니 몇 번이고 덧칠할 수밖에 없겠지. 두껍게 칠하는 것이야말로 사실적인 묘사의 지름길이라는 이야기는 또 다른 곳에서 하겠습니다.

⑤바탕색으로 진한 회색을 난폭하게 칠 한 다음, 브라운 계열로 1색 째를 칠하기 시작한 모습. ⑥브라운으로 전부 다 칠하지 않고 이런 식으로 적절히 가감을 주어가며 바탕색을 칠합니다. 브릭웍스의 세퍼드와 같이 놔두면 뭔가 그림이 나오네요. ⑦여기까지 칠하면 바닥면을 칠한다. 일단은 은색이 많이 들어간 78번 '메탈 블랙' 병의 색을 칠하고, 금속 질감을 살리기 위해, 곳곳에 금색을 칠해준다. ⑧다음으로 진한 회색으로 전면을 칠한다. ⑨도중에 광택 제거제인 탄산마그네슘을 투입했다. ⑩마지막으로 333번 엑스트라 다크 씨 그레이로 마무리를 합니다. ⑪도색을 할 때 잡고 돌리기 편하도록 쉽게 구할 수 있는 병뚜껑을 조달. 양면테이프를 붙여서 잡기 쉽도록 만든다. ⑫이것으로 확실하게 잡고 돌리기 편해졌다. 그렇다고 잡고 휘두르면 큰일 난다.

연재 당시에 가지고 있던 오스카의 이미지. 영화 『양철북』에 나오는 오스카의 할머니와 닮게 만들었습니다.

①지금부터 위장 패턴 도색법을 다뤄볼까 합니다. 다크 옐로우는 119번 RLM79와 127번 콕피트색으로 조색 중. ②대충 칠해줍니다. ③대량으로 칠하는 경우에는 빈병에 넣어두면 좋다. ④바탕색을 전부 다 칠하지 않고, 붓 터치를 남겨주며 칠합니다. 처음에는 일부러 한 티가 나도 상관없으니, 시험해보자. ⑤노이스포터의 머리 부분 밑은 보디의 해치를 열면 칠하기 쉽다. 실제 기체가 있다면 분명히 이렇게 칠하겠지. 라고 생각하면서 칠하면 즐겁다. ⑥다크 옐로우를 다 칠한 모습.

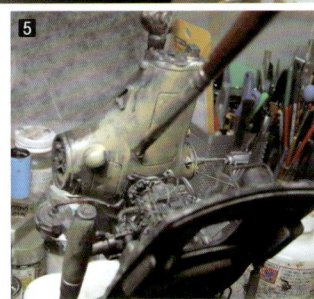

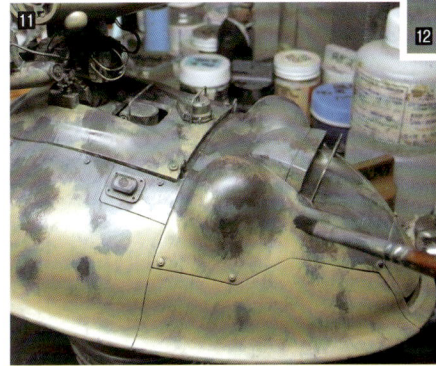
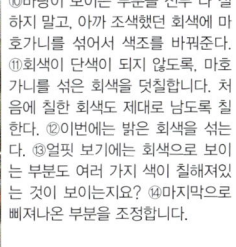

⑩바탕이 보이는 부분을 전부 다 칠하지 말고, 아까 조색했던 회색에 마호가니를 섞어서 색조를 바꿔준다. ⑪회색이 단색이 되지 않도록, 마호가니를 섞은 회색을 덧칠합니다. 처음에 칠한 회색도 제대로 남도록 칠한다. ⑫이번에는 밝은 회색을 섞는다. ⑬얼핏 보기에는 회색으로 보이는 부분도 여러 가지 색이 칠해져있는 것이 보이는지요? ⑭마지막으로 삐져나온 부분을 조정합니다.

⑦본체 윗면에 칠하는 회색은 333번과 335번을 섞었습니다. ⑧바탕색인 검은 색과 갈색이 보이는 부분에 조색한 회색을 칠해준다. ⑨반점도 처음부터 확실하게 칠하지 말고 일단은 대충 색을 얹어주는 느낌으로.

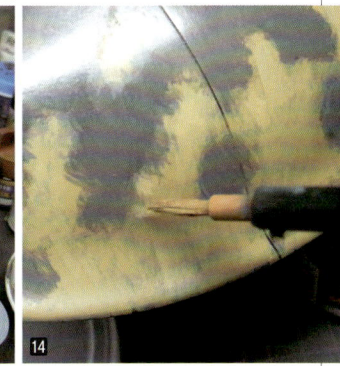

완성!

⑮위장 무늬의 도색이 끝났으면 흰색 식별띠를 넣는다. 패널라인에 맞춰서 우선은 연필로 밑그림을 그린다. ⑯월면 간스에서 칠했던 흰색을 사용하고 있지요. 뭐, 순백색이 아니라면 상관없습니다. ⑰흰색은 칠하기 어렵기에 한 번에 다 칠하지 말고, 1번 붓으로 작은 면적에 색을 놓아두듯 칠합니다. 붓을 에어브러시의 입자처럼 사용하니 얼룩이 지지 않습니다. 점묘에 가까울지도 모르겠군요. 위치를 표시한 부분을 다 칠하면, 물을 묻힌 면봉으로 연필로 그린 부분을 지워주는 것을 잊지 마시길. ⑱본체의 한쪽 면의 식별띠를 다 칠하면, 밸런스를 살펴보고 머리 부분에도 똑같이 식별띠를 넣습니다. ⑲데칼을 붙이고, 건조 후에 클리어를 뿌려서 정착시킵니다. 그 뒤에 회색을 에어브러시로 칠합니다. 붓으로 칠해 확연하게 나뉜 경계 부분을 흐릿하게 만들고 그을음이 묻은 표현을 해주면 완성입니다.

아저씨 이외의 손님을 위한 오브제

눈에서 비늘이 떨어지면 병원을 가라고.

마지막으로, 금속이나 가죽과 같은 재료로 만든 오브제를 보여드리겠습니다. 이 작품들은 1990년대의 『월간 아스키』의 표지용 오브제로 만든 것으로, 버블 최후의 시기여서 예산도 윤택했다. 플라스틱 키트에 의한 아상블라주와는 다른 기법으로, 매 호의 주제에 맞춰 입체물을 조형했습니다. 이러한 오브제는 여성들이나 어린이들이 좋아하죠. 물론 아저씨 중에 좋아하는 사람도 많겠지만.

『월간 아스키』 1991년 10월호

한가위에 나오는 호였기에, 단순히 토끼를 만들어달라는 요청이 들어왔다. 그래서 엘리스에 나오는 토끼를 이미지로 삼아 배에는 가동되는 회중시계를 넣었습니다. 태엽을 돌리면 움직이긴 하지만, 용두에 손가락이 닿지 않는다. 가죽 옷이나 구두는 전개도로 만드는 것이 일반적이지만, 그건 엄청 힘든 일이잖아. 그래서 몸의 대략적인 형태를 잡아 에폭시 퍼티를 빚어 만들고, 거기에 가죽을 붙여줬다.

인형 쇼에서 팔고 있던 인형용 왕좌 옆에 놓고 리츠코씨가 촬영을 했지만, 사진을 꽤나 잘 찍었다(왠지 사연이 있는 것 같지만 길어질 것 같으니, 여기선 생략).

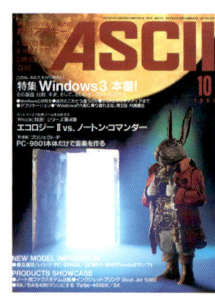

photo by Ritsuko Yokoyama

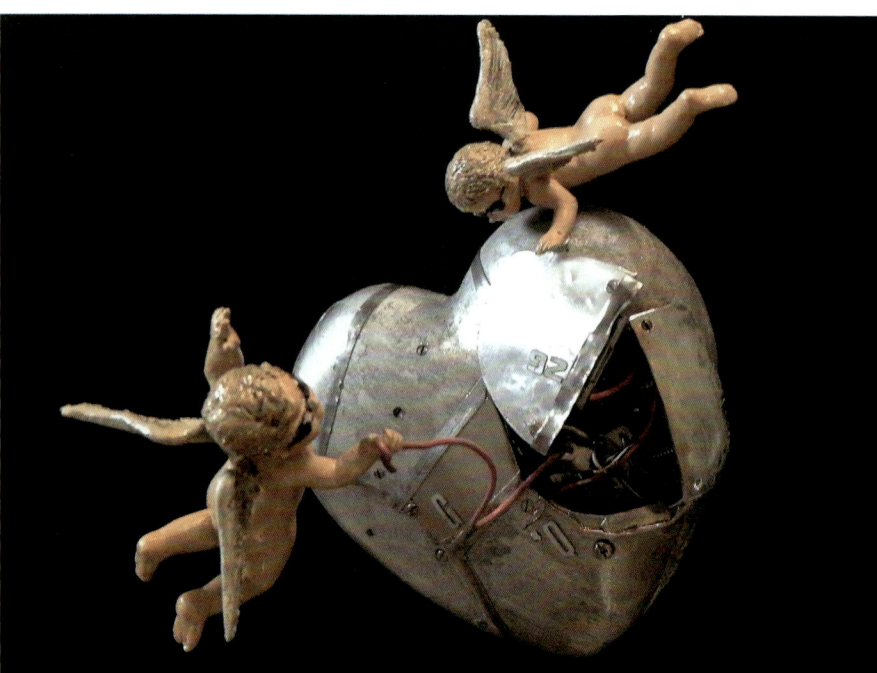

『월간 아스키』 1992년 2월호

발렌타인 시즌이기에 만들어달라고 이야기가 나온 것이 하트 오브제. 그래서 생각한 것이 '부서진 하트'를 수리하는 천사였다. 하트 본체는 유토를 원형으로 한 플라스틱 히트 프레스. 금속처럼 보이지만 사실은 프라판으로 만들었지요. 안에는 기판 등의 부품을 집어넣었다. 빨간 코드는, 실은 금속선에 색을 칠한 것으로 이것이 축이 되어 천사를 지지하고 있다. 천사 자체도 에폭시 퍼티를 주물러 만들었다.

하트 본체가 금속으로 보이게 하기 위해서는, 금과 은을 1:1로 섞어주면 된다. 금색이 들어가면서, 클리어를 뿌려도 회색의 촌티나는 은색으로 보이지 않는다. '하기'씨라 불리는 하기와 아츠시씨에게 그 옛날에, 특촬 CM에서 사용하는 원반 모형을 칠하는 방법을 상담하고 싶다는 이야기를 듣고 이 방법을 알려줬다. 엄청 멋지게 잘 나왔다고 기뻐했었다. 래커 금색과 은색을 1:1 섞으면 딱 좋은 티타늄 색이 됩니다. 나는 미니카와 같은 금속색을 도색으로 표현할 때, 항상 이 방법을 사용했었죠.

『월간 아스키』 1991년 8월호

진짜와 같은 크기로 같이 놓고 싶다는 의뢰로 만든 사슴벌레. 양은판으로 만들었지만, 가공하기 쉬워서 미니카의 소재로도 사용할 수 있다. 동체는 토끼와 마찬가지로, 딱딱한 에폭시퍼티 심에다 양은판을 붙인 것이죠. 진짜 슈퍼카도 목형을 만들고 판금을 작업을 거쳐 형태를 만들죠? 아무것도 없는 곳에서 전개도를 가지고 만드는 것은 어려우니 말이죠. 무엇이든 우선 심을 만드는 것이 좋습니다.

작은 부품은 시계방에서 얻은 망가진 시계의 것을 활용했습니다. 여러 가지 재료를 받는 것은 역시 중요하지요. 뭔가 얻으러 갈 때는 꼭 선물을 챙겨서 가도록 합시다.

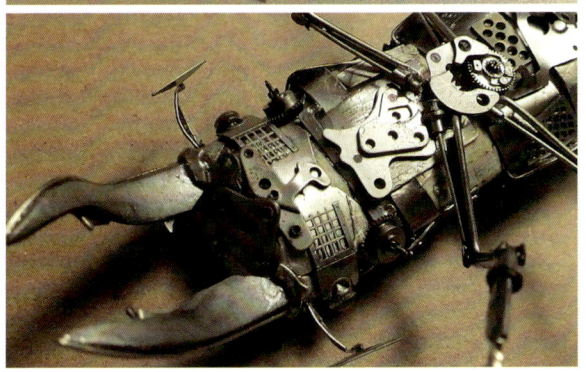

『월간 아스키』 1993년 10월호

금속 윤곽선에 투명한 플라스틱을 붙인 잠자리의 날개. 어떻게 만들었는지 어려워 보이지요? 하지만 사실은 전혀 어렵지 않다. 투명플라스틱판을 실물 날개를 봐가면서 데생을 하고 잘라낸다. 여기에 가장자리가 튀어나오지 않도록 양은선을 접착합니다. 만약 양은선이 플라스틱판 보다 약간 안쪽으로 붙으면, 플라스틱판을 깎아서 조절을 하면 됩니다. 순간접착제로 뿌옇게 흐려지면, 클리어를 뿌리면 그만이고요.

눈은 당연하게도 염화 비닐을 히트 프레스. 곤충을 좋아하기에, 어떤 곳을 어떻게 만들 것 인가, 곧잘 머릿속에서 설계도가 떠올랐다. 매달마다 주제가 나와서, 이 시기에는 패나 스킬이 많이 올라갔었다.

『월간 아스키』 1994년 7월호

아트 디렉터가 오키나와서 촬영한다고 해서 의뢰를 받은 농게. 완성된 수중사진을 보고 나는 '이거라면 오키나와가 아니어도 찍을 수 있잖아'라고 이야기를 했다. 뭐, 이걸 핑계로 오키나와의 바다에 가보고 싶었던 거겠지…. 괜찮은 느낌으로 찍혔기에 복중 문안 인사 엽서까지 만들었다. 촬영 때문에 바다 속에 들어간 탓에 동과 아연, 니켈 합금인 양은 부분에는 녹청이 피어오르고, 쇠로된 부분에는 벌건 녹이 슨 채로 돌아왔다. 지금 보면 멋있게 녹이 슬어서 결과적으로 괜찮을지도.

이 역시 양은판으로 만들었기에, 잘라낼 때는 금속용 가위, 그것도 작은 커브로 잘라낼 수 있는 가위와 줄을 사용합니다. 마무리는 다이아몬드 줄. 농게의 큰 쪽 집게발은 심으로 양은판으로 층을 쌓아서 만들었다. 그 표면을 덮어주듯 붙이는 양은판은 펜치로 가볍게 구부려주며 작업을 하면 잘 진행됩니다. 거, 왜 종이 상자 세공을 잘하는 사람이 있잖아요? 그 것을 금속으로 만드는 것 같은 작업이지요. 심이 에폭시니까 순간접착제나 에폭시 접착제로도 잘 붙고 드릴로 구멍을 내고 축으로 보강도 가능했죠. 커다란 집게를 붙이고서 마지막으로 다리의 밸런스를 조절하고 고정했기에 혼자서도 잘 서있습니다.

Ma.K. Modeling Book 111

50년 전 철도 프라모델 이야기

후기를 대신하여

이 책을 만들고 있을 때에 「올드 키트 개라지」라는 오래된 프라모델을 전문으로 취급하는 가게가 니시신주쿠에 생겼습니다. 요즘 같은 시대에 그런 가게 만들어서 괜찮을까라고 생각했지만, 뭐, 변태는 변태를 부르는 법이라, 나 말고도 손님이 있어서 일단은 안심했다.

이 나이에 더 가지고 싶은 키트는 별로 없겠지…라며 오래된 메이커인 에어픽스의 진열대를 물색하고 있었는데, 하지만 그곳에는 본적이 없는 귀여운 크기의 박스가 늘어서 있었다. 그것이 이 HO사이즈의 철도 프라모델로, 철도 마니아가 아닌 나로서는 영국의 철도는 『증기기관차 토마스』 정도밖에 몰랐지만, 50년도 더 전에 이런 아름답고 정밀도가 높은 키트를 판매하고 있던 에어픽스사의 제품에서 하비의 전통을 다시 한 번 발견했습니다.

옛 성현의 말씀 중에 '온고이지신(溫故而知新)'이라는 말이 있는데, 옛날 키트 중에도 정말 훌륭한 것이 잔뜩 있다는 것을 다시 확인할 수 있었습니다. 이 제품들을 앞으로도 프라모델을 사랑하는 전 세계의 변태 여러분들에게 전해주고 싶다는 생각이 들더군요.

『모델링북 2』를 간행하면서, 정말로 많은 분들의 도움을 받았습니다. 그중에서도 구성부터 시작해서 디자인, 진행까지 모든 부분을 감독해준 KATOOO씨 부부의 열정이 없었다면 이 책은 존재하지 않았겠지요.

정말로 감사드립니다.

2014년 10월 요코야마 코우

photo by Takanori Katsura (Inoue photo studio)

photo by Ritsuko Yokoyama

요코야마 코우 Kow Yokoyama
프로필

일러스트레이터, 조형작가
1956년 후쿠오카현 기타큐슈 출생 도쿄도 거주
무사시노 미술대학 일본화학과 졸업
동대학 시각전달 디자인학과 강사
일본 SF작가 클럽소속

● 마쉬넨 크리거 연표

1982~1985	「SF3D 오리지널」(「월간 하비재팬」 하비재팬刊)
1984~1985	「마쉬넨 크리거 브레히만」(「월간 모델그래픽스」 대일본회화刊)
1987	「요코야마 코우 작품집 로봇 배틀 V」(아사히 소노라마刊)
1988~1989	「마쉬넨 크리거 브레히만」(「월간 코믹 노이지」 대일본회화刊)
1999~	「마쉬넨 크리거」(「월간 모델그래픽스」 대일본회화刊)
2000	인형극 「모험! 메카 나팔호」(NHK교육)
2005	「마쉬넨 크리거 전시 요코야마 코우 전」(가나자와 21세기 미술관)
2006	「THE ART OF KOW YOKOYAMA」(Compound gallery Portland, OR)
2006	「요코야마 코우 Ma.K. 모델링북」(대일본회화刊)
2007	「SF3D to Ma,K. 요코야마 코우 개인전」(아오야마 북 센터)
2010~	「Ma.K. in SF3D」(「월간 하비재팬」 하비재팬刊)
2012	「S.F.3.D to Ma,K. 1982→2012 Kow Yokoyama Exhibition」(도쿄 컬처 by 빔즈)
2013~2014	「데라야마 슈지 × 요코야마 코우 : 두 사람의 상자남」(아오모리현립 미술관)

「두 사람의 상자남」전에는, 안에 사람이 들어갈 정도로 거대한 상자를 전시했습니다. 이 상자는 아오모리현 무츠시의 '도비나이 여관'이 소장하고 있으니 흥미 있는 분은 검색해봅시다.

요코야마 코우 Ma.K. 모델링북
Ma.K. Modeling Book

초판 1쇄 인쇄 2015년 10월 20일
초판 1쇄 발행 2015년 10월 25일

저자 : 요코야마 코우
번역 : 이재경
감수 : 박성윤 (손과머리 대표)

펴낸이 : 이동섭
편집 : 이민규, 김진영
디자인 : 이은영, 이경진
영업·마케팅 : 송정환
e-BOOK : 홍인표, 이문영
관리 : 이윤미

㈜에이케이커뮤니케이션즈
등록 1996년 7월 9일(제302-1996-00026호)
주소 : 121-842 서울시 마포구 서교동 461-29 2층
TEL : 02-702-7963~5 FAX : 02-702-7988
http://www.amusementkorea.co.kr

ISBN 979-11-7024-388-5 17630

한국어판©에이케이커뮤니케이션즈 2015

Kow Yokoyama Ma.K. Modeling Book 2
©2014 HOBBY JAPAN
©2014 Kow Yokoyama
Originally Published in Japan 2014 by HOBBY JAPAN Co.,Ltd.
Korea translation Copyright©2015
by AK Communications Inc

이 책의 한국어판 저작권은
일본 ㈜HOBBY JAPAN과의 독점계약으로
㈜에이케이커뮤니케이션즈에 있습니다.
저작권법에 의해 한국 내에서 보호를 받는
저작물이므로 무단전재와 무단복제를 금합니다.

이 도서의 국립중앙도서관
출판예정도서목록(CIP)은 서지정보유통지원시스템
홈페이지(http://seoji.nl.go.kr)와
국가자료공동목록시스템(http://www.nl.go.kr/kolisnet)
에서 이용하실 수 있습니다.
(CIP제어번호: CIP2015025047)

*잘못된 책은 구입한 곳에서 무료로 바꿔드립니다.